역사, 그 빈들에 서서

성경으로 보는 '사람 사는' 이야기 3

CBS TV 성경 사랑방

역사, 그 빈들에 서서

백소영 지음

꽃자리

목차

여는 글

성경 사랑방 문을 열며…

사랑방 문을 활짝 엽니다. 기웃기웃 조심스러우실지도 모르겠어요. 말과 글의 홍수 속에서 흥미를 잃으셨을 수도 있고요. 정보를 제공하기 위한 책은 아니에요. 그러니 빠르고 효율적인 학습을 원하신다면 굳이 머무시지 않아도 좋아요. 책이 넘쳐나고, 더구나 '세계적 베스트셀러'인 성경책에 대한 주석서나 해설 단행본이 이미 '충분'한 마당에, 여러분에게 제가 어떤 새로움을 드릴 수 있을까요? 아니, 이 책을 통해 우리는 어떤 새로움을 함께 만들어갈 수 있을까요?

첫 만남의 어색함을 두런두런 푸는 이야기들로 시작하죠. '사랑방'하면 무슨 생각이 드세요? 예전에 유교 문화권에서 사랑방은 주로 손님을 맞이하던 공간이었죠. 하긴 남자들의 공간이기는 했어요. 그러니 마주한 손님도, 맞이하는 주인도 모두 남자였겠죠? 그런데 '안방마님'같은 제가 이렇게 사랑방에 턱 하니 앉아 손님맞이를 하게 되었으니, 시대가 바뀌기는 했나 봐요. 하지만 남녀노소가 무슨 상관이겠어요? 중요한 건 우리가 둘러앉은 자리가 '사랑방'이라는 거죠. 이런 저런 사는 이야기들을 나누며 행복해 하고 의미 있는 소통이 가득한 공간이었으면 좋겠네요. 중의적 의미도 있어요. 사랑이 가득한 방, 사랑방! 그런 의미에서 '사랑방' 같은 이 책을 통해 성경 이야기를 하게 된 것이 일단은 무척 설렙니다.

사실 요즘 현대인들이 사는 모습을 보면 너무 바쁘고 힘들어 보여요. 수치화된 성과로 평가받는 세상이고 보니 사람들을 만나도 늘 기능적이기 쉽죠. 효율성 위주로 시간이나 작업을 분담하고 생활을 '나노'단위로 쪼개어 살다보면 인간적인 이야기는 할 새도 없고요. 정신없이 일하다 헤어져 돌아오는 길에 문득 떠올려보면 정작 그 사람 자체에 대해서는 아는 것이 없는 경우가 많습니다. "저 사람이 어떤 사람이었지?" "저 사람은 어떤 걸 좋아하고 어떤 가치로 살아가지?" 더구나, 많은 사람들이 '쓰이고 버려지는' 세상입니다. 그래서 행여 시간이나 여건이 가능해도 눈을 맞추고 서로에게 의미가 되려 하지 않아요. 금세 헤어질 거니까요. 그리고 어쩌면, 내가 그를 버리는 선택에 가담하게 될지도 모르니까요. 이래저래 '사람'에 집중할 수 없게 된 삶, 오로지 일이 주인공이 되고 돈이 가치가 된 세상에서 사람은 도구가 되어 그저 주어진 시간을 버텨갑니다.

이런 시절에 '사랑방'이라… 단어만으로도 왠지 눈물이 납니다. 한 호흡 쉬어갈 수 있을 것만 같고요. '처리되어야 할' 하나의 일을 놓고 분초를 다투며 일하던 손을 멈추고, 서로 눈을 맞추고 한 사람 한 사람 서로의 이야기에 집중할 수 있을 것 같습니다. 계산하지 않고 탐색하지 않고 그저 '사람 사는' 이야기를 나누는 동안에 어느덧 치유와 성장이 가득해질 것 같고요. '나'의 이야기를 하고 '너'의 이야기를 듣는 동안에 배움이 커지고 어느덧 서로가 부쩍 자라는 곳, 그런 공간이 바로 사랑방이 아닐까 합니다. 허니, 우리도 만남과 소통을 통해 배움이 커지고 깊어지기를 기대합니다.

책을 통해서 소통을 하겠다니…, 저자의 일방적인 강의이지 이게 무슨 '소통'이야? 그러게요. 결국은 제가 다 이야기할 거면서. 하지만 이 책을 '소통'이라 부르는 까닭을 전해봅니다. 이 책은 2014년 가을부터 2015년 겨울까지 1년 2개월간 〈CBS 성경 사랑방〉에서 진행되었던 "성경으로 보는 '사람 사는' 이야기"의 내용을 글로 푼 것이에요. 그래서 실제로 마주했던 사랑방 손님들이 있었더랬죠. 네 아이의 아빠이자 사랑방 맏형답게 묵직하고 울림이 있는 감상을 나누어주던 지헌 형제, 늘 4차원의 질문과 재치 넘치는 답으로 녹화장을 생기 있게 만들어주던 인영 자매, 그리고 막내답지 않은 의젓함과 막내다운 발랄한 추임새를 함께 선보이며 진행자인 저에게 힘이 되어준 용환 형제(사랑방에서는 모든 호칭을 형제자매로 할게요. 세상의 타이틀보다는 그리스도 안에서 하나님의 가족 된 관계가 더 귀하니까요.), 세 분 모두 저와 의미 있게 소통했던 사랑방 손님들이었습니다. 지헌, 인영, 용환 형제자매와 함께 방송에서 나누었던 이야기, 서로 주고받았던 질문과 답들을 기억하며 본문을 재구성했어요. 매회 유튜브로 올라온 동영상을 보며 온라인 오프라인 대화를 나누었던 귀한 사랑방 손님들도 기억납니다. 오경석 형제, 장승순 형제, 박한나 자매, 이순영 자매, 유소라 자매, 이예향 자매, 장유미 자매, 김은정 자매, 엄취선 자매, 김용

주 형제, 이나영 자매, 최성훈 형제, 문유림 자매, 박지윤 자매, 최영수 자매, 노아라 자매, 최은영 자매…. 여기 다 못 담을 수많은 이름을 적어내려 가며 댓글로 혹은 마주하며 나눈 소통의 내용들을 다시 곱씹어 보았습니다. 동창이 텔레비전에 나오는 모습이 신기해서 모니터링 하다가 새록새록 생기는 질문에 만남이 더 잦아졌던 대학 친구 김현아 자매, 제작팀의 '본분'(?)을 넘어 날카로운 질문과 넘치는 감동의 소감 나눔으로 언제나 녹화 이후의 소통에 불을 당겼던 맹재열 형제, 양승관 형제, 신석현 형제, 반태경 형제, 김보영 자매, 이경남 형제, 정수미 자매, 최혜온 자매. 모두 말로 풀었던 방송을 글로 옮기면서 떠올린 귀한 만남들이었습니다. 이분들과 함께 했던 이야기들은 본문 글 사이사이 귀한 흔적으로 남겨두었습니다. 하여 이 책은 저의 독백이라기보다는 한 텍스트(성경)를 매개로 함께 소통한 이야기들을 정성스레 모아놓은 글이라고 말씀드리고 싶어요.

말로 했던 이야기를 다시 글로 옮기려니 부족한 것들을 덧붙이고 싶기도 하고, 또 학자적 욕심에 학계에서 진행되는 복잡한 논의들을 옮기고 싶기도 했어요. 하지만 그럴 때마다, 온라인 오프라인에서 만났던 순하고 신앙 깊은 얼굴들이 떠올라 조심스러워지더라고요. 어쩌면 이 책은 제가 그동안 세상에 내어놓았던 책들 중에서는 가장 쉽고, 가장 '은혜로운' 책일 거예요. 학자적 날카로움을 다 내려놓았거든요. 물론 군데군데 들은 풍월이나 평소 생각이 불쑥불쑥 어쩔 수 없이 튀어나올 때도 없지 않겠지만, 기본적으로 아주 단순하고 예쁜 신앙을 가진 평신도들의 마음으로 읽을 때 놀람이나 상함이 없도록 눈을 맞추어 이야기하듯 글을 썼어요. 그래서 가끔 이야기를 푸는 과정에서 꼭 들어가야 했던 특정학자의 독자적 언어를 쌍따옴표로 표시한 것 외에는 각주나 더 읽을거리 등의 사족은 달지 않았습니다. 또한, 사람과 사람이 마주보고 눈을 맞추는 것이 중요하듯, 성경본문 그 자체와의 만남 역시 귀하다고 생각했기 때문에 그 어떤 2차 자료보다 성경본문과 직접 대면할 수 있도록 이야기의 틀거리를 구성했습니다. 직접 인용된 성경본문은 한글개역개정판을 사용했지만, 본문 안에서 풀어낸 이야기 안에는 종종 편안한 대화체의 요즘 표현들을 사용해 보았어요. 마치 우리 곁에서 지금 이야기되고 있는 듯 생생하게 전하고 싶어서요.

1권은 1강 "말—걸음, 그리고 이름—불러줌"이란 제목의 창조 이야기부터 21강 "헤렘과 헤세드, 기브온 족속 이야기"의 여호수아서까지 스물 한 개의 강의를 모아봤습니다. 이스라엘이라는 공동체가 형성된 초기의 이야기들이 담겨 있죠. 생명을 지으시고 "살아라"라는 창조명령과 "살려라"라는 구원명령으로 우리에게 말 걸어오신 여호와 하나님, 그리고 불투명한 삶의 길목마다 그분을 만났던 절실한 체험을 언어로 표현한 신앙 선배들의 만남을 이야기체로 담아보았습니다. 인류 역사상 '을 공동체'의 체험이 세계적인 주류서적이 되어버린 아주 독특한 책 '히브리 성경'(구약성경), 그 책을 '살아낸' 사람들의 이름은 누구며 그들의 '사는' 이야기는 어떠했는지. 교리적 접근보다는 사람 사는 이야기를 추적해 갔습니다. 그들의 경험이 어떤 의미를 추구하게 했으며, 어떤 신앙고백 속에서 어떤 대안적 공동체를 꿈꾸게 했는지, 그 긴 여정을 함께 걸으며 그 방향의 의미를 되새기는 것이 1권의 과제입니다.

2권은 22강 "언약 공동체—세겜 이야기"로부터 45강 "복음을 전하는 아름다운 발길, 네 사람의 나병환자"까지의 이야기를 통해 가나안 땅에 정착하고 사사시대를 거쳐 왕국을 건설하며 살아간 이스라엘에 대한 본문 묵상을 모았습니다. 1권을 통해 '밝히' 드러난 이스라엘 공동체의 대안적 비전이 현실의 욕망과 맞닥뜨리면서 어떻게 제한받고 때론 좌절되고 또 종종 배반되는지를 한 사람 한 사람의 사건들을 통해 조명해 보았습니다. 성경 인물이라고 늘 정답을 가지고 있는 반듯하고 모범적인 신앙인들만이 있었던 것은 아니니까요. 신앙 선배들의 좌절과 실패를 보며 현재 우리의 무지와 게으름과 타협을 적당히 정당화하고자 함이 아닙니다. 오히려 경계로 삼고자 함이죠. 지난 일들을 기억하는 목적이 거기에 있지 않겠어요? 기억하고 되새기고 반복하지 않도록 주의하기 위해! 하여 2권에서는 성공적이고 영웅적인 사건들 못지않게 넘어지고 깨지고 아파하고 후회하는 이야기들도 거르지 않고 담아냈습니다.

3권은 46강 "회중(카할)의 신앙적 선택"부터 63강 "본향을 향하여"까지 분열된 왕국의 후기 역사를 통해 '결국'은 실패한 이스라엘의 공동체적 비전을 묵상했습니다. 네. 이스라엘은 '실패'한 공동체입니다. 적어도 하나님께서 그들을 "나의 백성"이라 부르며 너희들은 '달리' 살라고, 이 세상에 대안적인 '제사장적' 모습의 공동체로 살아달라고 부탁했던 그 비전을 율법으로 선포하고 온 존재로 외친 예언자들이 존재했음에도 실패했던, 그 마지막의 이야기들이 3권에 담겨 있습니다. 살기 힘든 대한민국의 요즘 현실을 여리고 약하고 힘없는 상태로 경험하며 아이들이 자조적으로 사용하는 '기승전-병(맛)'의 서사구조처럼, 이스라엘의 야심찬 꿈도 '일어나고' '이어지고' '진행되다가' 결국은 '망하고' 말았습니다. 드라마였다면 시청자 게시판이 항의글로 도배가 되었을 일입니다. 어쩌자고 망한 공동체의 이야기를 그동안 그리 길게 진지하게 곱씹었느냐고. 실은 그 폐허에서 다시 꿈꾼 종말론적 비전이 오늘 우리를 살게 하는 동력이기 때문입니다.

하여 3권 마지막에는 성탄을 맞아 특별기획 되었던 "복음을 노래한 사람들: 마리아, 사가랴, 시므온 이야기"를 부록으로 담아보았습니다. 결국 한 구체적인 공동체로서의 이스라엘이 역사 안에서 꿈꾸고 실험하고 실패했던 공동체적인 비전을, 여전히 '기쁜 소식'으로 노래하며 기대하기를 그치지 않았던 사람들의 이야기죠. 실은 우리의 이야기이기도 합니다. 예수가 그리스도라는 것, 메시아라는 것의 의미가 우리의 삶에 어떤 의미를 주는지, 어떤 힘을 주고, 어떤 동기를 부여하며, 어떤 삶의 방향을 제시하는지, 그런 이야기들을 나누며 글을 마무리했습니다. 그 기다림이 우리의 기다림이 되고, 그 복음이 우리가 살아가는 이유가 되도록.

그 어느 때보다도 하루를 살아내는 것이 버겁고 힘든 시절입니다. 사람이 빵으로'만'은 살 수 없다지만 하루치의 그 빵이 보장되지 않아 매일 일어나는 죽음과 죽임의 사건들이 우리를 슬프게 합니다. 불안하게 하고 지치게 하고 화나게 합니다. 그러니 역시 살 길은, 구원의 길은 '하나님의 말씀'일까요? 네. 저도 그리 생각합니다. 그러나 '하나님의 말씀'안에 빵이 배제된 것은 아니라는 것이, 제가 읽은 방식의 성경 묵상의 결론이었습니다. 문제가 되는 것은 하나님의 말씀이 빠진 빵이지, 빵이냐 하나님의 (영적) 말씀이냐는 양자택일이 아니라는 것입니다. '하나님의 말씀'인 성경이 왜 '사람 사는 일'에 가장 결정적인 힘이요 동기요 소망이요 이정표가 되는지, 왜 공동체의 윤리규범이 되고 사는 방식이 되고 구체적인 실천이 되는지, 그래서 수천 년 전 타국 땅 사람들의 사는 이야기가 왜 우리에게도 여전히 유효한 이야기인지, 그걸 나누는 이 자리에 여러분을 초대합니다.

아름다운 표지를 그려주신 정진성 목사님, 본문 삽화를 정성스럽게 담아주신 임종수 목사님, 꼼꼼하게 교정교열을 해 준 제자 이예향에게도 감사 인사를 전합니다. 이 글을 출판하는 출판사의 이름 '꽃자리'처럼, 하나님을 만난 사람들의 이야기를 나누는 이 자리에서 싹이 나고 꽃이 피고 열매가 맺히기를 소망합니다. 그 기대와 소망을 가득 담아 사랑방 문을 엽니다. 어서 들어오세요. 아멘.

마흔 여섯 번째 만남

유다왕 여호사밧과 '회중'(카할)의 신앙적 선택

역대하 17–20장

2권《신앙, 그 순례의 여정》 말미에서 우리는 왕국 분열 이후 북이스라엘을 주로 살펴보았습니다. 아무래도 북왕국의 정황이 더 드라마틱했던 것은 사실입니다. 왕의 통치근거가 "여호와의 영과 함께 함"이라는 민중적 정서가 강하다 보니, 혁명의 시도가 잦았습니다. 왕권이 안정되기도, 한 왕조가 오래도록 세습을 지속하기도 힘들었습니다. 그렇다고 온전히 여호와 신앙을 가진 왕들이 통치했다는 것은 아닙니다. 이스라엘의 통치 근거와 그 질서는 고대 근동의 다른 '제국'과 다르건만, 그 차이를 모르는 무지한 왕들, 양쪽 질서 사이에서 우왕좌왕하던 왕들, 아니 더 심하게는 "여호와의 영"을 빌어 자신들의 욕망을 채우려 했던 이들도 있었죠. 이렇게 여호와를 '잊고' '멀리하고' '버리는' 통치자들을 향하여 목숨 걸고 맞장을 뜨던 선지자들의 이야기도 살펴보았습니다. 엘리야와 엘리사가 대표적이었지요. 오늘은 비슷한 시기의 남왕국으로 시선을 돌려보겠습니다. 여호사밧 이야기입니다.

여호사밧이 걸은 "다윗의 길"

남쪽 왕국인 유다를 다룰 때에는 역대기를 보는 것이 더 좋을 것 같아요. 역대기는 다윗 왕가에 비교적 우호적이었기에 열왕기보다는 남왕국의 이야기가 자세히 설명되어 있거든요. 물론 양쪽 서술을 비교하는 것은 필요할 겁니다. 사가들이 가진 사회적 자리나 역사 인식에 따라 자료의 선택이나 해석이 달라지는 것은 분명하니까요. 우리는 여호사밧 왕에 대해서 이미 2권에서 잠깐 살펴보았습니다. 그는 북이스라엘의 아합 왕과 연합하여 아람과의 전쟁을 도모하기도 했습니다. 아합과 더불어 이 전쟁이 여호와께서 원하시는 전쟁인지 확인하는 과정에서도, 전투에 임하는 자세에 있어서도 확고한 여호와 신앙을 가진 것으로 묘사된 인물입니다.

아합의 궁을 가득 채운 거짓 선지자들이 이번 전쟁에서 무조건 이긴다고, 그것도 여호와의 이름을 '들먹이며' 자신들의 영리를 위해 외칠 때에, 여호사밧은 그들의 거짓됨을 간파했던 왕이었습니다. 하여 아합에게 진정한 여호와의 선지자가 없느냐고 물을 정도로 신앙의 눈을 가졌었죠. 여호사밧이라는 이름은 "여호와의 심판"이라는 뜻입니다. 모든 판단의 기준이 자기 자신이 아닌 하나님이시라는 고백이 담긴 이름이지요. 역대하 17장 3-4절 말씀에는 여호사밧이 얼마나 귀한 신앙의 사람이었는지를 평가하고 있습니다.

여호와께서 여호사밧과 함께 하셨으니 이는 그가 그의 조상 다윗의 처음 길로 행하여 바알들에게 구하지 아니하고 오직 그의 아버지의 하나님께 구하며 그의 계명을 행하고 이스라엘의 행위를 따르지 아니하였음이라(역대하 17:3-4).

여호사밧이 그의 평생에 여호와를 따랐음을 역대기의 저자가 증명하고 있지요. 그는 "다윗의 처음 길"로 행하겠다고 고백합니다. "다윗의 처음 길"이란 어떤 길일까요? 다윗이 오랫동안 정착하지 못하고 이리저리 쫓기며 어려운 '하비루'의 삶을 살았던 것을 우리는 잘 알고 있습니다. 그럼에도 그는 자신의 피난처가 되시고 방패가 되시는 여호와를 의뢰하며 의로움과 자상함으로 자기 식솔들을 돌보았죠. 하여 그에게 몰려드는 '하비루'들이 점점 늘어갔던 것을 기억하실 겁니다. 이스라엘 사람들만이 아니었습니다. 다윗의 주변에는 그야말로 "잡류"가 모여들었습니다. 쫓겨난 사람들, 억울한 사람들, 비천한 사람들이었죠. 이들이 모여들었다는 것은, 다윗이 약자를 보듬고 살리시는 여호와를 따르는 길을 걸었기에 가능했던 것이 아닐까요. 역대기 서술가가 이 아름다운 여호와와 다윗의 동행을 "처음 길"이라고 묘사한 것을 보면, 그 역시도 '늙은' 다윗이 판단이 흐려지고 '인간-왕의 통치 원리'에 사로잡혀 있었음을 인정하고 있다고 봅니다.

물론 오늘 우리가 주목할 인물은 여호사밧이죠. 그가 "다윗의 처음 길"과 같이 행했다는 것이 중요합니다. 역대기의 내용은 그가 올바르게 살았다는 것을 증명하고 있지요. 역대하 19장 4-7절 말씀을 함께 보겠습니다.

여호사밧이 예루살렘에 살더니 다시 나가서 브엘세바에서부터 에브라임 산지까지 민간에 두루 다니며 그들을 그들의 조상들의 하나님 여호와께로 돌아오게 하고 또 유다 온 나라의 견고한 성읍에 재판관을 세우되 성읍마다 있게 하고 재판관들에게 이르되 너희가 재판하는 것이 사람을 위하여 할 것인지 여호와를 위하여 할 것인지를 잘 살피라 너희가 재판할 때에 여호와께서 너희와 함께 하심이니라 그런즉 너희는 여호와를 두려워하는 마음으로 삼가 행하라 우리의 하나님 여호와께서는 불의함도 없으시고 치우침도 없으시고 뇌물을 받는 일도 없으시니라 하니라(역대하 19:4-7).

"여호와가 심판하신다"는 의미를 담은 자신의 이름대로 살았던 것을 이 본문에서 확인할 수 있지요. 여호사밧은 개인의 삶에 있어서도 공동체의 통치 원리에 있어서도 온통 여호와를 중심으로 한 신앙인이었습니다. 또한 아합 왕 시절 우상숭배를 일삼았던 북이스라엘과 달리 민간을 두루 다니며 백성들을 여호와께로 돌아오도록 했다고 기록되어 있습니다. 지방마다 여호와를 중심으로 판단할 수 있는 사람들을 세우며 그들에게 여호와께서 함께 하실 것임을 기억하라고 강조합니다. "여호와께서는 불의함도 없으시고 치우침도 없으시고 뇌물을 받는 일도 없으시니라"라는 분명한 기준을 알려주었습니다. 굳이 이런 이야기를 한 까닭은 무엇일까요? 충분히 유추해 볼 수 있습니다. 이전에 힘깨나 쓰던 지방의 세력가들이 늘 저질렀던 잘못이었을 겁니다. 자기의 유익을 위하여 불의한 일을 도모하고, 뇌물을 받고 치우친 판결을 행하는 일들이 만연했음을 알 수 있습니다. 너희가 정녕 여호와를 두렵게 여긴다면 여호와께서 이와 같은 죄를 싫어하신다는 것을 기억하라는 것이었지요.

물론 어제오늘 일이 아니지요. 2016년 한 해는 그야말로 밖으로 불거진 국정농단 사건으로 온 나라가 어수선했습니다. 수천 년 전 고대 근동의 군주제 시절에나 있던 일들이 아닌 겁니다. 하나님을 모르는 이들의 권력형 비리야 쯧쯧 혀를 차며 법적 공의를 통해 개혁해 나갈 일이지만, 연일 보도되는 사건 사고들 중에는 기독교 지도자들의 일탈적 행동들이 적지 않아 마음을 무겁게 합니다. 물론 기독교인도, 지도자급의 인물들도 잘못은 저지를 수 있습니다. 사람인걸요. 하지만 주로 은밀한 곳에서, 혹은 몰래 행한 범죄들이 드러날 때마다 저는 궁금증이 일어납니다. 그 행동들이 '죄된 행동'이요 '여호와께서 싫어하시는 일'임을 아니까 숨어서 했던 것일 텐데. 무소부재하시고 전지전능하신 여호와를 입으로 고백하면서, 어찌 그런 행동들이 가능할까요? CCTV에는 사각지대가 있을지언정, 여호와께는 그런 공간이나 시간이 없는데 말입니다. 여호사밧의 말마따나 "정녕 여호와를 두렵게 여긴다면" 있을 수 없는 일들입니다. 안타까움에 사족이 길었습니다만, 중요한 강조점은 여호사밧이 오직 하나님만 따르는 삶을 살았다는 것입니다.

카할, 이스라엘의 공동체적 인격

또 다른 에피소드가 있습니다. 여호사밧이 전쟁에 임할 때 보였던 자세에 대한 이야기입니다. 그동안 이스라엘은 주로 침략하는 적을 상대로 방어전을 펼치고 있었습니다. 이웃 나라를 선제공격할 만큼의 군사력을 가지고 있지는 않았죠. 그런데 한 번은 모압, 암몬, 세일인이 연합하여 남유다를 침략한 사건이 있었습니다. 세력을 키워가는 남유다를 경계했던 것이지요. 그들의 경계 대상이 될 만큼 여호사밧은 충분한 군대를 보유하고 있는 중이었습니다. 그러나 그는 연합군의 침공 소식을 듣고 군대에 의지하지 않고 다른 대처 방법을 세웁니다. 그는 여호와 전쟁의 중요한 포인트, 즉 여호와께 방법을 여쭤보는 길을 택합니다. 역대하 20장 3-4절 말씀입니다.

> 여호사밧이 두려워하여 여호와께로 낯을 향하여 간구하고 온 유다 백성에게 금식하라 공포하매 유다 사람이 여호와께 도우심을 구하려 하여 유다 모든 성읍에서 모여와서 여호와께 간구하더라(역대하 20:3-4).

충분한 숫자를 보유하고 있고 평소 훈련도 착실하게 진행했음이 분명한데, 이쯤 되면 자신의 군대를 의지할 수도 있었을 겁니다. 그러나 외세의 침입 소식을 듣는 순간 여호사밧은 조상들이 했던 전통

대로 백성들과 함께 금식기도를 하면서 여호와께 도우심을 구합니다. 모든 유다 백성을 함께 모아 여호와께 간구하기를 부탁합니다. 그는 군대를 정렬하지 아니하고 백성을 먼저 모았습니다. 모든 유다 백성을 모아 놓고 여호사밧이 공적으로 고백하는 신앙의 내용이 역대하에 기록되어 있는데요, 그 오프닝인 20장 5-6절 말씀을 보겠습니다.

여호사밧이 여호와의 전 새 뜰 앞에서 유다와 예루살렘의 회중 가운데 서서 이르되 우리 조상들의 하나님 여호와여 주는 하늘에서 하나님이 아니시니이까 이방 사람들의 모든 나라를 다스리지 아니하시나이까 주의 손에 권세와 능력이 있사오니 능히 주와 맞설 사람이 없나이다(역대하 20:5-6).

당신은 우리 모든 존재의 근원이십니다. 사람들에게 이야기하는 것이지만 신앙고백적 내용을 담은 기도의 형식으로 전달합니다. 마치 모세가 백성들로 하여금 여호와를 따르도록 설득하는 공적 간구처럼 말이지요. 그의 선포는 다음과 같이 마무리됩니다. 역대하 20장 12-13절 말씀입니다.

우리 하나님이여 그들을 징벌하지 아니하시나이까 우리를 치러 오는 이 큰 무리를 우리가 대적할 능력이 없고 어떻게 할 줄도 알지 못하옵고 오직 주만 바라보나이다 하고 유다 모든 사람들이 그들의 아내와 자녀와 어린이와 더불어 여호와 앞에 섰더라(역대하 20:12).

상상을 해보니 참으로 아름답습니다. 유다의 남자들뿐만 아니라 아내와 자녀와 어린이까지 더불어 여호와 앞에 서 있는 광경이라니… 여호사밧은 회중 가운데 서 있었습니다. 그의 뒤에는 여호와의 성전이 있었고 그의 앞에는 온 유다 회중이 있습니다. 그의 말을 들은 모든 회중이 여호와를 기억하고 여호와께 간구하는 모습이 그려집니다. 여기서 말하는 '회중'은 히브리어로 '카알'이라고 하는데, 이것은 "부르심을 받은 신앙 공동체"를 뜻합니다. 신약시대의 '교회'의 의미와 일맥상통합니다. 저는 이 '카할'이 이스라엘 공동체의 공동체적 인격을 가장 잘 표현하는 단어라고 생각해요. '세겜 이야기'를 하면서 이미 말씀드렸지만, 효율성의 측면에서 보면 회중을 모아 말을 전하는 것은 그다지 좋은 방법이 아닙니다. 그러나 회중들이 모두 함께 모여 하나님 앞에 서는 것은 그들이 조상 때로부터 행해온 귀한 전통이었습니다. 그 수가 미약하던 시절, 변변한 상비군조차 없던 시절부터 행해온 전통, 온 회중이 함께 모여 오로지 여호와만을 앙망하면서 구원해주실 것을 간절히 바라던 그 마음을 여호사밧은 기억하고 있었습니다. 그러니 상비군을 가진 시절임에도 모든 백성들을 모아 전통적인 그 모습을 재현했던 것이었지요.

역대하 20장 14-15절에는, 모든 이들이 여호와를 구할 때에 여호와께서 어떤 응답을 주시는지가 기록되어 있습니다.

여호와의 영이 회중 가운데에서 레위 사람 야하시엘에게 임하셨으니 그는 아삽 자손 맛다냐의 현손이요 여이엘의 증손이요 브나야의 손자요 스가랴의 아들이더라 야하시엘이 이르되 온 유다와 예루살렘 주민과 여호사밧 왕이여 들을 지어다 여호와께서 이같이 너희에게 말씀하시기를 너희는 이 큰 무리로 말미암아 두려워하거나 놀라지 말라 이 전쟁은 너희에게 속한 것이 아니요 하나님께 속한 것이니라(역대하 20:14-15).

생각하면 할수록, 저는 이 장면이 너무 멋있게 느껴집니다. 모든 사람이 여호와에게 낯을 향하고 있을 때에, 사사 시대의 전통처럼 그중 한 명에게 여호와의 영이 임하고 그가 하나님의 말씀을 전달하는 겁니다. 이때에 여호와의 말씀을 전했던 이는 왕이 아니라 야하시엘이었습니다. 왕이 자신의 세속적 지위를 내세워 여호와의 뜻을 '망령되이' 조정하는 양상이 아닙니다. 물론 야하시엘의 족보가 저리도 화려하게 묘사된 것을 보면 그가 일개 촌부는 아니었음이 분명합니다. 그러나 왕국 성립 이후에 인간-왕의 임의대로 공적인 일들을 '치우쳐' 결정했던 에피소드들을 살펴본 뒤라서 그런지, 이런 '전통적'인 방식이 등장하니 설레기까지 합니다. 야하시엘이 전한 하나님의 말씀은, "전쟁은 하나님께 속한 것이니 너희들은 걱정하지 말라"는 메시지입니다. 그 이후의 말씀을 계속해서 보겠습니다.

이 전쟁에는 너희가 싸울 것이 없나니 대열을 이루고 서서 너희와 함께 한 여호와가 구원하는 것을 보라 유다와 예루살렘아 너희는 두려워하지 말며 놀라지 말고 내일 그들을 맞서 나가라 여호와가 너희와 함께 하리라 하셨느니라 하매(역대하 20:17).

그들이 할 일은 그저 대열을 이루고 서서 하나님이 이루시는 기적을 보기만 하면 되는 것이었습니다. 우리가 만약 여호사밧이었으면 어찌 했을까요? 비록 여호와로부터 이러한 말씀을 받기는 했지만 쉽게 따르기는 힘든 '매뉴얼'임이 틀림없습니다. 그에겐 강한 군대가 있었기 때문에 가만히 기다리기만 하는 것이 더더욱 어려웠을지도 모릅니다. 신앙심이 깊은 여호사밧이니 이러한 신탁이 내렸을 때에는 일단 '아멘'으로 응답했겠지만, 필시 그날 밤에는 잠을 설쳤을 것 같아요. 어찌 해야 하지? 나에게는 충분한 군대가 있는데, 예전처럼 속수무책이라 오로지 여호와만 앙망하던 시절과는 다른데… 다른 선택지가 있는데… 그 밤을 하얗게 새었을지도 모르죠. 이스라엘 온 회중은 다음날 이른 아침 다시 함께 모입니다. 그들 가운데 여호사밧이 다시 한 번 그들을 향해 말합니다. 그의 밤샘 고민은 어떤 메시지를 도출했을까요? 역대하 20장 20절 말씀입니다.

이에 백성들이 아침에 일찍이 일어나서 드고아 들로 나가니라 나갈 때에 여호사밧이 서서 이르되 유다와 예루살렘 주민들아 내 말을 들을지어다 너희는 너희 하나님 여호와를 신뢰하라 그리하면 견고히 서리라 그의 선지자들을 신뢰하라 그리하면 형통하리라 하고(역대하 20:20).

여호사밧은 여호와의 말씀을 온전히 받아들이기로 결심한 것이죠. 이 부분도 놀라운데, 이어지는 역대기 기록을 보면서 저는 더욱 놀랐습니다. 그는 직접 대열을 세우지 않고 어떻게 여호와께 신뢰를 보여줄지를 백성들과 함께 의논하여 대열을 짭니다. 저는 이 대목이 정말 회중('카알')의 특성을 잘 드러내주는 본문이라고 생각해요. 여호와를 향한 신뢰 이외에는 다른 것을 추구하지 않을 방법을 함께 간구했던 것이지요. 어느 한 사람의 아이디어가 탑-다운으로 시행되는 것이 아니었습니다. 함께 머리를 맞대고 여호와를 향한 신뢰를 드러낼 행렬을 의논하다니! 왕이라고 독단적으로 마음대로 결정하지 않았습니다. 카할로 모여 함께 내린 결론이 참으로 아름답습니다. 역대하 20장 21-22절 말씀을 함께 읽어보겠습니다.

백성과 더불어 의논하고 노래하는 자들을 택하여 거룩한 예복을 입히고 군대 앞에서 행진하며 여호와를 찬송하여 이르기를 여호와께 감사하세 그의 인자하심이 영원하도다 하게 하였더니 그 노래와 찬송이 시작될 때에 여호와께서 복병을 두어 유다를 치러 온 암몬 자손과 모압과 세일산 주민들을 치게 하시므로 그들이 패하였으니(역대하 20:21-22).

물론 역대기를 저술한 사가들이 누구였나에 주목하는 학자들은 이들이 제사장 출신들이었기에 제의적 측면을 강조하기 위해 이런 방식의 서술이 등장한 것이라고 보기도 합니다. 그러나 오랫동안 구전되고 부분적으로 기록되었으며 또한 여러 차례의 편집 과정을 거쳐 온 본문을 놓고, 우리는 사실 여부나 전후를 따지지 말자고 했었습니다. 성경은 분명 하나님의 '영감'으로 기록된 문서니까요. 여러 사람들이, 각기 다른 정황에서, 다양한 의도와 시각을 가지고 자료를 모으고 기록하고 편집한 그 오랜 기간에도 불구하고, 창세기부터 요한계시록까지 꿰뚫는 여호와의 뜻은 너무나 선명하니까요. 그것이 신적 감동 없이 어찌 가능하겠습니까? 그러니 '은혜롭게' 우리는 성경에 기록된 이 장면을 그대로 묵상해 봅니다.

그들은 침략하는 적군 앞에서 노래하는 자들로 섰습니다. 칼과 창을 들고 덤비는 이들 앞에서 여호와를 찬송하였습니다. 여호와에게 감사하며 그의 인자하심이 영원하리라는 고백을 여호와께 드렸습니다. 이 광경을 지켜보며 적군들은 무슨 생각을 했을까요? 그야말로 집단으로 미친 것으로 보였을 일입니다. 물론 찬양대 뒤에 군대가 따라나섰지만, 이들이 전쟁에 임하는 독특한 대열은 이 전쟁이 여호와의 것이라는 믿음의 표현임에 틀림없습니다. 모든 백성이 다 함께 기도로 마음을 모았을 것임은 자명합니다. 이들이 하나가 된 것은 이스라엘 신앙 공동체, 카할의 정신이었습니다. 이것은 전체주의와는 다릅니다. 전체주의도 공동체가 모두 하나가 되기를 원하지만, 그것은 한 명의 지도자가 자신의 이상을 강제적으로 주입하고 다른 사상을 통제함으로 가능하지요. 하지만 이스라엘 공동체는 각 개인이 자유로운 선택으로 '여호와의 길'을 따르기로 한 결과 하나가 되는 것이었습니다.

개인적인 나눔입니다만, 제가 속한 학교에서 학내 문제로 재학생과 졸업생들이 시위를 한 적이 있었습니다. 그 어느 때보다 뜨거웠던 2016년 여름의 일입니다. 사건의 발단이나 전개, 진행에 있어서 한 가지 평가만이 있을 수는 없겠지요. 하지만 그 모습을 지켜보면서, 그리고 저 역시 졸업생으로서 함께 참여하면서 감동했던 장면이 있습니다. 자신들의 의견을 드러내고 학교 본부에 전달하기 위해 어떤 '시위'를 해야 할까? 그 방법을 놓고 학교 본관에 모인 재학생들이 열띤 토론을 했었나 봅니다. 집행부가 따로 없고, 더 큰 발언권을 갖는 이도 없이, 한 사람 한 사람이 의견을 내고 들으며 합의한 방식이 한여름 밤 아름다운 은하수로 피어나는 모습을 보았습니다. 휴대폰 불빛으로 한 사람 한 사람이 밝힌 빛의 대열이 조용히 은은하게 강물처럼 학교 교정을 가득 채우는 모습에, 저는 문득 '카할'의 힘이 이런 것이 아니었을까, 하는 생각을 하게 되었습니다. 개인을 희생하지 않으나, 낱낱이 흩어지지 않고 공동체적 인격으로 '이화'를 만들어 냈거든요. 광화문 광장을 빛으로 가득 채웠던 시민들의 촛불도 그러했지요. 결국 '대한민국'도, '이스라엘'도 이렇게 한 사람 한 사람의 의미가 반영되며 채워지는 공동체적 인격이지 싶습니다.

여호와의 싸움은…

무력에는 무력으로! 실은 이것이 가장 현실적이고 효과적인 대응 방법일 겁니다. 그러나 칼과 창이 난무하는 고대 군주제의 한복판에서조차, 여호와께서는 당신을 향한 믿음으로 공동체의 안전을 도모하기를 원하셨습니다. 그러니 회중들은 여호와의 뜻을 헤아리며 구원하실 하나님을 '믿고' 찬양으로 화답한 것이죠. 그러한 믿음의 응답으로 하나님께선 적 군대를 복병으로 치셨다고 합니다. 여호와께서 준비하셨다는 '복병'은 무엇이었을까요? 이 부분에 대한 묘사가 역대하 20장 23-24절에 나와 있습니다.

> 곧 암몬과 모압 자손이 일어나 세일 주민들을 멸한 후에는 그들이 서로 쳐죽였더라. 유다 사람이 들 망대에 이르러 그 무리를 본즉 땅에 엎드러진 시체들뿐이요. 한 사람도 피한 자가 없는지라(역대하 20:23-24).

비록 찬송을 부르며 나아갔지만, 그 마음 한구석에 어찌 두려움이 없었을까요? 그런데 막상 싸움터에 당도해보니 적들이 모두 죽어 있었습니다. 사연은 이랬습니다. 적군은 점점 세력이 커지는 여호사밧을 견제하기 위한 '한 가지 목적'으로 모인 세 집단의 연합군입니다. 암몬과 모압과 세일산 주민들이었죠. 이들은 비록 여호사밧을 견제한다는 목적에 있어서는 뜻이 같았지만, 각자 자신들의 공동체적 이익이 달랐던 이민족입니다. 그런데 무슨 문제였는지 내부갈등으로 연합한 군대들은 서로를 죽이는 지경에 이르렀습니다. 암몬과 모압이 연합하여 먼저 세일을 치고, 이제 둘이 남자 암몬과 모압이 서로 싸웠다고 하죠. 연합전에서는 흔히 있는 일입니다. 우리나라에도 삼국통일사를 보면 신라가 당나라와 연합하여 고구려와 백제를 친 후에, 둘만 남자 한강 유역의 영토를 확보하기 위해 서로 싸운 일이 있었죠. 물론 이런 이익 싸움에서 한 무리가 이겼다면 그들이 찬양하며 전진하던 이스라엘을 맞이했겠지만, 그들의 전투는 참으로 치열했나 봅니다. 성경은 그 참담한 현장에 대해 "한 사람도 피한 자가 없다"고 기록합니다.

참으로 대조적인 모습이지요. 막강한 세 세력이 연합하여 더욱 강화된 자신들의 군사력을 믿었지만 이들은 '불신' 속에서 서로를 죽고 죽였습니다. 그러나 '살리시는 여호와'를 믿고 찬송하며 전진하던 이스라엘은 죽고 죽이는 전투에서 건짐을 받았습니다. 공동체의 안전도 보장받았습니다. 아니 오히려 싸움 하나 없이 전리품들마저 챙겼습니다. 무려 사흘 동안 거두어들였다고 합니다. 물론 이런 물질적 수확으로 기뻐하며 이 이야기가 끝났다면 저는 슬쩍 실망감이 들었을 거예요. 그러나 이 에피소드는 끝까지 제 마음을 뛰게 했습니다. 이렇게 귀한 승리를 한 이후 그들은 모두 모여 하나님께 예배를 드립니다. 역대하 20장 28-29절 말씀입니다.

> 그들이 비파와 수금과 나팔을 합주하고 예루살렘에 이르러 여호와의 전에 나아가니라 이방 모든 나라가 여호와께서 이스라엘의 적군을 치셨다 함을 듣고 하나님을 두려워하므로(역대하 20:28-29).

이것이 포인트입니다. 이방 국가는 여호사밧이나 남유다가 아닌, 여호와를 두려워하게 됩니다. 여호사밧이 군대를 사용하지 않고, 찬양으로 시작해서 찬양으로 전쟁을 마쳤다는 소문이 그들에게 들렸기 때문입니다. 믿을 수 없는 승리에 대한 소문을 들었던 이방 국가들이 여호와를 두려워했던 것입니다. 우리의 삶도 이와 같았으면 좋겠습니다. 하나님의 위대하심을 드러내는 삶 말입니다. 그러나 그것이 나의 성공, 나의 성취에 방점이 찍히는 인생이 아니라, 우리의 행동과 삶의 선택이 드러날수록 여호와를 모르는 사람들이 여호와를 두려워하길 원합니다. 그러한 삶을 선택하기 위해서 우리가 먼저 해야 할 것은 우리의 근원되신 여호와 하나님을 우리 역시 두려운 마음으로 기억하는 것이겠지요. 입으로는 하나님을 자주 불러대면서, 우리 삶이 그의 뜻에 부합하지 않는다면 어찌 여호와를 드러낼 수 있겠습니까?

"하나님을 두려워한다"는 것이 어렵게 느껴질지도 모릅니다. "여호와를 두려워하는 것"과 "찬양하는 것"을 반대되는 의미로 알고 계실지도 모르죠. 하지만 저는 이 두 행위가 같은 행동이라고 생각해요. "하나님을 두려워한다"는 것은 하나님이 어떤 분인지 안다는 것입니다. 여호와를 "안다"면 우리는 그분이 행하실 공의와 사랑을 찬양하게 됩니다. 또한 우리가 그런 공의와 사랑을 실천하지 못할 때에 두려워하게 되지요. 여호와는 그의 방법으로 싸우십니다. 그러나 신자로서 우리의 할 일이 아무 것도 없다는 의미는 아닙니다. 믿음으로, 두려움 없이, 우리에게 처한 싸움 앞에 당당히 서야 할 겁니다. 올 한해 우리가 싸워야 하는 삶의 과제가 참으로 많았습니다. 앞으로도 그러하겠죠. 그러나 오늘 여호사밧과 카할이 보여준 신앙과 용기의 행동, 공동체가 함께 만들어간 아름다운 신앙의 결단은, 두고두고 우리에게 힘이 되고 지표가 될 사건이라고 생각합니다. 우리가 두려울 때 우리의 낯을 여호와께 돌리는 믿음으로 인해 우리를 대적하는 이들조차도 여호와를 두려워하게 될 줄 믿습니다. 그 믿음으로 오늘 대면해야 하는 선과 진리의 싸움을 회피하거나 주저하지 않았으면 좋겠습니다.

기도

주님, 여호와의 심판을 의지하는 왕 여호사밧과 그가 이끌었던 하나님의 백성 카할에 대해 묵상했습니다. 한 사람 한 사람이 여호와를 두려워하고 신뢰함으로 커다란 하나의 공동체적 인격을 이루었을 때 일어난 구원 역사를 배웠습니다. 오늘날 저희들도 교회 공동체 안에서, 그리고 대한민국 공동체 안에서 이러한 '공동체적 인격'의 삶을 이루게 하여 주시옵소서. 언제나 저희의 낯을 여호와 당신께 향하는 신앙인이 되기 원합니다. 하여 이 땅에 공의와 사랑의 하나님, 여호와의 임재가 충만한 삶을 증거하기를 원합니다. 주께서 임마누엘 늘 동행하시며 우리에게 힘을 주옵소서. 예수님의 이름으로 기도합니다. 아멘.

함께 모여 전심으로 여호와의 낯을 향할 때, 교회는 여호와의 구원 역사를 경험하고 증거하는 놀라운 하나의 공동체적 인격이 됩니다.

마흔일곱 번째 만남

두 혁명 이야기, 예후의 혁명과 아달랴의 혁명

열왕기하 9-11장

지난 시간은 모처럼 훈훈했던 이야기였지요. 하나님의 길을 걸었던 여호사밧과 이스라엘의 회중 '카할'이 한 마음으로 여호와만을 앙망하였을 때에 축복처럼 얻었던 공동체의 구원을 보았으니까요. 그 훈훈함이 이스라엘과 유다 공동체 안에서 계속 이어졌다면 얼마나 좋았을까요. 하지만 한 왕도 그 인생 동안에 쭉 여호와의 뜻 안에서 거하고 행동하기가 어려운 법인데, 이런 삶이 대를 잇는다는 것은 여간 힘든 일이 아닙니다. 아니나 다를까 여호사밧의 아들은 아버지로부터 여호와를 경외하는 삶을 계승하지 않았습니다. 그저 왕의 자리만을 물려받았을 뿐이었죠. 오호라, 뜻은 져버리고 자리만 물려받은 아들이라. 이미 비극을 예상하실 만합니다.

맞습니다. 오늘은 남북왕국 모두에게 잔인한 피의 혁명이 있었던 시절 이야기를 하려 합니다. 기원전 9세기의 이야기예요. 사실 남유다 여호사밧 왕가와 북이스라엘 아합 왕가는 혈연으로 연결되어 있었습니다. 여호사밧은 여러 가지 면에서 훌륭한 왕이었지만, 한 가지만큼은 위험한 선택을 했습니다. 그는 아합과 이세벨의 딸인 아달랴를 며느리로 맞아들였거든요. 물론 당시에는 흔한 일이었습니다. 국력을 강성하게 하기 위하여 득이 되는 이웃과 혈연으로 동맹을 확장해가는 정책 말입니다. 실제로 정치적으로는 이익이었습니다. 덕분에 그들 나라의 군대는 더욱 군건했으니까요. 하지만 아합과 이세벨의 '다스림'을 기억하신다면, 아달랴의 가치관이나 신앙관이 어떠할지 짐작하실 겁니다. 원하는 바를 얻기 위해 권력을 이용한 죽임에 망설임이 없었던 부모였습니다. 그걸 보고 자란 딸이 가졌을 시각과 삶의 자세는 분명 약자를 살피시고 살리시는 여호와의 시선과는 달랐을 겁니다. 가족사뿐만이 아니라 나라의 사건들이 함께 엮여 있는 까닭에 오늘은 북이스라엘과 남유다, 양 국가를 두루 살펴보려 합니다.

여기서 오늘 등장하는 인물들의 이름을 잠깐 정리해야 할 것 같습니다. 동명이인도 나오거든요. 우선 여호사밧의 아들은 여호람이라는 인물이었습니다. 아달랴와 결혼한 왕자죠. 여호람과 아달랴가 결혼하여 낳은 아들이 아하시야입니다. 여기서 헷갈릴 수 있는 게 아합과 이세벨 사이에도 아하시야라는 아들이 있었거든요. 게다가 아합의 아들 중에는 여호람이라는 이름을 가진 이가 있어요. 그러니까 한 세대를 달리하면서 양쪽 집안에서 같은 이름을 사용한 왕들이 있는 것이죠. 여호람은 "여호와는 존귀하시다"라는 뜻이었습니다. 그 뜻이 좋으니 당시에 많이 쓰인 것 같습니다. 더구나 평소 존경하는 집안 어른들의 이름자를 자신의 아이에게 부여하는 것은 전통 사회의 오랜 관습이죠. 하여, 이렇게 동명이인이 생기게 된 것 같아요. 물론 이런 맥락과 상관없이 본문을 읽어야 하는 우리는 참으로 헷갈리지만요. 아달랴의 경우에는 오빠와 남편의 이름이 같았으니 더욱 헷갈렸을 것 같네요. 여호람은 요람이라고도 표기되는데 축약형입니다. 열왕기에는 북왕국 왕 여호람을 요람이라고 표기합니다. 하여 우리도 혼동을 피하기 위해 이 아래의 내용에서는 요람이라고 적겠습니다.

오랜 전통을 불러오다, 여호와의 이름으로 전개된 혁명

성경에 기록된 아합과 이세벨의 자녀는 아하시야와 여호람(요람), 그리고 아달랴였습니다. 당시는 아합이 죽고 북이스라엘 왕 요람과 남유다 왕 아하시야(여호사밧의 손자, 남왕국 여호람의 아들)가 통치를 하던 시절이었습니다. 둘은 서로 삼촌-조카 사이지요. 외가가 북왕국이니 당연히 서로 왕래가 많았을 겁니다. 아합은 이미 죽었으니 북왕국의 실세는 누구였을까요? 왕은 요람이었지만 그 나라의 실세는 이세벨에게 있었습니다. 남편과 함께 북왕국을 통치할 시절부터 그녀의 여장부 같은 성격과 추진력은 익히 아는 바죠. 충분히 그러고도 남을 인물이라고 생각해요. 요즘 젊은이들의 표현으로라면 "걸크러쉬"를 일으킬만한 "센~ 언니"라고 할까요? 당시 남왕국의 왕은 아달랴의 아들인 아하시야였습니다. 아버지인 여호람이 죽은 지 채 1년이 되지 않았을 때입니다. 그러니 실세는 누구였을까요? 여호람의 아내이자 아하시야의 어머니인 아달랴가 실권을 잡고 있었을 겁니다. 그러니 북쪽은 엄마, 남쪽은 딸이 실권을 잡은, 말 그대로 여인천하의 시대였지요. 바로 이러한 때에 있었던 사건입니다. 북왕국의 이야기를 함께 다루는 관계로 열왕기를 읽어봅니다. 열왕기하 9장 1-3절 말씀입니다.

선지자 엘리사가 선지자의 제자 중 하나를 불러 이르되 너는 허리를 동이고 이 기름병을 손에 가지고 길르앗 라못으로 가라 거기에 이르거든 님시의 손자 여호사밧의 아들 예후를 찾아 들어가서 그의 형제 중에서 일어나게 하고 그를 데리고 골방으로 들어가 기름병을 가지고 그의 머리에 부으며 이르기를 여호와의 말씀이 내가 네게 기름을 부어 이스라엘 왕으로 삼노라 하셨느니라 하고 곧 문을 열고 도망하되 지체하지 말지니라 하니(열왕기하 9:1-3).

전형적인 이스라엘 방식의 왕 뽑기입니다. 아버지가 왕이니 아들이 왕이 되는 세습의 장면이 아닙니다. 계속해서 여호와 보시기에 악을 행하던 북이스라엘 왕조를 견디지 못하시고, 여호와께서 선지자 엘리사에게 말씀으로 임하셨습니다. 아합 왕조를 그치려는 것이죠. 그래도 그렇지, 엘리사의 입장에서도, 또 그의 전령이 되어 임무를 수행하는 제자 입장에서도, 많이 당황스러웠을 겁니다. 이미 이스라엘에는 왕이 있잖아요. 그것도 지금 막 왕위에 앉아 권력이 덜 확립된 왕도 아닙니다. 오므리 이후 이스라엘에서는 유일하게 4대째 세습 왕권을 유지하고 있는 통치자입니다. 여호와의 선택에 대한 발표와 더불어 "머리에 기름을 붓는다"는 것이 무엇을 상징하는지 온 나라가 다 아는 판에, 왕의 아들이 아닌 예후에게 이 일을 하라시니 참 난감합니다. 일을 마친 후에 지체하지 말고 문 열고 도망하라는 당부는 필시 엘리사가 더한 이야기일 겁니다. 물론 여호와께서 이렇게 세밀하게 지시해주셨을 수도 있습니다만, 나라의 상황을 알고 기름부음의 상징을 아는 이로서 당연히 근심이 되었을 부분이니까요. 이 일은 긴박하게, 그리고 비밀리에 처리되어야 했습니다.

예후는 여호와 신앙을 가진 군대 장관으로 묘사됩니다. 엘리사의 제자가 예후를 방문했을 때에 그는 다른 군대장관들과 함께 모여 있었습니다. 나라꼴 돌아가는 것을 보며 속상해 하고 있었을 테지요. 그러고 보면 이제나 저제나 익숙한 장면입니다. 그때 상당히 의아한 일이 발생합니다. 어떤 이가 비장한 표정으로 찾아와 예후를 데리고 골방에 들어갑니다. 당연히 그곳에 있던 사람들로서는 모두 무슨 상황인지 궁금했겠지요. 예후가 다시 나오자 동료가 묻습니다. "그 미친 자가 무슨 까닭으로 그대에게 왔더냐?" 아마 이러한 표현으로 미루어 볼 때에 그때의 고관들이 선지자를 어떻게 대하였는지 유추할 수 있을 것 같아요. 하긴 선지자들은 인간적인 사고방식이 아니라 하나님의 뜻에 따라 움직이던 사람들이었으니, 일반인들의 눈에는 이해하기 힘든 행동들도 많았을 겁니다. 늘 조롱당하는 입장이었던 거죠. 이를 생각하니 마음이 짠해 옵니다. 월급을 받는 것도 아니요 명예직도 아닌 마당에 목숨마저 위험한 일을 하고 다니는데 "미친 자"라는 조롱까지 받다니요.

예후는 자신이 왕으로 기름부음 받았음을 군대 장관들에게 실토합니다. 아합 가문의 행악 때문에 더 이상 여호와께서 참으시지 않으실 것이라 하셨단다. 나를 왕으로 선택하셨다고 하신다고, 말입니다. 이 이야기를 들은 사람들은 어떻게 반응했을까요? 그야말로 반역이요 역모인 걸요. 열왕기하 9장 13절에는 이 말을 들은 무리들의 행동이 기록되어 있습니다.

> 무리가 각각 자기의 옷을 급히 가져다가 섬돌 위 곧 예후의 밑에 깔고 나팔을 불며 이르되 예후는 왕이라 하니라(열왕기하 9:13).

다 같이 미쳐버린 걸까요? 예후를 견제하거나 비난하기는커녕 모두가 그를 왕으로 선포했다는 거잖아요. 하지만 생각해보니 그럴 수도 있겠다 싶습니다. 서로 뜻이 같은 무리가 아니었다면 예후가 비밀스런 말을 그리 당당하게 나누었을 리가 없죠. 필시 그 자리에 있던 사람들은 현 정권의 정치, 종교적 치리에 불만이 있어 그리 모여 있었을 겁니다. 어쩌면 이미 이런 가능성을 생각하면서 무언가를 도모하고 있던 무리였을 지도 모르죠. 다들 자신의 군사력을 동원할 수 있는 군대장관들이었으니까요. 무엇이 먼저였든 그곳에 있던 군대장관들은 모두 예후를 왕으로 세우는 데 공감했습니다. 예후는 왕으로 일으킴을 받고 빠르게 그 역할을 수행하러 갑니다. 이것은 기존에 있던 왕 요람을 제거해야 한다는 것을 의미하지요. 왕의 자리는 하나이니까요.

마침 북왕국의 왕 요람은 아람과의 전쟁 중 작은 부상을 입고 요양 중이었습니다. 자신의 본진인 사마리아로 돌아가기 전에 잠시 이스르엘에서 숨을 돌리고 있었죠. 그 소식을 들은 남유다의 아하시야 왕이 요람 왕을 만나러 왔습니다. 그럴 수 있는 일입니다. 삼촌이 전쟁 후 돌아가는 길인데 다치셨다니 조카로서 병문안을 온 겁니다. 예후로서는 동시에 남북 왕들을 제거할 절호의 기회인 셈입니다. 물론 두 왕들은 조만간 일어날 피의 혁명을 꿈에도 상상하지 못했을 거예요.

삼촌과 조카가 오랜만에 회포를 풀고 있던 중이었습니다. 저 멀리서 한 무리의 군대가 달려오고 있습니다. 망원경이 있던 시절도 아니고, 저 무리가 전쟁을 위해 달려오는지 자신들을 환대하고자 함인지 알 길이 없습니다. 하여 파수꾼을 시켜 그가 누구이며 어째서 이곳에 왔는지 묻도록 합니다. 그런데 보낸 파수꾼이 돌아오지 않습니다. 예후가 여호와의 말씀을 전하며 파수꾼에게 누구 편에 설 것인지 묻자 그가 예후의 편으로 돌아섰기 때문입니다. 파수꾼이 돌아오지 않자 곧 이어 파수꾼을 한 사람 더 보내지만 그 역시 돌아오지 않습니다. 이쯤 되면 모처럼 편안하게 가족 간에 이야기를 나누던 두 왕이 긴장할 수밖에 없지요. 다른 파수꾼이 요람 왕에게 상황을 전달합니다. 열왕기하 9장 20절 말씀입니다.

> 파수꾼이 또 전하여 이르되 그도 그들에게까지 갔으나 돌아오지 아니하고 그 병거 모는 것이 님시의 손자 예후가 모는 것 같이 미치게 모나이다 하니(열왕기하 9:20).

긴장되는 상황인데, 풋 웃음이 납니다. “미치게 모나이다” 때문에요. 병거 모는 스타일로 봐서 예후는 참으로 터프한 성격이었던 것 같아요. 온 이스라엘에 유명했나 봅니다. 그 멀리서 보기에도 “미치게 모는” 스타일로 예후일 거란 짐작을 하다니요. 어쨌든 요람 입장에선 자신이 아는 장군이 왔으니 왜 왔는지 궁금했겠죠. 긴가민가했을 것입니다. 부스스 자리에서 일어나 일단 병거에 오르고 예후에게 나아갑니다. 예후를 만난 요람 왕이 안부를 전하고 왜 왔는지 묻습니다. 이때에 예후의 대답입니다.

> 요람이 예후를 보고 이르되 예후야 평안하냐 하니 대답하되 네 어머니 이세벨의 음행과 술수가 이렇게 많으니 어찌 평안이 있으랴 하더라(열왕기하 9:22).

엄청난 “돌직구”였지요. 신하가 왕에게 할 소리가 아니었습니다. 선전포고임이 분명합니다. 더군다나 예후는 혼자 오지 않았습니다. 군대 장관이었던 그는 자신의 군사들은 물론 다른 군대장관들과 연합하여 많은 무리를 데리고 왔습니다. "아하시야야, 얼른 피해라. 반역이다!" 요람이 긴급히 몸을 돌이켜 조카에게 경고를 합니다. 이곳이 사마리아 본성이었다면 이렇게 곧바로 도망갈 궁리를 하지는 않겠죠. 예후에 대항하여 한 번쯤은 전면전을 시도했을 겁니다. 그러나 이스르엘 평원은 외곽입니다. 자신을 따르는 군대가 충분치 않습니다. 하여 "삼십육계"를 선택한 것이죠. 그러나 도망하는 그를 예후가 활을 당겨 맞추고 맙니다. 요람을 죽인 예후는 여세를 몰아 아하시야마저도 죽입니다. 이세벨과 아달랴는 결국 같은 날에 왕이자 아들, 그리고 손주를 잃은 셈이 되었습니다.

예후는 치밀한 사람이었습니다. 두 왕을 처치했음에도 방심하지 않고 죽은 요람의 시체를 나봇의 포도원에 던집니다. 그곳이 어떤 장소인가요. 바로 이세벨이 거짓 증인을 둘이나 세움으로 나봇이 자신의 포도원을 빼앗기고 무고하게 피를 흘렸던 장소였지요. 요람이 죽어 버려진 장소가 나봇의 무고한 피가 흘렀던 바로 그 포도원이라니…, 예후는 하나님의 진노를 전달했던 것입니다. 무고한 피가 흘렀던 곳에서 너희가 대가를 치룰 것임을 경고한 것입니다.

이세벨이 이 경고를 듣고 이때라도 돌이켰으면 좋았을 텐데. 그러나 아들 요람 왕이 죽었다는 소식을 들은 이세벨의 반응은 반성과는 거리가 멀어 보입니다. 열왕기하 9장 30-31절에 묘사된 이세벨의 반응은 고개를 갸우뚱할 만합니다.

예후가 이스르엘에 오니 이세벨이 듣고 눈을 그리고 머리를 꾸미고 창에서 바라보다가 예후가 문에 들어오매 이르되 주인을 죽인 너 시므리여 평안하냐 하니(열왕기하 9:30-31).

무슨 상황인가요? "머리를 꾸미고 눈을 그린" 것은 무슨 의미일까요? 드라마나 영화를 보면 비장한 얼굴로 거울을 보며 입술 옆에 점 하나를 찍는다든지, 머리를 다 밀어버린다든지 하는 장면들이 나오죠. 모두 복수를 결심하며 마지막으로 자신의 모습을 직시하는 상징을 의미합니다. 이세벨 역시 그러했던 것이 아닐까요? 어려서부터 정치판에서 자란 이세벨입니다. 이 정도 상황이면 자신에게 뾰족한 패가 없다는 것을 알았을 겁니다. 거의 마지막입니다. 이제 잡혀 죽을 일만 남은 셈입니다. 그러나 이런 상황에서도 이세벨은 당당합니다. 아무렇지 않은 척 자신을 꾸미고 왕후의 위엄을 포기하지 않습니다. 필시 가장 멋진 옷을 입고 가장 예쁘게 머리를 단장했겠죠. 가장 아끼는 화려한 머리핀을 꽂았을 것도 같네요. 그러고는 높디높은 궁의 창문에 서서 왕후의 위엄으로 예후를 향해 말합니다. "주인을 죽인 너 시므리여, 평안하냐."

에엥? 시므리라니요. 예후의 이름을 잊었을 리 없습니다. 한 날에 아들과 손자가 죽어 정신이 나간 까닭도 아닙니다. 시므리가 누구입니까? 그는 북이스라엘 엘라 왕의 장수였으나 반란으로 엘라를 죽이고 왕위에 오른 인물입니다. 그러나 왕위에 오른 지 7일 만에 오므리에 의해 죽게 되지요. 이후 오므리가 왕위에 올랐으며 그 아들이 바로 이세벨의 남편인 아합입니다. 이세벨은 예후의 혁명을 7일 천하였던 시므리의 덧없음에 빗대어 표현하며 협박하고 있는 것입니다. 아들과 손자가 죽임을 당한 상황에서도 예후에게 겁을 주는 이세벨, 참으로 무섭도록 강인한 여인입니다. 하여 여성주의적 시각에서 이 본문을 해석하는 학자들 중에는 이세벨을 성경 본문에 그려진 대로만 이해하면 안 된다고 주장하기도 합니다. 아세라 신앙과 여호와 신앙의 격돌 속에서 승리한 야훼 전승자들이 이 본문을 기록했기에 실제 이세벨의 리더십이 어떠했을지는 확언하기 힘들다는 것이죠. 일면 일리가 아주 없지는 않습니다. 오늘날 우리의 상황을 돌아보아도 그렇잖아요? 분명 같은 사건인데, 어느 쪽에서 기술하느냐에 따라 메시지가 전달되는 뉘앙스나 교훈이 완전히 달라집니다. 그러한 까닭에 정황을 의심하는 학자들은 이세벨의 통치가 오래일 수 있었던 것은 어쩌면 그녀의 비범한 리더십이 아니었겠느냐 추론하는 것이죠.

그러나 그녀가 거의 '여왕'의 역할을 충분히 감당할만한 인물이었냐 아니냐를 평가하기에는 우리가 가진 자료로는 충분치 않습니다. 성경 본문을 통하여 우리가 아는 한 가지는 그녀가 여호와의 선지자들을 수도 없이 죽였으며, 자신의 욕망을 위하여 위증을 하고 사람을 죽이는 일에 주저함이 없었다는 기록이지요. 그럼 예후는? 그도 왕좌를 차지하기 위해서 숱한 생명들을 죽였잖아요? 그러게요. 아무리 여호와께서 택하신 인물이고 여호와의 통치 질서를 확립하기 위한 일이라 해도 생명을 죽이는 일이 정당화되기는 어렵습니다. 다만, 사사 시대를 다루며 '여호와 전쟁'을 언급하며 말씀드렸듯이, 이 시절의 사회문화적 관행에 대해서는 시대적인 한계로 읽어내는 접근을 제안해 봅니다. 법적 절차를 통해서 징벌하는 오늘날의 사람들에게, 칼을 뽑아들고 직접 복수하고 징벌하는 이런 문화를 이해하는 것은 쉽지 않으니까요.

폭력에 대한 신앙적 정당성의 문제로 넘어가면 또 다른 주제가 되기에 여기서는 잠시 그 문제를 접어두겠습니다. 다시 이세벨과 예후가 만나는 장면으로 돌아가 보죠. 예후는 왕후 이세벨의 모욕적인 말을 듣고도 올라가 싸우지 않았습니다. 오히려 이세벨을 호위하는 무리들을 향해 당당하게 외칩니다. "내 편이 될 자가 누구냐?" 그에 반응한 두어 내시가 얼굴을 내밉니다. 그들에게 이세벨을 내어 던지라 명하니 그들은 망설임 없이 이세벨을 창문 밖으로 던져버렸습니다. 그 내시들이 여호와 신앙을 따랐기에 예후의 말에 순종했는지, 아니면 권력 이동의 정황을 기민하게 파악하고 강한 자의 편에 붙은 기회주의자였는지는 확실치 않습니다. 그러나 어찌 되었든 결과는 같았습니다. 이세벨은 자신을 호위하던 자들에 의해 죽임을 당했죠. 가장 믿었던 신하들에게 배신을 당한 겁니다. 이세벨의 죽음으로 환호성 속에서 축제가 열렸습니다. 승리감에 한껏 취했던 예후가 뒤늦게나마 이세벨의 시체를 수습하여 묻어주라고 명했지만, 죽은 그녀의 모습은 너무나도 처참했어요. 여왕의 품위로 그렸던 눈과 꾸민 머리는 어디에도 남아 있지 않았습니다. 열왕기하 9장 37절 말씀입니다.

그 시체가 이스르엘 토지에서 거름같이 밭에 있으리니 이것이 이세벨이라고 가리켜 말하지 못하게 되리라 하셨느니라 하였더라(열왕기하 9:37).

지나가는 사람들이 그 시체를 아무리 자세히 보아도 이세벨임을 알아보지 못할 정도로 처참한 죽음이었습니다. 남아 있는 비싼 옷가지, 그리고 장신구 정도가 그녀임을 증명했을까요. 끝까지 품위를 유지했던 여왕, 그러나 끝까지 여호와 하나님을 부정했던 그녀는 이스르엘 토지(나봇의 포도원이 있던 곳)에서 끔찍한 죽음을 맞이한 겁니다. 물론 이 비극적 엔딩을 놓고 많은 설교가들이 여호와 신앙을 핍박한 이의 매우 '마땅한' 결과임을 이야기하시는 것을 들었습니다. 그러나 이런 접근은 자칫 여호와 신앙 안에 있는 우리들로 하여금 너무나 쉽게 '안심'하게 만드는 기재로 작동하기도 합니다. 저렇게 끔찍한 벌을 받는 것은 이교도일 뿐이야. 우리는 예후처럼 높이 들리겠지. 그러나 아세라 신앙과 여호와 신앙으로 대비된 극명한 갈등은 실재實在로 존재하는 신(들)간의 갈등을 의미하지 않습니다. 오히려 '바알과 아세라'로 상징되는 고대 근동의 수직적 왕권 체계, 그 확고한 시스템 안에서 지위가 낮고 가난한 사람들을 마구 억누르고 착취하던 사람들에 대한 여호와 하나님의 심판으로 보는 것이 더 본질적이라고, 저는 그렇게 이해합니다. 때문에 여호와의 이름으로 왕위에 오른 예후라 할지라도 그 역시 여호와의 통치 질서를 저버린다면 그의 길은 형통하지 못할 것입니다.

예후는 사마리아에서 왕위에 올라 스물여섯 해를 통치했습니다. 그는 왕위에 오르자마자 아주 긴박하게 바알과 아세라 신앙을 몰아내는 일에 몰두합니다. 그는 계략을 써서 바알을 섬기던 숭배자들을 일시에 처형했습니다. "아합이 바알을 섬겼던 것보다 내가 더욱 더 바알을 섬길 것이다."라고 선포하며 오랫동안 왕권과 긴밀히 왕래하며 기득권을 누렸던 바알 숭배자들을 모두 바알의 신당으로 불러들여 성대한 제사 이벤트를 꾸미죠. 화려하게 준비한 예복까지 입히면서 바알 추종자들과 여호와 신앙인들을 한 눈에 구별할 수 있도록 계략도 세웁니다. 그러고는 번제를 마친 바알 추종자들을 모두 일시에 죽입니다. 바알 신당은 헐어 화장실을 만들어 버리고 우상들은 가져다가 불살랐습니다. 예후의 이런 행동에 대해 열왕기 저술가는 여호와께서 크게 기뻐하셨다고 기록합니다. "네가 나 보기에 정직한 일을 행하였기에"(열왕기하 10:30) 자손 사대에 걸친 왕권을 인정받습니다.

하지만 정말 여호와께서 예후에게 그리 말씀하셨을까요? 그렇게 기쁘셨다면 기왕이면 다윗왕가처럼 앞으로 쭉 대대손손 왕권을 약속하시지, 왜 하필 4대에 불과한 것일까요? 물론 성경에는 그가 바알 신당은 다 부숴버렸지만 여로보암이 세운 금송아지를 철폐하지 않았기에 그런 제한된 축복을 받은 것 같은 뉘앙스를 풍깁니다. 하지만 이런 정도의 잘못으로 왕권이 제한을 받는다면 남왕국 유다의 왕들이 여호와의 목전에서 행한 일들은 그야말로 정권이 몇 번 바뀌고도 모자랄 악이 많았지요. 아, 그건 다윗 왕의 공적이 워낙 크기 때문이야! 이렇게 답하실 지도 모르겠습니다. 그러나 저는 여전히 의아합니다. 하나님과 인간의 관계가 상벌누적제도 아니고, 이제 막 시작하는 예후의 통치 기간을 그렇게 한정하셨다는 것은 선뜻 받아들이기 어려운 부분이 있습니다. 하여 저는 이 부분이 후대 사가들의 평가라는 학자들의 의견에 동의하게 됩니다. 이 글을 정리하고 기록하는 이들은 이미 예후의 왕권이 4대로 그쳤음을 아는 사람들입니다. 이미 벌어진 역사에 대한 후대의 해석인 것이죠. 그럼에도 예후 왕의 자손들은 북이스라엘에서 가장 긴 왕조를 유지하기는 했습니다.

인간 권력의 통치 원리, 아달랴의 여왕 등극

한편 남왕국 유다는 상황이 어떻게 전개되었을까요? 일국을 통치하던 왕 아하시야가 삼촌인 북이스라엘 요람 왕을 만나러 갔다가 죽임을 당했다고 했습니다. 그야말로 일대 위기죠. 왕의 부재상황이니까요. 이 비보가 남왕국의 궁전에 전해졌습니다. 졸지에 오빠와 아들을 잃은 아달랴는 어떤 반응을 보였을까요? 열왕기하 11장 1절 말씀입니다.

> 아하시야의 어머니 아달랴가 그의 아들이 죽은 것을 보고 일어나 왕의 자손을 모두 멸절하였으나(열왕기하 11:1).

참으로 황당합니다. 아무리 잔인한 성품을 가진 어머니라고 해도 자식이 죽었다는데, 앞뒤 안 가리고 애통해 하는 것이 먼저죠. 식음을 전폐하고 끙끙 앓아누웠다는 보도가 이어졌다면 충분히 고개를 끄덕였을 겁니다. 그런데 아달랴는 '일어나' '왕의 자손' 그러니까 자기 아들의 아들들을 모두 죽여 버립니다. 십분 이해심을 발휘하여 저 밋밋하고 간략한 기록 사이에 아달랴가 애통하고 분노하고 상심하였다고 인정한다고 해도, 그럼에도 여전히 왜 자기 아들이 죽었다는 소식에 손자들을 멸절하였는지는 이해가 가지 않습니다. 오히려 이런 때일수록 손자들 중에서 카리스마가 있거나 제일 연장자를 얼른 왕으로 세워야 나라가 안정을 찾지 않을까요?

제가 이해하는 한 이것은 철저하게 인간-왕의 전략이었습니다. 자신의 남편인 여호람이 죽고 아들 아하시야가 왕위에 등극한 것이 채 1년이 안 되어 일어난 상황입니다. 이 마당에 아하시야가 또다시 급사한 것이죠. 오빠와 아들을 죽인 북왕국의 예후는 자신의 어머니 이세벨마저 처절하게 죽였습니다. 복수를 하려면 강력한 왕권이 필요했을 겁니다. 아하시야의 자손들, 그러니까 자신의 손자들은 아직 강력한 지도력으로 나라를 휘어잡을 만큼 성장한 이가 없었을 가능성이 큽니다. 자고로 왕의 자리는 하나인 법이죠. 그 자리를 놓고 부자 사이, 형제 사이에도 피의 역사가 빈번했음을 우리는 압니다. 왕위계승서열이라는 것이 있죠. 손자들이 살아 있는 한 아달랴가 등극하는 것은 불가능합니다. 그러니 왕위를 이어받기 위해 모든 손자들을 멸절해 버린 겁니다. 왕의 자손을 멸절시키고 왕권을 자신에게 집중함으로써 아달랴는 강력한 왕권을 확립합니다. 스스로 여왕으로 등극합니다. 그녀는 이스라엘 역사를 통틀어 유일한 여왕이었습니다. 어느 누구도 그녀 앞에서 찍 소리할 엄두가 나지 않았을 겁니다. 전통적인 통치 근거인 "여호와의 영"에 사로잡힌 이도 아니요, 그렇다고 다윗 왕의 혈통이라는 정당성도 없습니다. 그러나 그녀는 졸지에 왕을 잃고 흔들리는 남왕국을 6년이나 통치했다고 합니다. 한편의 영화와도 같은 이 이야기는 여기서 끝나지 않습니다. 아하시야의 아들들 중에서 유일하게 살아남은 왕위 계승자가 있었기 때문이죠. 그 이야기는 다음 시간에 나누도록 하겠습니다.

오늘 우리가 본문 묵상을 통해 기억해야 하는 교훈은, 권력을 확장하기 위해 행하는 인간의 모든 이기심은 하나님의 통치 질서에 맞설 때 비참한 최후를 맞이한다는 것입니다. 그것이 이세벨과 아달랴였다고 해서 이 문제를 통치권 정당성에 있어서 남성 대 여성의 성별 논쟁으로 해석하면 핵심을 빗겨가는 것입니다. 최근 우리나라 최초의 여성 대통령이 행한 국정 실책이나 여러 가지 문제적 행태로 인해 말들이 많았습니다. "역시 여자는 집안에 들어앉아 있어야 해." "자고로 암탉이 울면 집안이 망한다잖아." "다음엔 절대로 여자 안 뽑는다." 성난 민심은 종종 이런 말들을 쏟아내었지만, 이 역시 본질은 아니죠. 문제는 남자냐 여자냐가 아닙니다. 한 공동체의 수장으로서 그가 어떤 자질을 가지고 있으며 어떤 이상으로 어떤 정책을 펼치느냐, 그것이 공동체에 어떤 유익을 끼치느냐를 물어야지요.

이스라엘 신앙 고백의 핵심은 "사람이 여호와의 형상"이라는 것입니다. 영이신 하나님은 우리의 눈에 보이지 않습니다. 금송아지나 놋뱀 같은 상징물에 갇히시는 분도 아닙니다. 그러나 우리가 하나님을 볼 수 있는 유일한 통로가 있습니다. 바로 사람을 통해서입니다. 우리가 "하나님의 형상"이기 때문입니다. 하나님께서 눈 두 개, 코 하나, 귀 두 개, 입 하나를 가지고 계시다는 말이 아닙니다. 우리가 우리 안에 계신 여호와와 소통하며 그 뜻대로 세상을 살아낼 때, 우리는 비로소 하나님의 형상을 드러내는 삶을 살게 되는 겁니다. 아세라를 섬기느냐, 여호와를 섬기느냐는 교리의 문제도 제의의 문제도 아닙니다. 바로 우리 삶의 방향성과 태도에 관한 문제입니다. 한쪽 길은 똑같이 동등하고 귀하게 창조된 이웃 위에 군림하고 착취하고 억압하는 방향성이고, 다른 길은 서로가 함께 서로를 건설해가는 평등과 화목의 길입니다. 어쩌면 예후의 혁명은 이스라엘 사가들의 긍정적 평가에도 불구하고 그 핵심을 드러내는 데는 다소 부족한 감이 있어 보입니다. 이 혁명 이후에 이스라엘이 여호와께로 돌아왔다는 기록이 뒤따르지 않는 것을 보면요. 아주 조심스러운 추측입니다만, 어쩌면 예후 세력의 주된 관심은 여호와 신앙의 확립보다는 왕좌가 더 우선이었는지도 모릅니다. 북이스라엘의 민심에 뿌리 깊이 내재해 있는 "여호와의 영과 함께하는 통치자" 사상을 이용하여 기민하게 왕좌를 차지한 경우일지도 모르죠. 아달랴의 경우는 더 노골적이었습니다. 종교적 정당성에 기대는 시도도 없이 아주 빠르게 왕위계승 가능성을 자신에게로 집중시키려 혈육을 죽여 버렸습니다. 결국 누가 다스리는가는 이스라엘 신앙공동체의 근본적 관심이 아닙니다. 적어도 원칙상 아니어야 합니다. 어떻게 다스리느냐가 관건입니다. 아무리 여호와 신앙을 앞세운다고 하여도 죽이고 얻는 권력은 옳지 않습니다. 여호와의 규례 안에서 그 뜻대로 '살리는 다스림'을 실행하는 왕이 여호와의 기뻐하심을 입는 왕이라는 것은 분명합니다. 비록 왕의 시절은 아니지만, 우리가 어느 공동체에서나 늘 수장의 자리에 있는 것은 아니겠지만, 이 교훈을 기억하며 살았으면 좋겠습니다. 누가 다스리는가가 아니라 어떻게 다스리는가, 그것이 중요하다는 것을요. 우리는 그 답을 압니다. 아주 작은 권력이라도 다스림의 자리에 있을 때는 언제나 '살리는 다스림'을 선택하시기를 기도합니다.

기도

생명의 하나님, 오늘은 북왕국과 남왕국에서 있었던 슬프고도 끔찍한 피의 혁명에 대해 묵상하였습니다. 항상 살리는 명령을 하시던 여호와께서 이 피의 학살을 보시며 얼마나 안타까우셨을지 그 아픔을 헤아리기 어렵습니다. 영이신 하나님, 당신의 형상으로서 이 땅에서의 삶을 살아가는 동안, 나와 내 가문의 권력을 확장하려는 욕망을 갖지 않게 하시옵소서. 당신의 백성이 이 땅에 충만하고 그들이 살맛나는 세상을 만드는 데 일조하는 신앙인들이 되게 하여 주시옵소서. 이를 이루기 위하여 스스로 높아지려는 교만을 그치게 하시고, 혹 하나님께서 높여주실 때에는 "하나님의 형상"된 모습을 드러낼 수 있도록 정의롭고 사랑 많은 삶을 살게 하여 주시옵소서. 예수님의 이름으로 기도합니다. 아멘.

하나님의 통치 질서를 외면한 탐욕과 죄악은 반드시 심판을 받습니다. 겸손히 주와 동행하며 생명의 하나님을 높이는 신앙인이 됩시다.

마흔여덟 번째 만남

요아스와 여호야다 이야기

열왕기하 11–12장, 역대하 24장

오늘은 남유다의 왕권을 둘러싼 피바람 속에서 살아남은 어린 왕자 이야기로 시작합니다. 지난 시간에는 북이스라엘과 남유다에서 전개되었던 피의 혁명을 살펴보았죠. 북왕국에서 혁명을 주도했던 예후는 오므리, 아합, 아하시야, 그리고 요람으로 이어졌던 오므리 왕조를 끝내고 새로운 왕권을 시작했습니다. 남유다에서는, 글쎄요, 이를 '혁명'이라고 부르기에는 애매한 일이지만, 유다 최초의 여왕 아달랴가 왕권을 차지한 과정을 보았습니다. 자고로 '혁명'이란 기존의 시스템이 완전히 뒤바뀔 정도로 전복되는 사건을 일컫는 말인데, 왕의 어머니가 자기 손자들을 싹 죽이고 여왕으로 등극하는 것을 '혁명'이라고 말하기에는 무리가 있습니다. 하지만 이스라엘 역사상 전무후무한 여왕이요 또한 다윗 왕의 계보가 아니라는 점에서 남유다 왕권으로서는 놀랄 만한 정권 변동임에는 틀림이 없습니다. 오늘의 이야기는 세간이 놀랄 만한 일을 저지르고 왕위에 등극한 아달랴 통치 7년째로 접어드는 시기에 있던 일입니다.

어린 왕자 요아스, 다윗 가문의 아이

통치의 정당성이 왕의 혈통에 있는 모든 군주제가 그러하듯, 오늘의 이야기에서도 극적으로 살아남은 다윗의 혈통인 한 왕자가 등장합니다. 피의 군주인 할머니의 잔혹한 살육 현장으로부터 목숨을 건진 왕자는 아하시야의 제일 막내아들이었습니다. 열왕기하 11장 1-3절 말씀을 볼까요?

> 아하시야의 어머니 아달랴가 그의 아들이 죽은 것을 보고 일어나 왕의 자손을 모두 멸절하였으나 요람 왕의 딸 아하시야의 누이 여호세바가 아하시야의 아들 요아스를 왕자들이 죽임을 당하는 중에서 빼내어 그와 그의 유모를 침실에 숨겨 아달랴를 피하여 죽임을 당하지 아니하게 한지라 요아스가 그와 함께 여호와의 성전에 육 년을 숨어 있는 동안에 아달랴가 나라를 다스렸더라(열왕기하 11:1-3).

왕의 자리가 공석이 되자마자 아달랴가 왕위에 앉을 수 있는 모든 후보자, 즉 자신의 모든 손자들을 죽이던 그때에, 갓난아기였던 요아스는 그의 고모 여호세바에 의해 살아남습니다. 잠깐만요. 아하시야의 누이라면 아달랴에게는 딸이 되는 거 아닌가요? 그럼 어머니는 죽이고 딸은 살리고? 물론 친혈육이어도 그렇게 다른 결정을 할 수 있습니다만, 여호세바와 아달랴가 직접적인 혈연관계에 있지 않았을 가능성도 큽니다. 왕은 왕후 이외에도 많은 후궁을 두는 것이 관습이던 시절인데, 여호람에게 어찌 아내가 아달랴 하나였겠습니까. 만약 여호세바가 다른 어머니에게서 난 딸이었다면 아달랴의 잔인한 행동에 분노하며 다른 선택을 할 여지는 충분하죠. 더구나 여호세바는 그 이름부터가 남다릅니다. "여호와는 맹세이시다"라는 뜻이거든요. 그녀는 또한 여호와의 제사장인 여호야다의 아내이기도 합니다. 부부가 이름 안에 '여호와'를 담고 있는, 그야말로 여호와 신앙을 중심에 둔 사람이었죠. 그렇다면 이세벨의 딸인 아달랴와는 신앙적 노선이 매우 달랐을 겁니다. 평소에도 갈등관계에 있었겠죠. 결국 여호세바와 여호야다 부부는 다윗의 후손인 요아스를 아달랴의 손에서 구해 내어 성전에서 숨겨두고 6년 동안 키우게 됩니다.

여호와의 성전에서, 안식일에 행한 혁명

긴 세월 동안 때를 보던 여호세바, 여호야다 부부는 요아스가 일곱 살 되던 해에 아달랴의 정권을 뒤집을 또 다른 '혁명'을 시도합니다. 그리고 성공했죠. 흥미로운 것은 이 혁명의 과정이 북왕국 예후의 혁명과는 사뭇 다르다는 겁니다. 북이스라엘은 반란과 혁명에 의해 왕의 가문이 계속해서 바뀌었습니다. 예후에 의해 무너진 오므리 왕조가 겨우 네 세대를 이어왔을 뿐, 그 이전까지는 바로 직계 아들에게 온전히 세습했던 왕들도 드물었죠. 반면 남유다는 아달랴를 제

외한다면 다윗의 혈통이 쭉 이어져오고 있었습니다. 때문에 다윗의 혈통이었던 요아스에겐 아달랴보다 더 큰 통치의 정당성이 있었던 것이지요. 그가 일곱 살이 될 때까지 남유다는 아달랴에 의해 통치되고 있었습니다. 그동안의 정치경제적 상황은 몰라도 종교적으로는 어떠했을지 충분히 짐작할 수 있습니다. 여호와 신앙이 풍전등화와 같았겠지요. 아마 그랬기 때문에 여호야다도 급했던 것 같아요. 보통 혁명을 이루려면 왕자가 왕의 자리를 감당할 만큼 건장한 청년이 되어야 할 텐데, 아직 다 자라지 않은 7살의 요아스를 앞세워 혁명을 시작한 것을 보면요. 아직 너무 어린 나이였지요. 자의식 없이 고모와 고모부의 판단 아래에서 혁명이 일어나게 된 겁니다. 이는 요아스가 다윗 가문의 자손이었기에 일어날 수 있는 혁명이었습니다. 다윗 혈통이 살아있다는 것만으로도 유다는 열광합니다. 열왕기하 11장 10-12절 말씀을 보겠습니다.

> 제사장이 여호와의 성전에 있는 다윗 왕의 창과 방패를 백부장들에게 주니 호위병이 각각 손에 무기를 잡고 왕을 호위하되 성전 오른쪽에서부터 왼쪽까지 제단과 성전 곁에 서고 여호야다가 왕자를 인도하여 내어 왕관을 씌우며 율법책을 주고 기름을 부어 왕으로 삼으매 무리가 박수하며 왕의 만세를 부르니라(열왕기하 11:10-12).

안식일에, 그것도 제사장이 이런 일을 도모하리라고는 꿈도 못 꾸었을 일입니다. 하여 아달랴도 전혀 이 일을 예상하지 못했습니다.

짧은 본문이지만 이 말씀을 찬찬히 묵상해보면 이스라엘 공동체의 핵심적 특성을 알 수 있는 단어가 5개 나오고 있습니다. 한 번 맞춰 보시겠어요? 첫 번째는 "여호와의 성전"입니다. 바알 신의 앞이 아닌 여호와의 성전, 이스라엘 공동체의 회복이 시작되는 장소는 여호와의 성전입니다. 두 번째로 "다윗 왕의 창과 방패"가 그들의 손에 있었습니다. 이스라엘 민족에게 다윗이라는 이름이 주는 정치적 권위가 있음을 입증하는 부분이죠. 다윗은 그 창과 방패로 이스라엘을 구원했었으니까요. 그 역사를 상기시키는 물건입니다. 세 번째로 "다윗 가문의 왕자"라는 키워드입니다. 이스라엘 최초로 세습 왕권을 이루었던 다윗은 그 통치권을 확고히 함으로써 그의 혈통이라는 것만으로도 구별되는 이름이 되었으니까요. 네 번째로 "율법책"입니다. 왕의 자손이라는 것만으로는 충분치 않습니다. 비록 다윗의 후손이라고 해도, 그가 참고할 규례는 왕의 규례가 아닌 율법책입니다. 여호와의 규례가 통치의 근거가 된다는 말이죠. 마지막으로 "기름부음과 만세, 그리고 박수"입니다. 이스라엘이 전통적으로 왕을 인정하는 방식은 스스로의 도모로 왕이 되는 것이 아니었습니다. 여호와의 선택은 물론 온 회중의 인정을 받아야 했죠. 이런 의미에서 아달랴가 스스로 왕이 된 것은 그녀가 저지른 수많은 살육과 별도로 이스라엘 공동체의 전제로는 인정받을 수 없는 왕권인 셈입니다. '기름부음'은 하나님의 영이 임재함을 뜻합니다. 하나님께서 통치권을 인정하신다는 것이지요. 또한 공동체의 동의(박수), 합의가 있어야 인간 왕이 세워질 수 있었습니다. 아달랴가 왕위에 등극한 방법과는 사뭇 대조적이죠. 손자들조차 주저하지 않고 죽이면서까지 인간의 권력욕으로 추진했던 '스스로 등극한 왕의 자리'였으니까요. 이렇게 왕이 된 아달랴의 시대에 하나님의 방법으로 새 왕이 세워지고 있었던 겁니다.

여호야다의 다스림, 여호와 왕국의 통치 원리대로

그렇다면 일곱 살짜리 어린 왕자를 내세운 제사장 여호야다는 개인의 욕망이 없었을까요? 만약 여호야다가 이 순간 권력에 욕심을 내었다면 후세의 평가도 달라졌을 것입니다. 여호야다는 왕권 교체에 성공을 하였습니다. 안식일에 사람들이 성전에 모여들었다는 것은 보통 예배를 위함이지요. 하여 아달랴도 특별히 의심을 하지 않았을 겁니다. 하지만 미리 주도면밀하게 백부장들과 언약을 맺은 여호야다는 사전에 배치해둔 군사력으로 아달랴의 세력을 칩니다. 뒤늦게 사태를 파악한 아달랴가 수습을 시도해보았지만 이미 때는 늦었죠. 성공적으로 다윗의 혈통 요아스를 왕위에 올리면서, 여호야다는 어떤 마음이었을까요? 그가 어떻게 행동하는지 열왕기하 11장 17절 말씀을 보겠습니다.

> 여호야다가 왕과 백성에게 여호와와 언약을 맺어 여호와의 백성이 되게 하고 왕과 백성 사이에도 언약을 세우게 하매(열왕기하 11:17).

긴박했던 일들이 모두 지나고 자신의 도모가 성공했음을 확인하는 그 순간, 여호야다는 중요한 일 두 가지를 수행합니다. 저는 이 부분이 매우 인상적이었습니다. 첫째, 백성들을 향해 요아스를 섬기도록 명령하지 않았습니다. "자 봐라, 다윗의 후손이다. 그러니 너희들은 이 왕에게 충성을 다해라." 이런 말로 새 질서를 선포하지 않았다는 겁니다. 오히려 왕과 백성 모두 여호와의 백성임을 선포했습니다. "왕과 백성에게 여호와와 언약을 맺어 여호와의 백성이 되게 하고." 이것은 이스라엘의 정통 신앙에 있어 굉장히 중요한 핵심 사상입니다. 왕과 백성, 즉 모든 인간들은 여호와의 백성입니다. 신과 왕 사이에 동일시에 가까운 찬양이 자행되고, 다수의 백성들은 '신과 같은 왕'에게 무릎 꿇어 복종해야 하는 하찮은 존재인 양 그려지던 다른 나라들의 관계성과는 사뭇 다릅니다. 왕도 백성들과 마찬가지로 여호와의 백성입니다. 오늘날 현대 사회의 대의 민주제의 원형은 고대 그리스 폴리스의 의회 정치라고들 많이 말합니다만(물론 부정할 생각은 없습니다.), 이와 더불어 고대 이스라엘의 사상 안에도 대의 민주제적 씨앗은 존재했다고 봅니다. 여호와의 백성 가운데 여호와께서 선택하신 자가 '대표'하여 다스릴 뿐입니다. 그 대표자가 여호와 보시기에 뜻을 거스르고 악을 행하면 그 통치권을 상실하는 것이고요. 군주제가 채택된 이래로 이 귀한 전통이 많이 희미해졌지만, 여호야다가 한 말은 이 공동체의 오랜 전통인 하나님과 이스라엘 사이의 관계를 다시 상기시키는 것이었습니다. 물론 왕과 백성 사이에도 언약을 세우기는 합니다. 하지만 왕과 백성 사이의 언약은 수직적인 지배-복종 관계가 아닙니다. 여호와의 규례에 입각한 수평적 언약이죠. 그러니까 여호와와 인간의 수직적인 언약과, 왕과 백성 사이의 동등한 언약을 모두 세운 것입니다. 하나님의 율법대로 화평하게 살아갈 것을 명령한 것이죠.

12장 말씀을 보면 여호야다가 교육하는 날 동안에는 요아스가 정직히 행하였다고 합니다("요아스는 제사장 여호야다가 그를 교훈하는 모든 날 동안에는 여호와 보시기에 정직히 행하였으되" 열왕기하 12:2). 그의 고모부가 훈계하는 대로 살았기 때문이겠지요. 일종의 섭정이라고도 할 수 있겠네요. 만약 여호야다가 자신의 욕심을 채우기 위해 요아스를 이용했다면, 이스라엘에 다시 악이 도래했을 일입니다. 조카의 왕권을 이용하여 자신의 부와 권력을 확장해갔을 테니까요. 실제로 요아스는 여호야다의 말을 참 잘 들었습니다. 고모부가 시키는 대로 아내를 고를 만큼("여호야다가 그를 두 아내에게 장가들게 하였더니 자녀를 낳았더라" 역대하 24:3) 일거수일투족을 고모부에게 의지했죠. 하긴 이해도 갑니다. 고모와 고모부 덕분에 목숨을 건진 데다 성장하는 동안 가장 중요한 시기에 고모부의 가르침을 받고 자랐을 테니까요. 고모부 없이는 아무 것도 하지 못했을 수 있죠.

내 마음대로 움직이는 왕이라… 만약 이런 상황이라면 유혹이 꽤나 컸을 듯합니다. 2016년은 수면 위로 드러난 '비선실세'의 농간과 이에 좌지우지되던 대통령의 모습에 민심이 분노를 넘어 애통한 한 해였죠. 여호야다의 경우는 '비선'은 아닙니다만, 왕이 버젓이 등극한 상황에서 그 왕을 조정할 힘을 가진 유일한 이였으니, 만약 개인적인 탐심을 품었다면 '최순실'을 능가했을지도 모를 일입니다. 하지만 여호야다는 하나님의 공의로 어린 조카를 인도했습니다. 그는 하나님 앞에 굉장히 정직한 인물이었다고, 후대의 평가를 받고 있습니다.

얼마나 원칙주의자였던지, 그의 청렴함을 보여주는 일화가 전해집니다. 한 번은 백성들에게 여호와 신앙을 다시 강조하고 아달랴의 시절에 황폐해진 여호와의 성전을 다시 보수하고자 헌금을 거둔 일이 있었죠. 필요한 일에 쓰고도 돈이 남을 만큼 넉넉하게 헌금이 걷혔는데요. 여호야다가 성전 건축 헌금을 쓰는 방식이 매우 인상적이었습니다. 최근(2016년 9월) 김영란 법이 시행되면서 그동안 소위 '관행'으로 여겨져 왔던 만남이나 씀씀이가 제동이 걸려 난리가 났었죠. 사실 공정한 법률 시행으로 인해 시장 경제가 '난리'가 난다는 것이 얼마나 부끄러운 일인가요? 그럼에도 연일 신문 지상에는 그 법이 소비를 위축한다면서 엉뚱한 불평들이 등장했었습니다. 공적 투명성을 보여야 하는 공직 사회도 이 모양인데, 사실 '헌금'이라는 것의 사용범위나 항목에 있어 목회자의 자율성이 너무 크다 보니 교회 안의 예산 씀씀이에 의혹이 생기는 일들은 허다합니다. 실제로 사회로까지 드러나서 얼굴을 부끄럽게 만드는 일들도 비일비재하죠. 이것이 비단 요즘만의 일일까요. 여호야다가 총괄하게 된 성전보수용 헌금 역시, 그가 마음만 먹는다면 얼마든지 개인적 욕망을 위해 오용될 여지가 있었습니다. 그러나 그는 그 돈을 통째로 성전보수 전문가들에게 맡깁니다. 가장 좋은 재질, 가장 적절한 도구들을 아낌없이 사용하여 고치라며 그들에게 전권을 일임한 것이죠. 그 헌금을 받은 전문가들 역시 귀한 신앙을 보여줍니다. 예나 지금이나 재료값을 남기려고 싼 재료를 사용하고 비싸게 청구하는 일이 잦은데, 신앙심 깊은 그들은 기도하는 마음으로 성전을 보수한 뒤에 남은 돈은 모두 모아 다시 여호야다에게 돌려줍니다. 서로 자기를 위해 떼는 데 바쁜 일은 보았어도, 이렇게 서로 넉넉히 주고 알아서 남기고 돌려주는 일은 참으로 드문 일이죠. 그야말로 은혜로운 장면입니다.

돈이 남았다는데, 이 역시 유혹일 수 있는 상황입니다. 사실 성전 보수작업을 추진하는 데 여간 노고가 컸나요? 여호야다가 남은 돈으로 자기 자신과 다른 제사장들을 위해 큰 연회를 벌인다 하여도, 그럴 만하다고 생각할 사람이 많았을 겁니다. 그러나 그동안 열심히 노력했던 자신들을 위한 보상심리가 생길 수 있었을 텐데도 불구하고, 여호야다는 남은 헌금으로 여호와의 제사를 드릴 때 사용하기 위한 성전용 그릇을 구입합니다. 오로지 여호와의 성전을 위해 헌금이 다 쓰이도록 살뜰하게 예산을 집행한 거죠. 여호야다의 이 일화를 묵상하다 보니 그가 더욱 대단해 보이는 것이 사실입니다. 그러나 한편으로는 씁쓸하기도 합니다. 그렇지 못한 일들이 너무 많기 때문이에요.

공적인 글에서 가족 자랑은 삼가야겠습니다만, 이 부분을 묵상하다 보니 목사님이셨던 저의 아버지가 떠오릅니다. 하여, 이 자랑만은 하고 싶어졌어요. 개인적 자랑이라기보다는 성직에 대한 자부심이라 여겨주셨으면 합니다. 아버지 직업이 목사인 것은 신앙적으로는 귀한 일이나 자녀로서는 불편하고 힘든 점이 많습니다. 무엇보다 아버지께서는 헌금에 대해 굉장히 엄격하셨습니다. 헌금은 결코 성직자들이 임의로 사용할 수 있는 돈이 아니라고 늘 강조하셨죠. 하여 월급 이외에는 목회비조차도 사적인 가정생활을 위해 쓰면 안 된다고 못 박으셨어요. 아버지께 어려서부터 들어왔던 말이 있습니다. "목회자 사례비로는 너를 고등학교까지 밖에 못 보낸다. 그 이후의 공부는 아빠 능력으로는 경제적 지원이 어려운데, 이걸 헌금으로 사용하는 것은 옳지 못하다고 본다. 그러니 더 공부하고 싶다면 네가 벌어서 다녀라." 어려서부터 참 무서웠던 말씀이었습니다. 물론 '덕분에' 악착같이 아르바이트도 하고 성적장학금도 받아가며 학업을 하느라 고생스럽기는 했습니다만, 그러는 동안 머리만이 아니라 온몸에 새겨진 교훈이 있었어요. 거룩하게 성별된 제사장이라 하여 '거룩'의 이름으로 거두어들인 헌금의 사용을 자의로 해석하고 임의로 사용하면 안 된다는 것이죠. 여호야다의 원칙과 신앙이 성전 헌금의 사용에 있어 어떤 실천을 하게 하였는지를 묵상하다 보니, 왠지 그간 고생스러웠지만 원칙을 지키도록 가르치시고 몸소 행동으로 보여주신 아버지가 자랑스럽게 느껴집니다.

사실 나이가 들면서 계속 이렇게 한결같은 신앙을 유지한다는 것은 어려운 일입니다. 오죽했으면 사사였던 엘리나 사무엘조차 '늙으매' 판단력이 흐려졌겠어요? 다윗 왕도 늙은 뒤에는 그의 판단이 신앙보다는 현실적인 왕의 정치력에 이끌렸었죠. 그러나 성경은 여호야다가 끝까지 여호와의 길을 걸었다고 증언합니다. 이스라엘 후손들에게 그는 정말 훌륭한 평가를 받고 있어요. 역대하 24장 15-16절 말씀을 보겠습니다.

여호야다가 나이가 많고 늙어서 죽으니 죽을 때에 백삼십 세라 무리가 다윗 성 여러 왕의 묘실 중에 장사하였으니 이는 그가 이스라엘과 하나님과 그의 성전에 대하여 선을 행하였음이더라(역대하 24:15-16).

백삼십 세까지 삶을 누림은 굉장한 축복이었지요. 또한 제사장이었던 그가 다윗 성 여러 왕의 묘실 중에 장사되었다니 놀라운 일입니다. 공식적인 왕은 아니었지만 이스라엘 백성들은 그를 왕의 역할을 수행한 자로 존중했나 봅니다. 인간 왕으로서 여호와를 따르는 훌륭한 모범을 보인 인물로 평가했던 것 같습니다.

사람들이 절하매, 교만함의 유혹

그런데 그런 그도 한 가지 실수를 했다고 생각해요. 요아스를 기를 때에 그가 스스로 하나님에게 나아가는 훈련은 잘 시키지 못했던 것 같습니다. 왜 이렇게 생각하느냐고요? 그 이유는 여호야다가 죽은 이후 요아스의 행적을 보면 알 수 있습니다.

여호야다가 죽은 후에 유다 방백들이 와서 왕에게 절하매 왕이 그들의 말을 듣고 그의 조상들의 하나님 여호와의 전을 버리고 아세라 목상과 우상을 섬겼으므로 그 죄로 말미암아 진노가 유다와 예루살렘에 임하니라(역대하 24:17-18).

사람이 어떻게 이렇게 한순간에 변해버릴 수 있을까요? 결국 그동안 요아스가 여호와 신앙 안에서 거하면서 통치할 수 있었던 까닭이 어디 있었는지가 금세 드러나는 구절입니다. 여호야다가 계속해서 선을 행하도록 요아스를 인도했기에 가능했던 겁니다. 여호야다가 죽은 후의 요아스는 전혀 달라진 모습을 보여줍니다. 이제 자신을 인도할 사람이 없습니다. 늘 주관 없이 '따라만' 하던 사람이었다면 큰 등대와도 같은 여호야다의 부재는 요아스에게 불안과 혼란함을 주었겠지요. 그런 와중에 유다 방백들이 와서 곁을 지키니 결국 "그들의 말을 듣게" 된 겁니다. 이게 사실이라면 여호야다는 그의 선한 일생에도 불구하고 한 가지 실패를 한 것임은 분명합니다. 요아스의 여호와 신앙은 주체적인 신앙이 아니었던 겁니다. 마치 메아리처럼 곁에서 여호와의 신앙의 정수를 외치는 '원본'의 목소리가 있어야만 가능했던 속 빈 울림이었던 거죠.

거의 핏덩이 때부터 성전 안에서 함께 거하며 길러낸 '아들'같은 존재인데… 안타까움이 커서 이 본문을 읽고 또 읽으며 묵상하는 가운데, 제 안에 들었던 또 다른 생각이 있습니다. 이번에는 "왕에게 절하매"가 강조되어 눈에 들어왔습니다. 어쩌면 요아스는 여호야다가 살아있는 동안 자신은 허수아비 왕이라고 느꼈을지도 모르겠어요. 실제로 죽어서 왕들의 무덤에 함께 안장될 정도의 권세였다면, 사실 온 유다 백성들이 진정으로 왕이라고 생각했던 존재는 여호야다였을 겁니다. 비록 왕좌에 앉아 머리를 조아리는 신하들을 매일 대면했지만, 요아스는 속으로 그렇게 생각했을 겁니다. “저들이 나에게 머리를 조아리는 게 아니지. 여기 내 옆의 여호야다에게 조아리는 것일 뿐, 난 그냥 허수아비야!” 만약 이런 마음으로 평소 삐딱한 생각을 품고 있었다면, 모든 백성들이 여호야다가 죽자 자신에게 나아와 절을 하는 모습을 보고 얼마나 흥분했을까, 그런 생각이 들더군요. 필시 그 마음 가운데 교만함이 싹텄을 겁니다. 그러고 보면 ‘절을 받는 것’ 그러니까 높은 자리에서 사람들이 자기에게 조아림을 경험하는 것은 참으로 위험하다는 생각입니다. 궁극적인 지향점이 자신이 아닌 여호와라는 것을 모르는 사람이라면 금세 자신을 마치 ‘신’이라도 된 양 인간적 권세를 부리려 할 테니까요. 여호야다는 알고 있었지만, 요아스는 몰랐던 것! 그래서 두 사람의 인생의 향방과 이후 평가를 극명하게 갈라놓았던 것, 그것을 우리는 잊지 말아야 하겠습니다. 인간은 왕이나 백성 모두 다 ‘여호와의 백성’이라는 사실을!

슬프게도 북이스라엘의 예후 역시 혁명 이후 이 사실을 잊고 말았습니다. 왕의 자리에 앉은 예후는 모든 이들이 자신에게 절을 하자 그 마음이 변하고 맙니다. 이렇게 안타까운 시기였기에 북이스라엘과 남유다 땅에서 수많은 선지자들이 말씀을 들고 나타나게 되는 겁니다.

그러나 여호와께서 그들에게 선지자를 보내사 다시 여호와에게로 돌아오게 하려 하시매 선지자들이 그들에게 경고하였으나 듣지 아니하니라(역대하 24:19).

이 당시 상황을 가장 잘 드러내주는 구절입니다. 하나님께선 악해진 백성들을 버리지 않으시고 그들을 돌이키기 위하여 수많은 선지자들을 그들에게 보냅니다. 그러나 중요한 것은 선지자들의 경고를 그들이 듣지 아니했다는 것입니다. 다음 시간에는 이 선지자들의 이야기와 말씀을 듣지 않은 백성들의 이야기를 살펴볼까 합니다. 안타깝고 슬픈 내용이 되겠지만, 오늘 우리의 삶 가운데서도 반드시 기억하고 경계로 삼아야 할 교훈이 담겨 있으니까요.

기도

사랑의 하나님, 당신께선 끊임없이 "너희는 나의 백성이라 너희는 사랑하는 나의 자녀라" 말씀하시며 인간을 불러주시고 여호와의 규례 안에서 여호와의 통치 질서대로 살아가도록 인간을 이끄시고 계십니다. 그러나 사람들은 자꾸 불안해하고, 때로는 교만하고 우쭐대면서 당신의 질서 밖으로 벗어납니다. 그 슬프고 애통한 이야기들을 배우며 저희들 자신을 돌아봅니다. 행여 저희들 역시 여호와를 잊고, 교만하고, 많은 사람들 앞에서 우쭐대며 살아가는 것은 아닌지요. 저희에게 듣는 귀를 허락하시고 당신 안에서 하나님의 동등한 자녀로서 서로 섬기고 나누는 자가 되게 하소서. 평화스럽고 평등한 하나님의 백성으로 살아내게 하여 주시옵소서. 예수님의 이름으로 기도합니다. 아멘.

일평생 변함없이 오직 하나님의 길을 걸어간 정직한 대제사장 여호야다의 삶을 묵상합니다. 우리도 이와 같이 사람들의 칭송이나 부추김에 흔들리지 말고 여호와의 길을 걸읍시다.

마흔아홉 번째 만남

"정의의 선지자" 아모스 이야기

아모스서 1–5장

사람마다 모두 저마다의 개별적 특성이 있고, 그 개별성은 우리가 사는 세상에 새로움을 가져다 주죠. 그래서 한 생명, 한 생명이 세상에 오는 것은 그야말로 설레임을 넘어 혁명적인 사건이라고 봅니다. 이런 마음으로 아가들을 바라볼 때면 벅찬 감동이 밀려옵니다. 이 아이는 어떤 새로움으로 이 땅을 보다 아름답고 보다 풍요롭고 보다 평화롭게 만들까? 오늘부터 살펴볼 특별한 사람들 역시 이스라엘 공동체에게 '새로운' 삶과 메시지를 가져온 사람들이었습니다.

지난 시간 마지막에 읽었던 구절 역대하 24장 19절을 기억하시나요. 북도 남도 여호와께 돌아서서 행악을 하던 시대였습니다. 그 구절은 이 시절을 이렇게 한마디로 요약했어요.

그러나 여호와께서 그들에게 선지자를 보내사 다시 여호와에게로 돌아오게 하려 하시매 선지자들이 그들에게 경고하였으나 듣지 아니하니라(역대하 24:19).

아, 선지자에 대한 이야기를 하려나 보다. 맞습니다. 하긴 선지자나 예언자는 이 시절에만 있던 것은 아닙니다. 그러니 '새롭다'는 말은 이들이 선지자이기 때문만은 아니죠. 역대하 24장 19절이 말한 "이때", 그러니까 "다시 여호와에게로 돌아오게 하려"고 선지자들을 보내신 이 시절의 시작은 기원전 750년경 전후였습니다. 혁명 이후 북왕국 예후 왕가와 남왕국 요아스 왕가가 통치를 하던 시절이었지요. 왜 하나님께선 이 시절에 특별히 많은 선지자들에게 말씀을 전하도록 하셨을까요? 그만큼 시대가 암울했기 때문입니다. 여호와를 떠난 행악이 남북 할 것 없이 최고조로 달하던 시절이었어요. 이스라엘 사람들의 행악이야 어제 오늘 일이 아닌데, 아니 사실 인간의 본성 안에 악을 행할 가능성이야 고래로 늘 있는 법인데, 이스라엘 역사 가운데 이렇게 많은 선지자들을 보낼 만큼 이 시절의 악이 어떻게 별났던 것인지. 그리고 이러한 악을 지적하며 공동체의 한 가운데 서서 공적公的 외침을 쉬지 않았던 이 시기 선지자들의 '새로움'은 무엇인지를 살펴보려 합니다. 오늘은 그 첫 사람 아모스의 이야기입니다.

문서 예언자들, '맡은 말씀'을 글로~

오늘부터 살펴보게 될 예언자들의 독특성은 자기의 이름으로 문서를 남겼다는 것입니다. 구약성경 안에 아모스서, 이사야서, 호세아서 등의 이름들이 낯익으실 겁니다. 성경 뒤쪽에 배치된 예언서들이죠. 그래서 그들을 "문서 예언자"라고 부릅니다. 이전에도 선지자들은 많았지만 그들의 언행이 율법서나 역사서에서 묘사되어 있을 뿐, 일인칭 시점의 저술은 아니었습니다. 그러나 기원전 8세기 무렵부터 활동했던 이스라엘의 예언자들은 그 행적과 메시지를 일인칭의 시점으로 문서화했습니다.

무엇보다 이 사람들이 안쓰럽고 애달픈 이유는 이들에게 제도적 힘이 하나도 없었다는 것이에요. 문서 예언자들은 사사 시대 사사들처럼 하나님의 영을 받아 일을 했지만, 사사들이 가졌던 권위가 없었습니다. 그래도 사사들은 인간 왕이 없던 시절이라 제의나 판결에 있어서 지도자로서의 통치 권위를 가졌었잖아요. 하지만 문서 예언자들은 비록 하나님의 말씀을 받아도 이것을 공적으로 강제할 권한이 없었습니다. 그들의 시대는 이미 왕권 체제가 확고히 수립되어 있었고, 성전이 건설된 뒤라 제사장권도 수립되어 있었습니다. 그러니까 예언자들은 정치적으로나 종교적으로 아무런 제도적 힘이 없었다는 거죠. 그렇다면 보통의 백성들처럼 군중 속에 묻어 살면 그만일 텐데, 하필 하나님께서는 이들을 부르시고 당신의 말씀을 '맡기'십니다. 결국 '맡은 말씀'을 공적公的으로 전해야 하는 임무를 가진 사람들이죠. 왕과 백성들이 여호와를 알고 그 규례 안에서 살아간다면 여호와께서 굳이 이들을 부르시지 않았겠죠. 결국 이들이 '맡은' 메시지는 시대를 거스르는 것들이었고, 아무런 제도적 힘이 없는 이들이 공적으로 하나님의 말씀을 전달하는 것은 어려운 일이었을 것입니다. 조롱당하고 핍박받고, 이들이 당할 일들은 너무나 뻔했죠. 이렇게 악한 시기에 험난한 소명을 지닌 예언자의 역할을 처음 수행했던 인물이 아모스였습니다.

주전 8세기, 왜 하필 그때에?

이 시기의 배경을 조금 설명하겠습니다. 기원전 800-750년 즈음의 반세기는 이스라엘로서는 드물게 주변국의 침략이 없던 평화의 시기였습니다. 그동안 전후좌우 강한 제국들에 둘러싸여 바람 잘 날 없던 이스라엘 백성들이었던지라, 하늘에서 마치 선물처럼 뚝 떨어진 이 평화 시기는 그야말로 태평성국을 이룰 절호의 기회였죠. 이 50년 동안 이방 국가들은 서로 견제만 하고 커지느라 바빠서 이스라엘을 쳐다보지도 않았거든요. 더구나 이 시기에 이스라엘은 무역 활동을 통해 상업적으로 융성함을 누렸습니다. 외세 침략도 없지 풍요롭기도 하지, 그야말로 이상적인 공동체를 건설하면 딱 좋았을 텐데. 문제는 모든 이스라엘 백성들이 넉넉한 여유를 즐긴 것은 아니었다는 점이죠. 오히려 부자들이 생겨나기 시작하고 그들이 사치스러운 생활을 즐길수록, 이스라엘에 구조적인 빈부격차가 심해졌습니다. 하비루들의 공동체로 시작했던 이스라엘이 말이에요. 이런 상황에서 첫 부름을 받은 아모스이고 보니 그 말씀이 고울 리 없었습니다.

유다 왕 웃시야의 시대 곧 이스라엘 왕 요아스의 아들 여로보암의 시대 지진 전 이년에 드고아 목자 중 아모스가 이스라엘에 대하여 이상으로 받은 말씀이라 그가 이르되 여호와께서 시온에서부터 부르짖으시며 예루살렘에서부터 소리를 내시리니 목자의 초장이 마르고 갈멜산 꼭대기가 마르리로다(아모스 1:1-2).

이 본문 말씀을 찬찬히 끊어가면서 살펴볼게요. 먼저, "유다 왕 웃시야의 시대 곧 이스라엘 왕 요아스의 아들 여로보암의 시대"는 어떤 시대일까요. 남왕국은 다윗 왕의 자손이, 북왕국은 예후의 자손들이 통치를 하고 있었습니다. 아모스의 활동 시기는 남유다 웃시야와 여로보암 2세 시절이었습니다. 기원전 760-755년 정도입니다. 이 시기가 바로 평화로운 시대, 부副가 축적되던 때였죠. 그때에 아모스가 말씀을 받게 됩니다. 아모스는 특히 북이스라엘을 향해서 예언하였습니다.

아모스가 처음 받은 말씀은 "목자의 초장이 마르고 갈멜산 꼭대기가 마르리로다"라는 말씀이었습니다. 초창기에 유목 생활을 했던 이스라엘 사람들의 공동체적 기억 속에서, "목자의 초장이 늘 푸른 것"은 여호와의 축복이요 임재를 상징했지요. 그런데 그 파릇파릇한 초장이 시들시들 말라버린다는 겁니다. 갈멜산 꼭대기가 이들에게 어떤 공간입니까? 엘리야가 바알과 아세라의 선지자들 수백과 겨루어 이긴, 하여 여호와의 임재를 경험했던 성스런 사건의 공간이지요. 그 은혜가 마른다는 의미로 해석할 수 있습니다. 첫 메시지부터 수위가 아주 높습니다. 그러나 이것은 시작에 불과했습니다. 초반부터 두괄식으로 재앙을 선포한 아모스는 이런 비극의 이유를 조목조목 지적합니다.

> 여호와께서 이와 같이 말씀하시되 이스라엘의 서너 가지 죄로 말미암아 내가 그 벌을 돌이키지 아니하리니 이는 그들이 은을 받고 의인을 팔며 신 한 켤레를 받고 가난한 자를 팔며 힘없는 자의 머리를 티끌 먼지 속에 발로 밟고 연약한 자의 길을 굽게 하며 아버지와 아들이 한 젊은 여인에게 다녀서 내 거룩한 이름을 더럽히며 모든 제단 옆에서 전당 잡은 옷 위에 누우며 그들의 신전에서 벌금으로 얻은 포도주를 마심이니라(아모스 2:6-8)

한 조항씩 살펴보겠습니다. 이스라엘 공동체 안에서 참으로 많은 죄가 자행되고 있었습니다. 먼저, "은을 받고 의인을 파는 일"이 자행되고 있었습니다. 말 그대로입니다. 나봇의 포도원 사건 때도 익히 살펴보았지만, 의인에게 해코지하기 위해서 비싼 은을 주는 이는 누구일까요? 그 의인이 사라져야 이익을 얻는 사람이겠죠. 여기에는 적어도 또 다른 공모자가 있어야 '의인을 팔 수' 있습니다. 판단하는 권한을 가진 이들이 여호와의 규례보다 뒷돈을 더 좋아할 때 이 공모에 가담할 것입니다. 이스라엘이 누구입니까? 바로 이런 권력형 비리에 치를 떨며, 아무도 보호해주지 못하는 나그네의 설움을 온 몸으로 느꼈던 이들입니다. 그야말로 우산처럼 비를 막아주고 성벽처럼 지켜줄 존재가 없어 하늘을 향해 울부짖던 백성들입니다. 바로 이들을 건지시고 친히 날개가 되고 산성이 되어주시겠다고 약속하시며, 인간적인 수직 시스템을 구축하지 말라고 당부하셨던 여호와이신데, 그를 잊었으니 그의 말씀도 잊었습니다. 유전무죄, 무전유죄! 동서고금을 막론하고 여호와를 두려워하지 않는 자들의 시스템에서는 여지없이 발견되는 이 부정의가, 여호와의 백성 이스라엘인들 가운데에 자행되고 있었던 겁니다.

또한 "신 한 켤레를 받고 가난한 자를 팔았다."는 표현이 있습니다. 이 당시에는 빚을 갚지 못하면 몸으로 갚아야 했습니다. 그런데 미처 못 갚은 돈이 딱 신발 한 켤레 정도로 미미함에도 그 빚을 용서해주지 않고 팔아버리던 시절이었다는 것이지요. 혹은 이렇게 생계형 빚을 진 자들이 많아서 신 한 켤레 정도의 값으로라도 자신들의 노동력을 기꺼이 제공했던 사람들이 많았다고도 읽힙니다. 한 사람의 가치는 얼마일까요? 물론 인간은 돈으로 환산할 수 없는 고귀한 존재입니다. 모든 인간이 여호와의 숨을 그 안에 품고 있다고 고백한다면 더더욱 인간의 존엄성이 평등함을 인정할 겁니다. 그런데 이러한 신앙고백이 이스라엘 공동체 안에서 사라진 겁니다. 사람을 응시하는 기준이 오직 '돈'에 있는 겁니다. 그러다 보니 사람을 사고

파는 존재로까지 여기게 된 것이죠. 얼마의 가치에 사고파는가는 사실 중요하지 않습니다. "신 한 켤레"는 물론 그 가치가 땅까지 떨어진 비참함을 전해줍니다만, 보다 더 근본적인 비참함은 사람을, 그것도 가난한 자를, 여호와께서 복의 근원이라 하시면서 헤세드를 베풀 '너'로 대하라 하셨던 그를, 사고팔았다는 것이죠.

세 번째로 "힘없는 자의 머리를 티끌 먼지 속에 발로 밟았다"고 합니다. 당시 고대 근동에서 흔히 사용되는 구어적 표현인지는 모르겠지만, 저는 이 구절을 읽으면서 어떻게 하면 머리를 발로 밟을 수 있나, 상상해 보았습니다. 사람이 서로 동등하게 서 있는 상태로는 아무리 뛰어난 유연성이라도 발로 머리를 밟을 수가 없죠. 한 번만 봐 달라고, 이미 땅에 납작 엎드려진 약한 존재의 머리를, 한 치의 연민도 없이 발로 밟고 있는 장면이 떠올랐습니다. 순간 몸이 떨렸어요. 같은 구절을 공동번역과 새번역에서 읽어보았습니다. "너희는 힘없는 자의 머리를 땅에다 짓이기고", "그들은 힘없는 머리를 흙먼지 속에 처넣어서 짓밟고"라고 표현되어 있습니다. 이미 몸을 낮춘 사람의 머리를 밟는 것도 잔인한 일이지만, 서 있는 자를 저렇게 땅에 짓이기면서 밟은 상황이라면 그 폭력적 상황은 더욱 가중됩니다. 이런 일들이 얼마나 일상적으로 일어나고 있었으면 아모스가 짧게 요약하여 언급한 '서너 가지' 죄목 가운데 포함되었을까요.

네 번째는 "연약한 자의 길을 굽게 한다"는 것입니다. "연약함"에 대한 이해에 따라 여러 가지로 해석될 수 있겠습니다만, 적어도 스스로 판단하고 주체로 서서 책임 있는 행동을 할 수 없는 사람에게 감언이설이든 협박이든 옳지 않은 길을 선택하도록 만든다는 의미겠죠. 다섯 번째로 "아버지와 아들이 한 젊은 여인에게 다니는 것"을 비판합니다. 더 이상의 구구절절한 설명이 필요 없을 정도입니다. 극명한 성적, 도덕적 타락을 의미하죠. 여섯 번째, "전당 잡은 옷 위에 누우며"라는 표현이 있습니다. 이 부분은 문화적 배경을 조금 알아야 해석이 가능합니다. 당시 이스라엘의 겉옷은 이불로도 사용되었으며, 외출하여 공적 생활을 영위하기 위해서는 필수품이었습니다. 가난한 자는 한 벌 갖기도 힘든 물건이었습니다. 경우에 따라서는 한 집에 겉옷이 하나밖에 없는 상황도 있었다고 하네요. 그러니까 겉옷은 말 그대로 추위를 피하게 해주고 공동체에서 한 개인으로서 삶을 살아가는 데 필요한 생필품이었던 것이죠. 그런데 이런 귀중한 것을 왜 하필 저당 잡혔을까요? 그것을 담보로 돈을 빌렸을 정도라면 얼마나 사정이 급했을지 상상이 갑니다. 지금도 서민들은 긴급한 위기 상황으로 급전이 필요할 때면 정말 피가 마를 지경이니까요. 저녁까지 그 겉옷을 찾아가지 못했다는 것은 갚을 돈을 마련하지 못했다는 의미죠. 그런데 자신은 겉옷이 있어서 가난한 자가 맡긴 그 옷을 깔고 잘 만큼 여유로우면서도 그에게 헤세드를 베풀지 아니하던 시대였다는 것입니다. 일곱 번째, 신전에서 벌금으로 얻은 포도주를 마셨다고 합니다. 성전에서 포도주를 마시는 것은 해선 안 될 죄악이었습니다. 그러고 보니 '서너 가지'가 아니네요. 한마디로 요즘 청년들이 쓰는 말을 가져와서 표현한다면 '헬-이스라엘'의 상황입니다. 이런 '적폐'의 한가운데서 아모스가 절규하듯이 외치고 있는 겁니다.

아모스의 이 메시지를 들었던 백성들은 그야말로 '사이다'였을 겁니다. 심히 공감했겠죠. 아, 저 사람은 여호와의 선지자가 맞구나! 그렇지. 여호와가 누구신가? 우리 조상들이 땅 없고 돈 없어 유리방황할 때에, 친히 방패가 되어주시고 산성이 되어주신 분이지. 우리 조상들을 돈 많고 권세 부리는 자들의 손에서 자유롭게 하시고, 이 땅에서 새 삶을 허락하신 분이지. 그런데 지금 우리 꼴을 보라지! 어쩌자고 다시 이웃끼리 가진 자 없는 자 구분하며 갑질을 한단 말인가! 아모스의 메시지를 들으며 민초들은 그야말로 기뻐 소리쳤을 겁니다. 하지만 권세 있는 자, 돈이 많았던 자들은 아모스의 예언을 한 귀로 듣고 한 귀로 흘렸습니다. 이러한 상황을 보신 여호와께서 더 이상 참지 못하고 진노하시게 됩니다. 하나님께서 어떤 이야기를 하시는지 아모스 3장 9-11절 말씀을 보겠습니다.

아스돗의 궁궐들과 애굽 땅의 궁궐들에 선포하여 이르기를 너희는 사마리아 산들에 모여 그 성 중에서 얼마나 큰 요란함과 학대함이 있나 보라 하라 자기 궁궐에서 포학과 겁탈을 쌓는 자들이 바른 일 행할 줄을 모르느니라 여호와의 말씀이니라 그러므로 주 여호와께서 이와 같이 말씀하시되 이 땅 사면에 대적이 있어 네 힘을 쇠하게 하며 네 궁궐을 약탈하리라(아모스 3:9-11).

분노하신 여호와께서 아모스에게 맡기신 말씀입니다. 아스돗은 블레셋의 중요한 도시 중 하나입니다. 애굽은 아시는 바고요. 모두 인간적인 시스템을 대표하는 곳이었지요. 하나님께선 이 인간적인 시스템에서 이스라엘 공동체를 끌고 나와 서로 섬기고 여호와의 헤세드를 베푸는 대안적 공동체로 살아가기를 원하셨습니다. 그랬던 이스라엘 공동체가 이제는 아스돗과 애굽 땅의 궁궐 사람들이 와서 보고 놀랄 정도의 심각한 위계적 모습을 보여주고 있다는 것입니다. 사마리아 산들에는 요란함과 학대함이 있었고, 바른 일 따윈 없습니다. 하나님께서 수직적 위계구조의 삶에 대안代案이 되길 원하여 특별히 선택하시고 친히 이끄시고 훈련시키시고 이 땅에 정착시켰는데도 불구하고 말이지요. 참으로 암울하고 각박하고 소망 없는 시절이었습니다.

공의를 강물같이 흐르게 하라

아모스는 "정의의 선지자"라고 평가받습니다. 그가 이스라엘을 향해 부르짖으며 전달한 메시지에는 유독 '정의' '공의'라는 말이 많이 나오기 때문입니다. 그럴 수밖에요. 공동체 안에 의로움이 모두 사라진 상황에서 그가 목소리 높여 외칠 이야기는 다를 수 없었습니다. 특히나 '정의의 장'이라고 불리는 아모스서 5장에는 공의를 촉구하는 아모스의 외침이 집약적으로 기록되어 있어요.

정의를 쓴 쑥으로 바꾸며, 공의를 땅에 던지는 자들아. 묘성과 삼성을 만드시며 사망의 그늘을 아침으로 바꾸시고 낮을 어두운 밤으로 바꾸시며 바닷물을 불러 지면에 쏟으시는 이를 찾으라 그의 이름은 여호와시니라. 그가 강한 자에게 갑자기 패망이 이르게 하신즉 그 패망이 산성에 미치느니라. 무리가 성문에서 책망하는 자를 미워하며 정직히 말하는 자를 싫어하는 도다. 너희가 힘없는 자를 밟고 그에게서 밀의 부당한 세를 거두었은즉 너희가 비록 다듬은 돌로 집을 건축하였으나 거기 거주하지 못할 것이요 아름다운 포도원을 가꾸었으나 그 포도주를 마시지 못하리라 (아모스 5:7-11).

'성문'은 공적인 이야기를 하는 장소였습니다. 시대가 악함에도 불구하고 여전히 한결같이 성문에 서서 여호와의 말을 전하는 자들을 미워한다며 안타까워합니다. 정직함은 칭찬받을 일임에도 오히려 융통성 없고 고지식하며 조직에 해를 끼치는 사람인 것처럼 따돌립니다. 듣고 보니 비단 아모스 시절만의 일은 아닙니다. 언젠가 한 동료 선생님이 법인카드로 결제할 수 없는 품목을 지적하시다가 오히려 인사상의 불이익을 당했다는 이야기를 들은 적이 있습니다. 수십 명이 모인 회의에서 혼자만 왕따가 되는 경험에 소름이 끼쳤다고 해요. 기독교 학교라 대부분이 신자들이었는데 어찌 그럴 수 있느냐며 한탄하시던 모습이 눈에 선합니다. 직장 생활을 하다 보니 저 역시 직접, 간접적으로 겪는 일들이기도 합니다. 투명하게 권력과 재력을 사용하는 이들은 정직한 사람을 싫어하지 않습니다. 그럴 이유가 없으니까요. 이어지는 구절에서 묘사되지만 강압적으로 부당한 세를 받은 이들이기에 '정직'이 눈엣가시로 여겨지는 것이겠지요.

아모스는 여호와의 헤세드를 잊은 것으로 모자라 오히려 불의하게, 그것도 힘없는 자들에게 착취하고 그들을 억압하는 이스라엘의 권력자들, 부자들을 향해 여호와의 경고를 전합니다. "너희가 힘없는 자를 밟고 그에게서 밀의 부당한 세를 거두었은즉 너희가 비록 다듬은 돌로 집을 건축하였으나 거기 거주하지 못할 것이요 아름다운 포도원을 가꾸었으나 그 포도주를 마시지 못하리라"(아모스 5:11). 일차적으로는 그들의 수고가 헛되다는 경고입니다. 온갖 비열한 짓과 폭력, 부정한 방법으로 거두어들인 재물을 누릴 수 없다고 하십니다. 멋들어지게 지은 집도, 창고에 쌓아놓은 포도주도 다 헛될 뿐입니다.

그것보다 더 끔찍한 경고는 아모스 5장 21-23절 말씀입니다.

> 내가 너희 절기들을 미워하여 멸시하며 너희 성회들을 기뻐하지 아니하나니 너희가 내게 번제나 소제를 드릴지라도 내가 받지 아니할 것이요 너희의 살진 희생의 화목제도 내가 돌아보지 아니하리라 네 노랫소리를 내 앞에서 그칠지어다 네 비파 소리도 내가 듣지 아니하리라(아모스 5:21-23).

글쎄요. 듣기에 따라서는 오히려 멋진 집에 거하지 못하고 그윽한 포도주를 즐기지 못한다는 말씀이 더 무시무시한 경고로 느껴질지도 모르겠네요. 하지만 여호와 신앙을 가진 공동체인 이스라엘에게 여호와께서 "돌아보지 아니하시겠다"는 경고만큼 가장 근본적으로 두렵고 떨릴 일은 없습니다. 여호와께서 그들에게 내리신 벌은 "내가 너희와 함께 하지 않겠다."고 하신 것입니다. 이젠 이스라엘이 하나님의 기쁨이 되지 않음을 선언하십니다. 예배도, 비파와 찬양도 받으시지 않습니다. 만약 믿음이 없는 사람들이 이 벌을 받았다면 그들은 크게 두려워하지 않았을 것입니다. 그들 스스로의 힘으로 세상을 살아갈 자신이 있는(그렇다고 믿는) 자들이니까요. 하지만 이스라엘이 누구입니까? 여호와 없이 어찌 그 공동체가 지속될 수 있을까요? 여호와께서 얼굴을 돌리신 결과는 공동체의 파괴입니다.

> 내가 이스라엘의 모든 죄를 보응하는 날에 벧엘의 제단들을 벌하여 그 제단의 뿔들을 꺾어 땅에 떨어뜨리고 겨울 궁과 여름 궁을 치리니 상아 궁들이 파괴되며 큰 궁들이 무너지리라 여호와의 말씀이니라(아모스 3:14-15).

세상에… 겨울 궁, 여름 궁이라니요. 아내를 묻을 땅조차 없어 전전긍긍하고, 정착하여 집을 지을 땅조차 얻지 못해 늘 짐을 싸는 인생이던 조상들의 삶을 돌아본다면, 기가 막힐 일입니다. 물론 이것을 오늘날의 자본주의적 시각에서 읽는다면 혀를 차기보다는 승승장구 발전하는 사회라며 자축할 수도 있습니다. 조상들이 유리방황했다고 늘 나그네의 삶을 살라는 법이 있습니까? 열심히 노동하여 저축하고 제 집도 짓고, 더욱 부자가 되어 계절별로 화려한 궁을 두어 산다는데, 배가 아프다면 너희도 그리 열심을 내면 될 일이 아니냐? 이렇게 따져 물을 수도 있겠지요.

하지만, 이렇게 겨울 궁, 여름 궁을 짓고 사는 사람들은 이스라엘 백성들 중에 극히 일부였습니다. 더구나, 당시의 고관대작과 부유한 사람들은 소위 가난한 사람들의 노동력을 착취한 대가로 이러한 사치를 누렸습니다. 당시에는 포도원 농작이 수출용으로 꽤나 쏠쏠한 수입원이 되었다고 합니다. 이에 대규모 포도원을 사들이거나, 전통적인 밭을 포도원으로 바꾸어 단일품종을 생산하려는 지주들이 대거 늘어났습니다. 밀도 수출상품으로는 효도품목이었다고 합니다. 5장 11절에서 "밀의 부당한 세를 거두었다"는 책망은 이런 시대상을 반영합니다. 이들은 부유해지면서 농촌을 떠나 사마리아 도시에서 흥청망청 여유로운 삶을 살아갔죠. 멀리 있는 자기 소유의 땅은 마름을 두고 소작을 붙였습니다. 초기 이스라엘 공동체에서 지파별로 주어졌던 땅에서 자급자족할 수 있는 곡식들을 두루 키우며 살아가던 '공생적' 삶은 파괴되었습니다. 소작하는 농부들은 포도든 밀이든 이제 한 가지 품종만을 기릅니다. 그중 8할 이상을 세금으로 빼앗깁니다. 수중에 남은 것을 팔아 일 년치의 곡식으로 바꾸어야만 생계가 가능해지는 삶입니다. 세금이 많아질수록 굶는 날들이 늘어나는 것이죠. 한편 노동하지 않고 도시에서 편안하게 살면서도 꼬박꼬박 세를 받는 지주들의 삶은 그야말로 21세기 대한민국에서 '건물주'가 누리는 삶과 비슷했습니다. 요즘엔 창조주보다도 건물주의 위치가 높다면서요? 물론 웃자고 하는 이야기이겠습니다만, 하루 종일 성실하고 벅찬 노동에도 그 대가로 월 150~200만 원을 벌기가 수월찮다는 이 땅 대한민국에서, 자고 나면 통장에 몇 백, 몇 천씩 월세가 찍히는 삶이라면 아모스 시절 누군가를 떠올리는 것도 당연하죠. 이런 '노동 없는 부' '이웃을 착취하는 향락'에 대해 여호와께서는 아모스의 입을 통해 신랄한 비판을 하셨습니다.

> 사마리아의 산에 있는 바산의 암소들아 이 말을 들으라 너희는 힘없는 자를 학대하며 가난한 자를 압제하며 가장에게 이르기를 술을 가져다가 우리로 마시게 하라 하는도다 주 여호와께서 자기의 거룩함을 두고 맹세하시되 때가 너희에게 이를지라 사람이 갈고리로 너희를 끌어가며 낚시로 너희의 남은 자들도 그리하리라(아모스 4:1-2).

참으로 무시무시한 말씀입니다. 갈고리로 끌려가는 것은 어느 경우일까요? 당시는 패전국의 사람들을 노예로 끌고 가던 시절이었습니다. 끌려가서 처할 삶을 상징하기도 하고 패전 민족의 굴욕감을 겪도록 하는 차원이기도 하겠지만, 어찌 사람을 갈고리에 걸어 끌고 갈 수 있나요. 상상만으로도 처참한 일입니다. 그런데 바로 이런 일을 여호와의 백성이 당하게 될 것이라는 경고죠. 아이러니 한 것은 인간 왕 시스템을 가지지 않았던 사사 시대의 이스라엘 백성들은 구원을 받았다는 것입니다. 사사 시대는 정말로 불완전한 시스템이었는데도 말이지요. 반면 군주제를 채택하고 난 뒤 혈전을 거쳐 견고하게 쌓은 인간 왕 시스템 안에서 그들은 실패하고 끌려가고 말 것이라 합니다.

이런 이야기를 동족에게 전해야 하는 아모스는 참으로 힘겨웠을 거예요. 가슴 한편에 묵직한 바위를 얹은 듯 하루하루가 고통스러웠을 겁니다. 그럼에도 불구하고 그는 반드시 이 이야기를 전해야만 했습니다. 망가져가는 이스라엘을 위해서 말이지요. 아모스의 예언이 여기서 끝이 난다면 아무것도 아닌 이야기일 것입니다. 그러나 아모스는 그럼에도 불구하고 이스라엘이 살 길이 있다고 말합니다. 그들이 아무리 여호와께 버림받은 존재로 남게 되었을지라도, 바로 그 순간에라도 여호와께 돌아온다면 가능성이 있습니다.

> 너희는 살려면 선을 구하고 악을 구하지 말지어다 만군의 하나님 여호와께서 너희의 말과 같이 너희와 함께 하시리라(아모스 5:14).
>
> 오직 정의를 물같이, 공의를 마르지 않는 강같이 흐르게 할지어다(아모스 5:24).

두 번째 인용구는 아모스서에서 가장 유명한 구절이죠. 임마누엘, 이스라엘 공동체에게는 구원 상태를 의미하는 바 여호와께서 함께 하시는 길은 오직 하나입니다. 사람들이 여호와의 규례 안에서 선을 구하는 삶을 사는 것! 그게 살 길입니다. 한 사람 한 사람이 베푸는 헤세드의 삶이 모이고 모여 마치 강물처럼 이 땅에 흘러 넘쳐난다면, 여호와께서 다시 이스라엘을 돌아보실 겁니다. 인간이 서로에게 베푸는 헤세드를 보시며 여호와의 헤세드를 베푸실 겁니다. 어쩌다 보니 그토록 피하고 싶었던 빈익빈 부익부, 권력 위계의 잔인한 시스템을 만들었지만, 이제라도 늦지 않았으니 하나님을 다시 찾는다면 하나님께서 돌아오실 것이라는 아모스의 절절한 외침이었습니다. 아모스가 말한 "하나님을 다시 찾는 것"은 결코 개인의 영혼 문제에 국한되지 않습니다. 하루하루 삶의 자세, 인생의 선택과 오히려 긴밀하게 연결되어 있습니다. 여호와 안에 거하면서 가난한 자, 약한 자, 상한 자를 억압할 수는 없으니까요.

오늘날 우리가 사는 시대를 생각해봅니다. 기원전 8세기로부터 그 긴 시간적 차이, 그리고 이스라엘과 대한민국이라는 그 먼 공간적 거리에도 불구하고 참으로 비슷한 모습입니다. 실은 인간의 기본적인 성향이 크게 다르지 않기 때문입니다. 움켜쥐려는 것은 인간의 욕망입니다. 그러나 움켜쥔 손을 펼쳐 나누는 것은 이기적 욕망과 반대되는 의지가 필요한 일이죠. 보통 어려운 일이 아닙니다. 내 유익을 위해, 위기를 모면하기 위해 거짓말을 하는 것은 노력하지 않아도 할 수 있습니다. 그러나 뻔히 보이는 불이익과 핍박에도 불구하고 오직 진실만을 말하려는 데에는 엄청난 용기와 의지가 필요합니다. 네, 인간의 힘으로는 할 수 없습니다. 그래서 역시 답은 '임마누엘'인 겁니다. 우리가 여호와의 그 선하신 힘에 잇대어 있지 않는다면, 우리는 여호와께서 기뻐하시는 헤세드의 삶을 살 수 없습니다. 기원전 8세기의 이스라엘처럼, 오늘날 우리 사회는 참으로 안타깝고 암울한 시대이지만, 그러나 늦지 않았습니다. 하나님의 정의가 물같이 흐르게 하는 삶을, 우리가 살아낼 수 있기를 원합니다. 그리하여 여호와의 돌이키신 얼굴이 다시 우리를 향하시기를 소원합니다.

기도

공의를 원하시는 주여, 악이 무엇인지도 모르는 시대에 아모스가 피를 토하며 외쳤던 외침을 다시 묵상합니다. 어쩌면 우리 시대를 향하여 당신께서 여전히 들려주시는 말씀이 아닌가 싶습니다. 그 어느 때보다도 서민들의 생존이 위협받는 이 시절에, 소수의 권력자들과 부자들의 부정한 축적은 그 끝을 모를 정도로 계속됩니다. 사람을 버리고 돈을 택하는 불의한 시절입니다. 주여, 저희들도 아모스만큼의 무거운 짐을 가지고 이렇게 여호와를 모르는 땅에서 하나님의 공의를 강물처럼 흐르게 하는 삶을 살아가게 하여 주시옵소서. 이제라도 당신의 말씀을 붙잡고 저희들의 삶 가운데에서 하나님이 기뻐하시는 선을 행하는 삶을 살게 하여 주시옵소서. 예수님의 이름으로 기도합니다. 아멘.

예언자 아모스가 절규했던 당시 이스라엘과 오늘날 우리 사회가 무엇이 다릅니까? "오직 정의를 물같이, 공의를 마르지 않는 강같이 흐르게 할지어다"(아모스 5:24). 이 말씀을 지금 여기에서 붙들고 삽시다.

쉰 번째 만남

호세아 이야기, 암미와 로암미

호세아 1-4장, 14장

오늘의 주인공 호세아도 북왕국 이스라엘을 향해서 예언을 했던 인물입니다. 아모스가 남왕국 출신으로 북이스라엘로 올라가 예언을 했다면, 호세아는 그야말로 출생부터 그의 예언자적 삶에 이르기까지 북왕국 토박이로서 이스라엘에 대한 사랑이 남달랐던 인물입니다. '호세아'라는 이름은 '구원'이라는 뜻을 가지고 있습니다. 과연 호세아는 어떤 삶의 여정을 겪었으며 그 안에서 어떤 여호와의 메시지를 전하려 했을까요?

음란한 여자를 맞이하라?

아모스처럼 호세아도 문서 예언자입니다. 문서 예언자들은 이전의 선지자들이나 예언자들과 달리 자신의 이름으로 일인칭의 시점에서 문서를 남겼다고 했습니다. 또 하나 문서 예언자들의 특징은 이들이 단독자로서 예언 임무를 수행했다는 것입니다. 엘리야나 엘리사와 같이 이제까지의 선지자들은 공동체를 이루고 있는 경우가 많았죠. 물론 경우에 따라서 말씀을 전하기 위해 단독 행동을 하기도 했지만, 보통은 스승 격의 선지자와 그를 따르는 제자들 집단으로 모여서 지냈어요. 그러나 아모스나 호세아는 개인적인 계시 체험 속에서 단독으로 말씀을 받고 홀로 그 메시지를 이스라엘 공동체에 전달했습니다. 그들을 따르는 제자의 무리가 있었는지는 문서상에서는 흔적을 찾을 수 없어요. 물론 이사야서와 같이 몇 세대에 걸쳐서 작성된 예언서는 제자들의 존재 여부를 확신하게 하지만, 하여튼 개인의 실존적 삶이 반영된 메시지를 전했다는 점에서 문서 예언자들이 특별하다는 것만은 분명합니다. 호세아 역시 개인적으로 여호와의 부르심을 받으면서 그의 예언 사역을 시작하는데요, 그 장면을 먼저 보겠습니다. 호세아 1장 1-2절 말씀입니다.

웃시야와 요담과 아하스와 히스기야가 이어 유다 왕이 된 시대 곧 요아스의 아들 여로보암이 이스라엘 왕이 된 시대에 브에리의 아들 호세아에게 임한 여호와의 말씀이라 여호와께서 처음 호세아에게 말씀하실 때 여호와께서 호세아에게 이르시되 너는 가서 음란한 여자를 맞이하여 음란한 자식들을 낳으라 이 나라가 여호와를 떠나 크게 음란함이니라 하시니(호세아 1:1-2).

이 시작은 보통 문서 예언서에 공통으로 등장하는 '소명calling' 부분이에요. 여호와의 부르심을 입는 장면입니다. 호세아는 히스기야(남유다)와 여로보암 2세(북이스라엘)가 통치하던 시절에 부르심을 받았습니다. 중요한 것은 이 시대가 경제적으로는 풍요로웠을지라도 종교적으로는 극심하게 타락한 시절이라는 것입니다. 호세아는 아모스와 동시대를 살았던 예언자입니다. 그러나 호세아는 아모스와는 다른 방식으로 말씀을 받고 전달했습니다. 일단 그에게 임한 하나님의 말씀이 참으로 당혹스럽습니다. "음란한 여자를 맞이하여 음란한 자식들을 낳으라"니요. 개인적으로도 선뜻 이해가 가지 않는 당부이시지만, 도대체 이것이 이스라엘 공동체와 무슨 관련이 있다는 말입니까. 그럼에도 호세아는 고멜이라는 음란한 여인과 결혼을 하였다고 합니다. 호세아는 많고 많은 사람 중에서 왜 하필 고멜을 택했을까요? 가장 음란한 여인으로 이스라엘에 소문이 자자했기 때문일까요? 그래서 하나님의 말씀에 순종하기 위해서 일부러 골라서 고멜과 결혼을 한 것이라고요?

실제로 많은 학자들이 고멜을 가나안 풍요신을 섬기는 이방 제단에서 일하는 성전 창기였을 거라고 말합니다. 고멜은 '디블라임'의 딸이라고 소개되어 있는데, 디블라임은 '무화과로 만든 떡 두 덩이'를 의미합니다. 이를 근거로 고멜이 '떡 두덩이' 정도면 관계를 맺을 수 있었던 값싼 창녀임이 틀림없다고 추측하기도 하죠. 보통의 여인들과는 다르게 대가를 받고 여러 남자들을 따라나서는 모습이 평소 성전 창기로서의 그녀의 습관을 드러낸다는 겁니다. 그래서 고멜은 여호와를 떠나 이방신들을 섬기던 당시의 이스라엘을 꾸짖기에는 가장 '적절한' 상징적 대상이라는 것이죠. 하지만 호세아서 어디에도 고멜의 전직을 언급한 부분은 없습니다. 하여 저는 여느 때처럼 성경묵상을 하다가 생기는 질문을 묻고 이를 답하기 위한 근거들을 찾기 위해 기도하는 가운데 개인적인 상상력을 발동해 보았습니다.

가장 먼저 든 질문은 "어찌 사랑의 하나님이신 여호와께서 저렇게 끔찍한 메시지를 명령하실 수가 있나?" 하는 의구심이었습니다. 설마 그랬을 리가. 아무리 예언자이지만 계시를 잘못 받은 것은 아닐까? 그러다가 난 생각은 호세아가 이 글을 쓰고 있는 시점에 대한 추측이었습니다. 비록 '소명'의 부분이 호세아서 1장 맨 첫 구절에 배치되어 있지만, 호세아가 실시간으로 이 글을 쓰고 있는 것은 분명 아닙니다. 호세아의 불행한 일생이 먼저 전개되었을 겁니다. 사랑하여 결혼한 아내가 바람이 나고 그걸 지켜보며 여호와 하나님께 꿇어 엎드려 기도하고 탄식하던 순간들이 먼저 전개되었을 수 있다는 말입니다. "아, 여호와여. 어찌하여 제게 이러한 시련을 주시나이까?" 애통하며 무릎 꿇은 날들이 많았겠지요. 그러다가 어느 날 문득 깨달은 말씀을 통해 이스라엘을 향하신 여호와의 마음을 읽어내었을 겁니다. 어쩌면 외도한 아내 고멜에 대한 분노와 고민으로 기도하던 호세아에게 하나님께서 사랑과 용서의 마음을 허락하셨고, 이 경험을 통해서 큰 깨달음을 갖게 된 것이 아닐까요?

마침 이러한 해석을 하고 이렇게까지 상상력을 발휘해도 되나 싶어 고민을 하던 중에, 김교신이라는 믿음의 선배가 기록한 성경 묵상을 발견하였습니다. 제 상상력과 상당히 흡사했어요.

때에 불현 듯 힘찬 파도와도 같이 호세아의 가슴에 스며들어오고, 아침 햇살이 비추이듯 부드럽게 가늘고 고요한 소리가 들리기를 "호세아야, 네가 배반한 아내로 인하여 분하냐, 발광할 듯 하냐. 당연한 일이다. 진정 사랑하는 까닭에 노할 것이다, 분할 것이다. 그러나 사랑하라, 배반한 아내를 사랑하라, 사랑하라." 아직 호세아는 분함으로 손발이 떨리는 상황이었지만, 마음속에는 '아멘'의 응답이 생겼다(《김교신 전집》, 부키, 3권 211쪽).

호세아의 내적 갈등이 절절히 드러난 명문입니다. 물론 김교신이라는 한 신앙인이 성경 텍스트 문맥 뒤의 일들을 기도하며 상상해 본 것입니다. 따라서 이러한 해석을 절대화해서는 안 되겠죠. 하지만, 저는 저의 추측과 사뭇 비슷한 이 해석을 통해 오히려 호세아서가 더 은혜롭게 이해되었습니다. 호세아를 "사랑의 예언자"라고들 하죠. 만약 호세아가 사랑 없이 그저 여호와의 말씀에 순종하려 음란한 여인 중에 아내를 고르고, 그 여인이 끊임없이 자신을 배반하고 다른 남자들에게로 도망갈 것을 계시로 다 알고 한 결혼이라면, 그의 애통함과 비탄함은 가식이 되고 맙니다. 또한 고멜의 인생은 뭡니까? 사랑하지도 않는 남자가 이스라엘 공동체를 향한 깨달음을 얻기 위해 이용한 도구로 희생되는 것이잖아요? 한 영혼도 버리지 않으시고 귀히 여기시는 생명의 기원이요 근원이신 여호와께서 설마 고멜에게 그리 가혹하실 리가 있나요? 호세아서 3장 1-3절 말씀을 보면 호세아가 자신의 아내 고멜을 얼마나 사랑하는지가 엿보입니다.

> 여호와께서 내게 이르시되 이스라엘 자손이 다른 신을 섬기고 건포도 과자를 즐길지라도 여호와가 그들을 사랑하나니 너는 또 가서 타인의 사랑을 받아 음녀가 된 그 여자를 사랑하라 하시기로 내가 은 열다섯 개와 보리 한 호멜 반으로 나를 위하여 그를 사고 그에게 이르기를 너는 많은 날 동안 나와 함께 지내고 음행하지 말며 다른 남자를 따르지 말라 나도 네게 그리하리라 하였노라(호세아 3:1-3).

이것이 바로 여호와의 마음이었습니다. 여호와께선 너무나 이스라엘을 사랑했지만 계속해서 자신의 규례를 떠나 사는 이스라엘을 보며 아파하셨던 거예요. 값을 치르고 고멜을 다시 데리고 와야 했다는 것은 고멜이 이미 다른 이의 소유가 되었다는 것을 의미합니다. 경위는 불분명합니다. 만약 고멜과 다른 사내의 관계가 정상적인 부부 관계라면 아무리 호세아라고 해도 값을 지불하고 데려올 수는 없는 일입니다. 이 부분을 묵상하던 중에 〈성경 사랑방〉 패널 중 한 분이었던 인영 자매가 발끈했던 일이 기억나네요. "이게 무슨 사랑이냐, 집착이지." 이렇게 반문했습니다. 다른 사람을 사랑해서 집을 나간 아내를 기어이 쫓아가서 데려온다고 아내가 기뻐하겠느냐는 말이죠. 21세기 아가씨다운 주체적이고 당당한 질문이었습니다.

덕분에 모두가 한참 웃었죠.

그러게요. 만약 고멜이 다른 남자와 행복했다면 호세아의 행동은 정당화되기 어려운 것 같습니다. 아무리 여자를 '물건' 취급했던 고대 이스라엘이지만, 고멜이 만약 자신이 따라나선 새로운 만남을 행복해하고 있다면 호세아의 행동은 일방적인 것이 분명하니까요. 여성신학자들 중에서는 바로 이런 점에 주목하여 고멜을 당시에 보기 드물게 용기 있고 주체적인 인물로 평가하기도 하죠. 구습에 얽매여 수동적으로 살아가는 것이 아니라, 능동적이고 주체적으로 자신의 사랑을 찾고 쟁취하는 진취적 여성이라고요. 하지만 고멜이 번번이 호세아를 따라 집으로 돌아온 것이나 그때마다 몸값을 지불했어야 했다는 사실은, 고멜의 상태가 자유롭지 못했고 그다지 즐겁고 만족한 상황이 아니었음을 말해준다고 봅니다. 호세아가 찾으러 왔던 그 상황에서는 적어도 다시 돌아가는 것이 낫겠다고 생각했으니 따라왔겠죠.

물론 제 묵상의 초점은 '고멜 입장 변호하기'가 아닙니다. 호세아의 '사랑'에 방점이 있어요. 호세아는 정말 아내를 사랑했던 것 같아요. 3장 말씀을 찬찬히 읽다가 호세아가 고멜을 다시 데려올 수밖에 없었던 이유를 찾았습니다. 그저 여호와께서 명령하셨기 때문에 억지로 가서 사랑할 수 없는 고멜을 형식적으로 데려온 것이 아닙니다. 본문을 보면 "나를 위하여 그를 사고"라는 표현이 나옵니다. 호세아는 고멜을 '속량'하기 위해서라는 명분 때문에만 그녀를 데려온 것이 아니었습니다. 고멜이 없으면 호세아는 어찌할 수가 없었습니다. 그만큼 호세아의 사랑이 애절했던 것이지요. "네가 없으면 난 살 수가 없어. 살아도 사는 게 아니야!" 로맨틱한 영화나 드라마에서 연인들 사이에서 말해지는 저 절절한 멘트가 호세아의 입에서 흘러나온 겁니다. 아무리 고멜이 자신을 실망시켜도 호세아의 사랑은 고멜을 다시 데려올 수밖에 없었습니다. 고멜이 없으면 살 수 없으니까요.

하지만 여전히 또 하나의 질문이 이어집니다. 호세아가 고멜을 그렇게 절절히 사랑하는 것은 그렇다고 하자고요. 그런데 굳이 개인의 사적인 연애사를 문서로 남겨 공적公的으로 전하려 했던 호세아의 의도는 무엇일까요? 이 글이 이스라엘은 물론 지금까지도 읽힐 것을 고멜은 상상이나 했을까요? 그 사랑이 아무리 커도 고멜에게는 정말 속상할 일이죠. 자신의 일거수일투족이 텍스트화되어 수천 년 동안 자신을 모르는 사람들에게 읽히다니요. 하지만 호세아가 전하고 싶었던 메시지는 자신과 아내의 개인사가 아니었습니다. 사랑과 실망이 실타래처럼 얽혀있던 자기 부부의 삶을 통해 깨닫게 된 '이스라엘에 대한 하나님의 애절한 사랑고백'이었습니다. '내 백성'이라 불렀던 존재, 친히 강대국가의 손아귀에서 건져 인도하고 보듬었던 이스라엘이 계속해서 여호와를 떠나갔음에도 그들을 사랑하신 하나님께서는 이스라엘을 다시 부르십니다. 호세아는 자신과 고멜의 관계를 통해 하나님과 이스라엘 백성의 관계를 떠올린 거죠. 아무리 상처를 받았을지라도 호세아는 고멜 없이는 살 수 없는 존재였습니다. 그는 고멜로 인해 겪은 아픔, 바로 그 개인 체험을 통해 비로소 하나님의 마음을 깨닫게 됩니다. 우리가 아무리 돌아설지라도 하나님께선 우리를 버리시지 않는다는 것을 자신의 인생 경험을 통해 알게 된 것이지요. 자신이 처한 상황을 개인적인 불행으로만 여기는 것이 아니라 끊임없이 기도하고 해석하는 가운데 호세아는 하나님의 뜻을 깨닫게 되었습니다. 삶을 통해 그에게 주신 공적 메시지를 읽어냅니다. 저는 이런 체험이 바로 '계시'라고 생각해요.

로암미, 내 백성이 아니다

외도한 아내를 데려와 다시 사랑한다는 것은 결코 쉬운 일이 아닙니다. 그럼에도 불구하고 호세아는 대가를 치르면서까지 그녀를 데려오고 세 명의 아이를 낳습니다. 첫째 아이의 이름은 '이스르엘'입니다. 이스르엘은 지명이죠. 구릉평야지대로 예로부터 풍요로운 농작물을 많이 내었던 비옥한 장소였죠. 더구나 당시는 고가의 이윤을 창출할 수 있는 포도원들이 들어차 있던 공간입니다. 하지만 풍요로움의 상징인 그 공간에서 어떤 일들이 자행되고 있었습니까? 나봇의 포도원 사건을 통해서도 익히 알고 있듯이 인간의 탐욕이 부른 피의 공간이 되었습니다. 예후 혁명도 바로 그 지역에서 일어났죠. 둘째 딸의 이름은 로루하마입니다. "긍휼히 여김을 받지 못한 자"라는 뜻을 가지고 있습니다. 세상에, 어떤 아버지가 아이의 이름을 이렇게 부정적으로 짓겠어요? 이스라엘 백성을 향한 '아버지' 여호와의 심정을 담지 않았다면 불가능한 이름이죠. 그 아이가 젖을 때기 전에 셋째 로암미가 태어납니다. 그럼 '로암미'는 무슨 뜻일까요? 호세아 1장 8-9절 말씀입니다.

> 고멜이 로루하마를 젖뗀 후에 또 임신하여 아들을 낳으매 여호와께서 이르시되 그의 이름을 로암미라 하라 너희는 내 백성이 아니요 나는 너희 하나님이 되지 아니할 것임이니라(호세아 1:8-9).

이 역시 부정적인 의미일 거라고 어느 정도 예상은 했지만, "내 백성이 아니다"라니요. 사랑하는 여인이 자신의 애인에게서 듣는 가장 가슴 떨리는 말은 무엇일까요? "너, 내 여자 해라." 멋지게 생긴 드라마 속 인물이 이렇게 박력 있게 외치는 말에 여심이 흔들거린다 하죠. 물론 가부장적 소유 개념이 로맨틱한 포장을 한 채 아름답게 그려져서 그렇지, 이 말도 생각해보면 그다지 올바른 표현은 아닙니다. 하지만 굳이 이 시점에서 여성주의적 시각을 가지고 "내 것"이라는 소유 선포에 대해 비판적인 논의를 할 생각은 없어요. 그 소유 선포가 일방적이지 않으면 긍정적인 해석도 가능하니까요. 이스라엘은 여호와의 백성이요, 여호와는 이스라엘의 하나님이 되는, 바로 그런 상호적인 관계성이라면 무엇이 문제이겠어요? 사실 그렇게 시작한 것이 이스라엘과 여호와의 관계였던 겁니다. 그런데 "내 백성이 아니"라니요. 더구나 사랑의 예언자라는 호세아가 어찌 이런 잔인한 이름을 막내 아들에게 붙였을까요?

가능성은 두 가지입니다. 아무리 '돌아오라'는 메시지를 전해도 자신의 이야기를 듣지 않는 이스라엘을 지켜보며, 개인적으로는 가슴 아파도 경고의 메시지를 담아 자신의 아이에게 이런 이름을 붙였을 수 있습니다. 그랬다면 그야말로 '아버지'라는 사적 차원의 감정을 극복하느라 마음고생이 심했을 겁니다. 로루하마나 로암미 입장에서는 또 어땠겠어요? 어찌 보면 학대에 해당할 이름의 무게를 안고 살아가야 하는 거잖아요. 살면서 이름 때문에 놀림이나 매우 힘든 일들을 당했을지도 모릅니다. 그걸 지켜보는 아버지의 마음은 또 무너졌을 것이고 계속해서 속앓이를 피하기 어려웠겠죠. 하지만 저는 두 번째 가능성에 더 무게를 둡니다. 즉, 고멜은 한두 번 도망갔던 여인이 아닙니다. 로루하마가 젖도 떼기 전에 로암미를 낳았다고 했는데, 호세아가 정력가도 아닐 테고(그건 모르는 것이긴 합니다만) 둘째 아이를 낳아 놓고도 또 도망갔다가 온 것이라면, 어쩌면 로암미는 호세아의 생물학적 아들이 아닐 수도 있습니다. 가까이하지 않았던 아내가 낳은 아이, 내 아이가 '아닌' 것이 너무나 뻔한 그 아이! 그래서 너무나 화가 나고 속상해서 "로암미"라고 이름했던 것은 아닐까요? 물론 이스르엘이나 로루하마, 로암미가 다 실명은 아닐 수도 있습니다. 후자의 경우라 해도 여전히 아이의 이름을 이렇게 짓는 것은 폭력이니까요. 그래서 학자들 중에서는 이 세 아이들의 존재가 '실재'라기보다는 상징적인 이름이라고 말하는 사람들도 있습니다. 메시지를 전달하기 위한 비유적 존재라는 것이죠. 한 아이의 엄마로서 저도 이 경우이기를 더 바라는 마음이에요. 저 이름값의 무게를 가지고 실제로 아이들이 생활했다는 걸 상상하기 참 힘듭니다.

다시, '암미'라 하리라

아이들의 이름이 실재냐 상징이냐를 떠나 우리가 주목해야 하는 한 가지 확실한 '사실'은, 당시 이스라엘에는 여호와께서 보시기에 긍휼함을 받을 수 없는 자녀, 내 백성이 아닌 자녀가 너무 많은 상황이었다는 겁니다. 내 자녀, 내 백성이라면 저렇게 살 리가 없는데, 어찌 남의 자식같이 행동하는 걸까? 여호와의 규례대로 살고 있지 않은 이웃의 모습을 보며, 호세아는 '그럼에도 불구하고' 하나님은 그 사랑을 그치지 않으실 것이라는 믿음을 가집니다. 결국에는 비극으로 끝이 나지 않으리라는 소망을 담고요. 호세아서 2장 1절에서 호세아가 '계시'로 받은 이스라엘 공동체를 향한 새로운 이름을 소개한 것은 그래서 가능했을 겁니다.

> 너희 형제에게는 암미라 하고 너희 자매에게는 루하마라 하라(호세아 2:1).

호세아의 형제들은 아이들과 달리 "로"자가 빠진 채 이름이 붙여집니다. '아니다'('로')라는 의미가 빠지고 나니, 이제 이스라엘의 형제자매들은 "긍휼히 여김을 받은 자" "하나님의 백성"이 됩니다. 여호와의 규례대로 살아가는 공동체로 돌아오라는 소망과 기대가 간절하게 담겨있는 이름이죠.

문서 예언자들의 예언은 언제나 미래를 위해 현재 해야 할 일을 호소하고 간구합니다. 가만히 기다리기만 하면 이스라엘이 "루하마"가 되고 "암미"가 되는 것이 아닙니다. 미래에 여호와께 버림을 받지 않기 위해선, 바로 지금 현재에서의 삶을 여호와의 규례대로 살아내야 합니다. 호세아뿐만이 아니라 문서 예언자들의 메시지에는 공통되게 모두 '현재'에 방점이 찍혀 있습니다. 하나님께선 다시 이스라엘과의 관계 회복에 대한 염원을 담아 호세아를 통해 메시지를 전하고 있습니다. 그러나 이스라엘 백성들은 쉬이 여호와의 곁으로 돌아오지 않습니다. 왜 그들은 여호와의 간절한 외침에도 돌아오지 않는 걸까요? 그들에겐 근본적으로 결여하고 있는 것이 있었기 때문입니다. 호세아 4장 6-10절 말씀입니다.

> 내 백성이 지식이 없으므로 망하는도다 네가 지식을 버렸으니 나도 너를 버려 내 제사장이 되지 못하게 할 것이요 네가 네 하나님의 율법을 잊었으니 나도 네 자녀들을 잊어버리리라 그들은 번성할수록 내게 범죄하니 내가 그들의 영화를 변하여 욕이 되게 하리라 그들이 내 백성의 속죄제물을 먹고 그 마음을 그들의 죄악에 두는도다 장차는 백성이나 제사장이나 동일함이라 내가 그들의 행실대로 벌하며 그들의 행위대로 갚으리라 그들이 먹어도 배부르지 아니하며 음행하여도 수효가 늘지 못하니 이는 여호와를 버리고 따르지 아니하였음이니라(호세아 4:6-10).

그들은 여호와를 아는 지식이 없었습니다. '안다'라는 말은 히브리어로 '야다'인데요. 이론적으로 지식적인 앎을 의미하는 것이 아닌, 경험적이고 체험적인 의미에서의 '앎'을 나타냅니다. 그 사용 범례가 매우 다양해요. 특히 친밀한 지식을 의미하기에 부부 사이의 '동침'을 표현하는 말로 사용됩니다. 남편과 아내 사이에만 알고 있을 친밀한 앎을 이야기할 때에 '야다'라는 동사를 사용했다면, 여호와께서 이스라엘 백성이 알기 원하시는 지식이 어떤 것인지 짐작이 갑니다. 이스라엘은 부부가 서로를 알듯이 여호와를 알아야 했습니다. 당시 이방 민족들은 남신과 여신을 섬기면서 자신들을 그 신들의 자녀라고 생각했습니다. 그러나 호세아를 통해 그려지는 여호와와 이스라엘의 관계는 심지어 '배우자'로 응시됩니다. '마주봄'이 가능한 존재입니다. 그 존재론적 능력이 여호와 하나님과 동등하다는 것은 물론 아닙니다. 그러나 '신의 종' 혹은 '신의 자녀'가 아닌 '신의 파트너'라는 접근은 얼마나 대단한 것인지. "너희들이 내 안에 있으면 번영을 누리겠지만 음행함으로는 수효가 늘지 못한다"는 경고를, 스토커 같은 남편의 말로 받아들인다면 메시지의 핵심을 놓치는 겁니다.

내가 그들의 반역을 고치고 기쁘게 그들을 사랑하리니 나의 진노가 그에게서 떠났음이니라 내가 이스라엘에게 이슬과 같으리니 그가 백합화 같이 피겠고 레바논 백향목같이 뿌리가 박힐 것이라 그의 가지는 퍼지며 그의 아름다움은 감람나무와 같고 그의 향기는 레바논 백향목 같으리니 그 그늘 아래에 거주하는 자가 돌아올지라 그들은 곡식 같이 풍성할 것이며 포도나무 같이 꽃이 필 것이며 그 향기는 레바논의 포도주 같이 되리라 에브라임의 말이 내가 다시 우상과 무슨 상관이 있으리요 할지라 내가 그를 돌아보아 대답하기를 나는 푸른 잣나무 같으니 네가 나로 말미암아 열매를 얻으리라 하리라(호세아 14:4-8).

하나님의 사랑은 무작정 참으시는 것이 아닙니다. 위의 말씀에서 보듯이 그분께선 우리를 "고치고 난 뒤에 다시 사랑하시겠다"고 이야기하고 있습니다. 마치 닭이 먼저냐 달걀이 먼저냐는 말 같지만, 실은 '여전히 사랑하시니까 고치시려는 것'이기도 하지요. 우리는 이미 역사를 알기에 호세아의 이런 간절함에도 불구하고 북왕국 이스라엘이 곧 망할 것을 압니다. 하지만 이스라엘의 국가적 망함은 하나님의 버리심이 아닙니다. 고치고 다시 사랑하시기 위하여 망하게 하심입니다. 너무나 사랑하기 때문에 그들을 고치려 하려 하심입니다. 그들이 고쳐짐으로 여호와께 돌아왔을 때는 뿌리가 박혀서 이 땅에서 온전하게 열매를 풍성하게 맺히게 될 것임을 말씀하고 계십니다. 그러나 그 과정은 고통스러운 떠남의 역사, 버려지는 듯한 시기를 겪음으로 이루어집니다. 그 과정 중에서 경험적으로 체험하며 여호와를 아는 지식이 온몸에 새겨지게 될 것입니다.

물론 호세아의 메시지는 공동체적인 것입니다만, 이를 남편과 아내의 관계 혹은 신자와 이웃의 관계에 적용하는 경우를 종종 봅니다. 호세아처럼, 상대방의 잘못에도 불구하고 여호와의 사랑을 전하기 위해 무조건 사랑하고 이해하고 참으라고요. 하지만 상대방의 '음행함'을 그냥 내버려 두는 것은 사랑이 아닙니다. 그가 여호와를 알고 그 삶을 고치도록 돕는 것이 여호와가 원하시는 사랑입니다. 그래서 기독교적인 사랑은 정의와 함께 가야 합니다. 맹목적인 사랑이 아닌 의로운 사랑이 되어야 합니다. 그것이 오늘 '사랑꾼' 호세아 이야기를 통해서 잊지 말아야 할 핵심이라고 생각해요.

기도

사랑의 주님, 오늘은 우리들을 향한 당신의 그치지 아니하는 사랑을 온몸으로, 온 삶으로 전했던 호세아를 묵상했습니다. 남편 호세아가 아내 고멜을 진심으로 사랑했듯이, 하나님께서 저희들을 절절히 사랑하신다는 것을 다시금 깨달았습니다. 주님, 행여 용서해주시는 당신의 사랑을 믿고 저희가 주 앞에서 멋대로 행하지는 않았는지요. 만약 그리하였다면 반성하고 저희들이 고칠 것을 고치는 자세로 임하게 하여 주시옵소서. 미리 고치고 여호와를 아는 지식을 충만히 하여 당신께서 채찍을 가하시지 않아도 되는 지혜로운 백성이 되게 하여 주시옵소서. 언제나 주께 "암미"로 불리는 신앙인이 되게 하소서. 예수님의 이름으로 기도합니다. 아멘.

음행한 아내 고멜은 우리의 모습일지도 모릅니다. 여호와께서는 지금이라도 돌아오라고 간절히 외치십니다. 여호와를 아는 지식으로 "암미"로 불릴 삶을 살아냅시다.

제국의 힘에 의지할 때, 북왕국의 멸망

열왕기하 15–17장

지난 시간에는 호세아를 통해서 '구체적이고 관계적이고 만져지는 사랑'으로서의 여호와의 사랑을 묵상했습니다. 히브리어 '야다'라는 동사가 전하는 바, 여호와를 아는 지식은 그냥 이론으로 아는 것이 아니라 직접적인 경험으로 체험을 통해, 마치 부부가 서로를 아는 그런 사랑이라고 했지요. 호세아는 여호와께서 바로 그런 사랑으로 이스라엘을 사랑하시건만, 이스라엘은 그 사랑을 잃었노라고 통탄한 겁니다. 하여 여호와께서 북왕국을 버리신 것이 아니라 고치시기 위하여 잠시 북이스라엘을 내려놓으실 거라는 예언을 했는데요, 그 이야기가 오늘 진행됩니다. 〈성경 사랑방〉 시작부터 소망을 가지고 이스라엘의 성장 과정을 따라오셨다면 황당할 수도 있는 '결말'이기는 합니다. 결국 '망하는' 이야기가 되어 버리니까요. 네. 맞습니다. 역사적으로 북이스라엘은 망했어요. 하지만 구체적이고 경험적인 지식을 통해 여호와를 '알게' 될 그 이후를 예비하시는 하나님을 기대하는 마음으로, 소망을 가지고 공부하기로 해요.

백성이 많아질 것이다?

북이스라엘의 첫 왕 이름이 기억나시나요? 네, 여로보암이죠. "백성이 많아질 것이다'라는 미완료형의 소망이 담긴 이름이었습니다. 여호와의 규례 안에 지냈다면 그 어떤 나라보다 풍성해질 나라가 바로 이스라엘이었어요. 그러나 바로 그들이 '음행'으로 말미암아 마지막을 맞이하게 됩니다. 아모스와 호세아가 그렇게 애절하게 경고했음에도 불구하고 결국 북이스라엘은 망하고 말았죠.

멸망까지의 진행 과정을 살펴보면 이렇습니다. 북이스라엘은 예후 혁명 이후 그의 자손들이 4대까지 왕권을 유지했습니다. 북왕국은 다윗 왕조와 같이 정치적 정당성을 갖는 세습 왕권에 대한 기대가 없었기에 혁명이 많았다고 했지요. 그런 공간이었던 것을 고려한다면 예후의 왕조는 꽤 오래 간 셈입니다. 그의 아들 여호아하스, 손자 요아스, 증손인 여로보암 2세, 그리고 비록 여섯 달 뿐이었지만 스가랴까지. 하지만 이 왕조도 신하의 반역으로 결국 스가랴를 끝으로 그치게 됩니다. 열왕기하 15장 8-10절 말씀입니다.

유다의 왕 아사랴의 제삼십팔년에 여로보암의 아들 스가랴가 사마리아에서 여섯 달 동안 이스라엘을 다스리며 그의 조상들의 행위대로 여호와 보시기에 악을 행하여 이스라엘로 범죄하게 한 느밧의 아들 여로보암의 죄에서 떠나지 아니한지라 야베스의 아들 살룸이 그를 반역하여 백성 앞에서 쳐죽이고 대신하여 왕이 되니라(열왕기하 15:8-10)

스가랴가 행한 악은 무엇이었을까요? 6개월 안에 얼마나 집약적인 악을 행하였기에 성경은 이렇게 잔인한 보도를 하고 있는지. 그의 즉위 연도가 기원전 743년이라는 것을 안다면 어느 정도 예측이 가능합니다. 그 한 해는 그야말로 격동기였습니다. 40년을 통치했던 여로보암 2세가 죽고 그 아들 스가랴가 즉위한지 6개월 만에 살룸의 '역성혁명'이 성공했죠. 그러나 그는 한 달 만에 다시 므나헴에게 왕좌를 빼앗깁니다. 이게 다 한 해에 일어난 일이에요. '정치적 혼란기' '권력 교체기' 이런 이름으로 정리할 수 있겠는데, 결국 오래도록 누적된 백성들의 불만이 반영된 것이라고 봅니다.

8세기에 등장한 예언자들의 메시지를 통해서 우리는 이 시절의 '악'이 무엇인지 이미 알고 있습니다. 종교적인 악뿐만 아니라 사회 전체적으로 이스라엘의 공동체적 이상과는 거리가 먼 구조악이 만연했었죠. 갑-을 위계가 없는 공동체를 만들자던 이스라엘에 불의와 억압이 일상이 된 상황이었으니까요. 백성들은 이런 왕권에 대한 불만이 많았습니다. 그들의 마음 속에는 내심 여호와의 규례를 아는 새 왕을 원하고 있었겠죠. 그러한 상황 속에서 살룸이 반역하여 백성 앞에서 왕을 죽입니다. 백성들 눈앞에서 왕을 죽인다는 것은 왕의 죽음에 대한 암묵적인 동의가 있었다는 것이지요. 어찌 보면 여호와 보시기에 악을 행하고 백성들을 정의롭게 다스리지 않는 왕은 여호와의 이름으로 제거해도 괜찮다는 이스라엘 공동체의 '전통'이 있었으니 가능했을 일입니다. 스가랴 왕을 죽인 살룸은 왕위에 오릅니다. 그러나 살룸의 왕권은 '한 달 짜리'였어요. 그가 왕이 되었다는 소식을 듣고 므나헴이 사마리아로 급히 돌아와 살룸을 죽이고 왕이 되었거든요.

그러나 백성들의 염원이 여로보암 2세의 오랜 통치 이후 그 아들로 권력이 이동되는 초기에 발생한 이런 반란들을 내심 지지하게 만들었다 할지라도, 왕좌를 차지했던 사람들이 반드시 '여호와의 규례'를 아는 자들일 보장은 없는 것이죠. LTE급으로 죽임을 당한 살룸이야 어떤 인물이었는지 모르겠지만, 그를 죽이고 왕위에 오른 므나헴은 참으로 잔인한 인물이었습니다. 그가 정권 탈취를 위해 움직일 때에 협조하지 않은 백성들을 죽이는 과정이 기록되어 있는데, 차마 옮기기 힘들 정도의 끔찍한 이야기가 담겨 있거든요. 정말 궁금하시면 열왕기하 15장 16절을 읽어보세요. 무장하지 않은, 더구나 생명을 품고 있는 임산부에게 그렇게 잔인한 행동을 허용하는 사람이 왕위에 올랐을 때 어떤 통치가 벌어질지는 너무나 뻔한 일이니까요. 성경도 그를 평가하기를 "사마리아에서 십 년간 다스리며 여호와 보시기에 악을 행한"(15:17) 왕으로 그리고 있습니다.

여호와를 잊은 통치 전략의 말로

므나헴이 자신의 아들 브가히야에게 왕권을 물려주기는 했으나,

브가히야는 왕좌에 오른 다음 해에 베가라는 신하에게 결국 죽임을 당합니다. 그 역시 선한 왕이 아니었다고 기록되어 있습니다. 베가는 이십 년을 통치했다고 하니 정세 격동기에 나름의 통치 전략을 잘 아는 왕이었겠죠. 그러나 그가 살아남는 방법은 여호와의 선한 통치가 아니었습니다. 그 시절에 이미 앗수르 왕에게 자신의 백성들을 넘겨주는 일이 있었는데요, 제 백성을 넘겨주면서까지 자신의 왕권을 유지하는 왕이 어떤 통치를 했을지는 너무나 뻔한 일입니다. 베가의 통치는 호세아(예언자 호세아가 아닙니다.)의 반역으로 끝이 납니다. 호세아는 북이스라엘의 마지막 왕이에요. 호세아 역시 여호와를 아는 지식이 충만한 왕은 아니었습니다.

> 앗수르의 왕 살만에셀이 올라오니 호세아가 그에게 종이 되어 조공을 드리더니 그가 애굽의 왕 소에게 사자들을 보내고 해마다 하던 대로 앗수르 왕에게 조공을 드리지 아니하매 앗수르 왕이 호세아가 배반함을 보고 그를 옥에 감금하여 두고(열왕기하 17:3-4).

여기서 나오는 소와 사자는 동물 이름이 아닙니다. 하하, 조금 썰렁했나요. 애굽의 왕 이름이 "소"이고 왕의 명령을 전하는 사람이 "사자"라는 것은 다 아시는 줄 알면서도, 낯선 이름들이 많이 나오길래 잠시 쉬어가는 농담을 해보았습니다. 당시 고대 근동의 최강국은 앗수르(앗시리아)였어요. 기원전 8세기 전반기의 이스라엘이 반세기 정도 평화를 누릴 수 있었던 것은 이 앗수르가 그들의 세력을 통일하던 시절이어서 가능했습니다. 그러나 앗수르 제국 내부의 세력 정리가 끝이 나고 그들이 북이스라엘을 향해 남하하기 시작하면서 이스라엘의 운명은 그야말로 풍전등화와 같았죠. 앗수르가 제국으로서 정복한 나라들을 다스리는 정책은 '조공을 바치게 하는 것'이었습니다. 중앙집권적 통치를 하겠다고 굳이 자국의 행정관을 보내어 힘 빼지 않겠다는 거죠. 전면전도 되도록 피했습니다. 전쟁이란 승리하더라도 인력이나 물자 면에서 승리한 쪽도 많은 손해를 보기 마련이니까요. 일단 무력으로 제국의 힘을 보여준 후, 바로 전쟁하지 아니하고 아주 힘겨울 정도의 조공을 바치게 했죠. 쥐어짜서라도 조공을 내면 살려주겠다는 겁니다. 조공을 바치지 못하거나 배신을 할 때에 칠지라도 편하게 조공을 받을 수 있는 동안에는 이런 정책으로 부와 권력을 누렸습니다.

호세아도 어떻게든 살아보기 위해 앗수르에게 조공을 바칩니다. 그야말로 국고는 물론 백성들의 고혈을 쥐어짜서 바쳤죠. 그렇게 버티다가 더 이상 조공을 바치지 못하게 되자 결국 이집트 왕에게 붙어볼 생각을 가집니다. 비록 앗수르에 비해 세력이 많이 약해졌지만 그래도 오랫동안 고대 근동의 강자였던 이집트니까요. 함께 연합하면 앗수르 제국을 상대할 수도 있지 않을까 하는 계산에서였죠. 하지만 이런 정치적 고민을 하는 호세아의 심중에 여호와는 쏙 빠져있었습니다. 이스라엘 공동체의 유일한 구원자는 여호와 하나님이었는데도 불구하고 말이지요. 그러나 이미 근동의 패권은 앗수르가 장악하고 있었습니다. 이집트는 종이호랑이와도 같았지요. 앗수르 왕은 호세아가 배반함을 보고 그를 옥에 가두어 버립니다. 제대로 한 번 싸워보지도 못하고 북이스라엘은 앗수르에게 먹혀버립니다.

'제국帝國'은 영토 확장을 추구하기에 때문에 태생적인 문제가 있습니다. 정복한 땅의 언어나 문화가 통일이 되어 있지 않다는 점이죠. 이런 경우 중앙집권적 통치가 어려워지거든요. 새로운 지역을 차지하고 나서도 그 지역 사람들이 다시 봉기를 일으킬 수 있다는 불안감이 생기는 것이 당연합니다. 그래서 앗수르 제국이 적용한 통치 전략은, 점령 지역 사람들을 사는 곳에서 강제 이주를 시켜 낯선 땅에 옮겨 놓는 것이었습니다. 식물로 치면 뿌리째 뽑아 다른 땅으로 보내버리는 것이지요. 이것을 모든 점령지마다 행하게 되면 마구 섞여버리게 되겠죠. 이렇게 섞어버리면, 지역 정체성도 흐려지고 자연스럽게 동일 언어나 문화를 기반으로 독립하려는 공동체적 의지가 약화될 것이라는 계산입니다. 실제로 그랬지요. 낯선 땅, 낯선 언어 속에서 살다 보면 정체성도 희미해지고 공동체적 결속력이 약화되니까요.

여호와께서 그의 종 모든 선지자를 통하여 하신 말씀대로 드디어 이스라엘을 그 앞에서 내쫓으신지라. 이스라엘이 고향에서 앗수르에 사로잡혀 가서 오늘까지 이르렀더라. 앗수르 왕이 바벨론과 구다와 아와와 하맛과 스발와임에서 사람을 옮겨다가 이스라엘 자손을 대신하여 사마리아 여러 성읍에 두매 그들이 사마리아를 차지하고 그 여러 성읍에 거주하니라(열왕기하 17:23-24).

사마리아 사람들 역시 이 정책에 의해 대거 잡혀갑니다. 사마리아 땅에는 다른 지역에서 복속시킨 민족을 심어 버리고요. 앗수르의 사마리아 이주 정책은 유대인의 종교와 혈통의 순수성이 훼손됨으로써 신약시대에 이르기까지 사마리아인이 멸시받던 원인이 됩니다.

이렇게 북이스라엘이라는 나라는 역사에서 사라졌습니다. 지금까지 소망과 기대로 성경 본문을 읽어온 우리들도 상당히 어이없고 당황스럽습니다만, 어디 당사자만 할까요. 열왕기 저자들은 모두 이스라엘의 내놓으라 하는 엘리트 지식인들이었고 이스라엘 신앙의 정수를 잘 알고 있는 사람들이었습니다. 여호와 하나님께서 직접 구하여 내시고 인도하신 땅에서 살아갔던 자국의 역사가 '기승전-망'으로 끝나버린 이 사실을 쉽게 받아들이기 어려웠을 겁니다. "역사는 해석"이라는데, 이스라엘의 역사가들은 이 '망亡의 역사'를 어떻게 해석했을까요? 이들은 자국의 실패 원인을 '불신앙'으로 해석했습니다. 이스라엘의 왕들이 '여호와 보시기에 다 악했기 때문'이라는 것이죠. 북이스라엘의 멸망은 이집트와 앗수르를 사이에 둔 외교 정책의 실패가 아니라는 겁니다. 부패와 억압과 착취, 우상 숭배 등 여호와의 규례를 벗어난 통치로 인해 멸망했다는 것이죠. 강대국 사이에 있을지라도 여호와를 의지했다면, 여호와의 규례대로 선한 삶을 살았다면 그들은 얼마든지 구원을 받았을 것이라는 것이 후대 역사가들의 신앙고백이었습니다. 불가능해보였던 이집트 제국을 탈출한 것, 가망 없어 보였던 방어전들마다 여호와께서 기적적인 구원을 가져다주셨던 것, 그 역사를 기억하기에 열왕기 사가들은 그렇게 고백했던 것이죠.

아하스 왕의 불신앙과 남유다의 위태로움

결국 북이스라엘은 기원전 721년에 망했습니다. 정말 허무하죠. 큰 전쟁 한번 못해보고 끝이 나다니요. 이제 남은 것은 남쪽 나라 유다입니다. 비록 분열 왕국이 되어 지내온 세월이 오래지만, 형제 나라 이스라엘이 앗수르에 의해 망하는 것을 본 남유다는 얼마나 불안했을까요. 그야말로 어찌해야 살아남을까 노심초사했을 일입니다. 제국의 힘에 어떻게 반응하냐에 따라 살고 죽음이 나뉘는 상황입니다. 수적으로도 북왕국보다 열세였던 유다였는데, 어떤 선택을 하게 되었을까요?

남유다는 계속해서 다윗 가문의 왕을 이어가고 있었습니다. 요아스 왕이 여호야다의 도움으로 여호와의 뜻을 따라 남유다를 다스렸고 여호야다가 죽는 날까지 여호와 신앙을 잘 지켰다는 이야기를 우리는 이미 묵상했죠. 그러나 여호야다가 죽은 이후 요아스 왕은 변절하여 여호와 앞에 악을 행하기 시작했지요. 만약 요아스 왕의 아들들까지 여호와 앞에 악을 행했다면 남유다도 북이스라엘처럼 망하는 것이 '당연'합니다. 그것이 역사서 사가들의 신앙고백이요 그들이 믿는 '역사의 법칙'이니까요. 그러나 남유다는 살아남았습니다. 유다라고 앗수르의 압박을 피할 길이 없었을 텐데, 어떤 전략이 있었던 걸까요? 열왕기하에서 밝히는 사가들의 고백을 보겠습니다.

아마샤가 여호와 보시기에 정직히 행하였으나 그의 조상 다윗과는 같지 아니하였으며 그의 아버지 요아스가 행한 대로 다 행하였어도 오직 산당들을 제거하지 아니하였으므로 백성이 여전히 산당에서 제사를 드리며 분향하였더라(열왕기하 14:3-4).

아마샤는 요아스의 아들이지요. 그는 다행히도 여호와 보시기에 정직히 행하였다고 합니다. 물론 오래도록 지속되던 지역 성소인 산당을 제거하지 않았다는 것을 지적받기는 하였지만, 그럼에도 불구하고 선한 왕으로 그려지고 있습니다. 그 다음 왕은 어떠했을까요? 열왕기하 15장 3-4절 말씀입니다.

아사랴가 그의 아버지 아마샤의 모든 행위대로 여호와 보시기에 정직히 행하였으나 오직 산당은 제거하지 아니하였으므로 백성이 여전히 그 산당에서 제사를 드리며 분향하였고(열왕기하 15:3-4).

아사랴 왕 역시 여전히 산당이 문제이긴 했지만 여호와 앞에 정직하게 행하였다고 나와 있네요. 그의 아들 요담 역시 똑같이 여호와 앞에 정직히 행했습니다. 덕분에 여호와께서 아직까지는 남유다를 향한 희망을 거두지 않으셨다는 겁니다. 하지만 이런 논리로 받아들이기엔 다음 왕 아하스는 의문이 갑니다.

아하스가 왕이 될 때에 나이가 이십 세라 예루살렘에서 십육 년간 다스렸으나 그의 조상 다윗과 같지 아니하여 그의 하나님 여호와께서 보시기에 정직히 행하지 아니하고 이스라엘의 여러 왕의 길로 행하며 또 여호와께서 이스라엘 자손 앞에서 쫓아내신 이방 사람의 가증한 일을 따라 자기 아들을 불 가운데로 지나가게 하며(열왕기하 16:2-3).

"자기 아들을 불 가운데로 지나가게 한다"는 것은 인신 제사를 의미합니다. 이방 족속들의 제의에서는 종종 있던 일이었습니다. 신에게 귀한 것을 바쳐 간절함을 증명해야 인간의 염원을 들어준다고 믿는 주술적 신앙을 표현한 것입니다. '가장 귀한 것'의 대표적 사례는 '왕의 아들'이 될 테니까요. 국가적으로 큰 위협을 당했을 때나 공동체적 염원을 위해 큰 제의를 드려야 할 때 '왕의 아들'은 이렇게 희생제물이 되곤 했죠. 그러나 생명의 하나님이신 여호와께서는 엄격하게 이런 인신제의를 금하셨습니다. 아브라함과 이삭의 에피소드는 이 금지 조항을 가장 선명하게 알려주는 대목이죠. 그런데 아하스 왕이 이방 제의 규례를 따라 자신의 아들을 제물로 바친 겁니다. 도대체 아들을 희생시킬 만큼 두려운 일은 무엇이었을까요? 성경에는 아하스가 무슨 일로 아들을 죽였는지 나와 있지 않지만, 유추는 가능합니다. 이 시기는 바로 앗수르 제국의 최전성기 시절이었습니다. 앗수르 왕국에 의해 주변 국가들이 줄줄이 무너지고 있었습니다. 무엇을 한들 앗수르의 힘을 막을 수는 없어 보였습니다. 하여 아하스 왕은 앗수르 제국에 붙어야만 살 수 있을 거라고 생각합니다. 그는 적극적으로 이방의 문화를 따라합니다. 열왕기하 16장 10절 말씀을 보면 아하스가 어찌 대처했는지를 알 수 있어요.

아하스 왕이 앗수르의 왕 디글랏 빌레셀을 만나러 다메섹에 갔다가 거기 있는 제단을 보고 아하스 왕이 그 제단의 모든 구조와 제도의 양식을 그려 제사장 우리야에게 보냈더니(열왕기하 16:10).

무엇을 하러 앗수르 왕을 만나러 그 먼 길을 갔겠습니까? 우리는 너의 편이다, 이런 충성 맹세를 위해서였겠지요. 보나마나 없는 살림에 백성들의 고혈을 짜내어 수많은 조공물품을 챙겨 갔을 겁니다. 제국의 수도, 그 으리으리한 심장부에서 아하스 왕은 앗수르의 제단을 봅니다. 그리고는 그것을 따라하기 위해 구조와 제도의 양식을 그려 예루살렘에 있는 제사장 우리야에게 보냅니다. 글쎄요. 무슨 마음이었을까요? 앗수르의 승승장구하는 모습을 보니 그 힘이 앗수르의 신에 있다고 여겼기 때문일까요? 아들마저 희생제의로 드리는 그였다면 충분히 가능한 마음입니다. 어쩌면 앗수르 왕의 강압에 의한 것일 수도 있죠. 이유야 어찌 되었든 아하스는 제사장 우리야로 하여금 앗수르 신전을 모방하기를 요구합니다.

그러나 우리야는 여호와의 제사장이었습니다. 이 편지를 받은 우리야의 올바른 반응은 그 편지를 찢는 것이어야 했지요. 혹은 한탄하며 아하스 왕에게 충언을 하던가요. 그러나 우리야의 반응은 참으로 어이가 없었습니다.

아하스 왕이 다메섹에서 돌아오기 전에 제사장 우리야가 아하스 왕이 다메섹에서 보낸 대로 모두 행하여 제사장 우리야가 제단을 만든지라(열왕기하 16:11).

세상에나. 어찌 이렇게 발 빠를 수가 있을까요? 적어도 아하스 왕의 총애는 받았을 것 같습니다. 왕의 편지를 받자마자 그가 돌아오기도 전에 모든 임무를 완수하다니요. 여호와의 제사장이 맞나 싶을 정도로 우리야는 예루살렘 성전을 이방 신상과 제의 도구들로 가득 채웠습니다. 결국은 두려움입니다. 앗수르라는 제국의 힘에 모두가 불안해하고 있던 것입니다. 강자에 붙어서, 강자의 힘의 원천을 모방하며, 살아남기 위해 필사적입니다.

아하스 왕이 물두멍 받침의 옆판을 떼내고 물두멍을 그 자리에서 옮기고 또 놋바다를 놋소 위에서 내려다가 돌판 위에 그것을 두며 또 안식일에 쓰기 위하여 성전에 건축한 낭실과 왕이 밖에서 들어가는 낭실을 앗수르 왕을 두려워하여 여호와의 성전에 옮겨 세웠더라(열왕기하 16:17-18).

여기서 중요한 부분은 "앗수르 왕을 두려워하여"라는 표현입니다. 앗수르 신을 극진히 모시는 모습을 앗수르 왕에게 보이기 위해 아하스와 우리야는 최선을 다하고 있습니다. 그들은 진정으로 두려워해야 하는 여호와 대신 앗수르 제국을 두려워하고 있었습니다. 이대로라면 그들 역시 북이스라엘처럼 멸망하게 될 것 같습니다. 그것이 이스라엘 역사가들이 고백하는 '역사의 법칙'이니까요. 과연 남유다는 살아남을까요? 이 부분에 대해서는 다음 만남에서 함께 공부하기로 하죠. 오늘의 핵심 키워드는 이것입니다. 세상 제국의 힘이 아무리 강해도 제국의 힘이 우리를 구원하지는 못합니다. 여호와를 신앙하는 이라면 이것만큼은 확실하게 알고 있어야, 사는 동안 어떤 환란을 만나더라도 우리가 어떤 힘을 의지해야 할지 선택할 수 있겠지요.

기도

오, 주님. 오래전 앗수르뿐만 아니라 오늘날에도 커다란 힘으로 우리를 위협하는 제국적 힘이 여전히 존재합니다. 이 세상의 힘들은 저희에게 여호와를 아는 지식으로 살아가면 이 땅에서 안전하지 못할 것이라고 위협합니다. 그러나 진정한 구원이 어디서 오는지 명료하게 보이신 주님의 가르침을 저희 마음에 새기게 하여 주시옵소서. 제국의 힘에 의지할 때에 어떤 결말에 도달하는지 이스라엘의 역사를 보며 교훈 삼게 하여 주시옵소서. 그리하여 비록 힘들지라도 당신만을 의지하고 오직 주님만이 구원이심을 믿고 하루하루를 살게 하여 주시옵소서. 예수님의 이름으로 기도합니다. 아멘.

여호와 보시기에 부패하고 악을 행하는 나라는 반드시 멸망합니다. 그것이 바로 하나님의 통치 질서입니다.

쉰두 번째 만남

태양을 움직인 남자? 히스기야 이야기

열왕기하 18-20장

앗수르 제국에 의해 북이스라엘이 멸망하는 동안 남쪽 유다의 상황은 어땠을까요? 그동안 성경 묵상을 통해 우리가 알아낸 '이스라엘 역사 해석의 법칙'을 한 줄 요약하면 이렇습니다. 여호와 앞에 악을 행하면 돌이킬 기회를 위해 계속 선지자와 예언자를 보내시지만, 그 악이 정점에 달했을 때에는 결국 이스라엘을 고치시기 위하여 고통의 순간을 허락하신다! 같은 신앙을 가진 같은 민족인데, 이 법칙은 남유다에도 적용되어야 하겠죠. 궁금합니다. 그럼 남왕국은 앗수르의 위협에도 살아남았을까요? 만약 살아남았다면 그것은 남왕국의 왕들이 여호와의 규례를 잘 따르며 선한 행동을 했기 때문일까요? 오늘은 북왕국 멸망 즈음의 남쪽 나라 유다의 이야기를 살펴보겠습니다.

여호와의 강함을 믿었던 히스기야

지난 시간 우리는 남유다의 왕 아하스가 앗수르의 제국의 힘에 억눌려 그 제국의 법칙을 따라 하려는 모습을 보았죠. 왠지 불안합니다. 그 결과를 우리는 아니까요. 아하스의 아들은 히스기야입니다. 만약 히스기야조차 아버지의 길을 따랐다면 여지없이 망하는 길이죠. 그런데 히스기야라는 왕의 이름 뜻을 보니 내심 안심이 됩니다. 참 은혜로운 이름이에요. '야'는 여호와라는 단어의 축약형입니다. 단독으로 쓰이지 않아서 참 다행이지요? '야'라니, 우리나라에서는 건방지다는 오해를 살만 합니다. 어쨌든 '야'가 여호와를 의미한다면 그의 이름 안에는 여호와가 담겨있다는 건데, '히스기야'는 무슨 뜻일까요? "여호와는 강하시다"라는 의미입니다. 그러니까 정말 강한 존재는 여호와시라는 거죠. 그 여호와 안에 거할 때 안전하다는 말입니다. 제국 앗수르의 힘이 최고조에 달한 시점에서도 담대히, "아니다! 진정한 힘은 여호와이시다!" 이렇게 선포하는 왕이 등장한 것이지요. 신앙의 본질을 잊고 있던 남유다에 들려온 희소식입니다. 여호와를 제대로 아는 왕의 등장이니까요. 아버지 아하스의 행각에 마음을 졸였는데, 참으로 다행입니다. 히스기야가 왕위에 오른 뒤에 어떤 일을 추진하는지 볼까요?

히스기야가 그의 조상 다윗의 모든 행위와 같이 여호와께서 보시기에 정직하게 행하여 그가 여러 산당들을 제거하며 주상을 깨뜨리며 아세라 목상을 찍으며 모세가 만들었던 놋뱀을 이스라엘 자손이 이때까지 향하여 분향하므로 그것을 부수고 느후스단이라 일컬었더라(열왕기하 18:2-4).

아주 대단하지요? 이방 신들만의 문제가 아닙니다. 선대왕들이 해결 못했던 산당 또는 신당과 놋뱀까지 제거해 버렸습니다. 사실 어떤 면에서 '놋뱀'은 이스라엘 공동체를 유지하는 데에 중요한 상징물 중 하나였어요. 출애굽 이후 광야에서 고생하던 선조들이 뱀에 물려 죽을 위기에 처했을 때 그들을 구원하셨던 여호와의 임재를 상징하니까요. 공동체적인 결속을 위해서는 매우 유용한 종교적 상징이었죠. 그러나 히스기야는 이 놋뱀이 잘못 사용되고 있는 것을 보았습니다. 여호와의 구원 역사를 기억하는 매개체가 아니라 그 자체가 마치 신적 효력을 가진 물건인 양 섬김의 대상이 된 겁니다. 사람들이 그것을 숭배하고 절하기 시작한 것이지요. 이에 가차 없이 놋뱀을 찍어버린 겁니다.

그렇지만 그럼에도 불구하고 과연 이 놋뱀을 찍어버리는 것이 쉬웠을까요? 이미 이스라엘을 지키는 상징이자 성물화되어버린 놋뱀, 자칫 잘못하다가는 집권 초기에 쓸데없는 반발을 살 수도 있는 일입니다. 뭐하러 긁어 부스럼을 만들겠어요. 필시 주위에서 말리는 신하들도 있었을 겁니다. 그러나 단호하게 놋뱀을 부술 수 있었던 것은 히스기야가 여호와를 제대로 알고 있었기 때문이라고 생각합니다. "여호와는 나의 힘"이라는 그 이름이 뜻하듯이, 정말 여호와를 아는 지식이 깊었기 때문입니다. 히스기야가 얼마나 여호와를 향한 신앙이 투철했는지 열왕기 사가는 다음과 같이 기록합니다.

히스기야가 이스라엘 하나님 여호와를 의지하였는데 그의 전후 유다 여러 왕 중에 그러한 자가 없었으니 곧 그가 여호와께 연합하여 그에게서 떠나지 아니하고 여호와께서 모세에게 명령하신 계명을 지켰더라 여호와께서 그와 함께 하시매 그가 어디로 가든지 형통하였더라 저가 앗수르 왕을 배반하고 섬기지 아니하였고(열왕기하 18:5-7).

참 이만큼의 평가를 후대의 사람들에게 받는다는 것은 그의 인생이 정말 여호와 앞에서 온전했다는 것이겠지요. 모세의 놋뱀마저도 "놋조각 따위"라고 말하며 없앨 수 있었던 히스기야, 그의 용기가 어디에서 나왔는지 알 것 같습니다. 그는 이스라엘 하나님 여호와를 의지하였고 여호와와 연합하여 그에게서 떠나지 않았습니다. 이것을 한 마디로 요약한다면 바로 '임마누엘'이지요. 하나님이 우리와 함께 하신다는 믿음, 그것이 있기에 최강대국 앗수르의 위협 앞에서도 굴하지 않고, 번영과 권력을 보장한다면서 종교적 힘을 내세우는 헛된 상징물들 앞에서도 흔들리지 않을 수 있었던 겁니다.

임마누엘, 구원 상태의 이름

임마누엘! 신약과 구약을 통틀어 유한한 인간이 구원받을 수 있는 상태는 이것뿐입니다. 1권에서 인간을 "유한한 자유"(폴 틸리히의 개념어)라고 소개했습니다만, 우리의 자유의지가 유한한 까닭에 인간은 악한 선택을 할 수 있습니다. 성경의 위대한 인물들도 그러했지요. 그러나 끝까지 여호와 신앙을 온전히 지켜낸 자들은 마지막까지 하나님과 동행하는 임마누엘의 모습을 지켰습니다. 물에 잠겨 있는 사람이 어찌 목마를 수 있을까요? 여호와와 동행하는 삶은 마치 신선한 샘물에 잠겨 있는 인생과 같습니다. 그래서 시편의 기자는 하나님과 친밀한 관계를 가지는 사람에 대해 "시냇가에 심은 나무"라고 표현한 것이죠. 늘 물의 근원에 뿌리를 박고 공급받을 수 있는 삶, 그 삶을 살았던 것이 바로 히스기야입니다. 과감하게 놋뱀과 우상들을 부술 수 있는 신앙의 근거는, 그것을 부순다고 해서 이스라엘 공동체가 무너지지 않는다는 것을 아는 신앙을 가졌음입니다. 너무나 악한 시대였기에 히스기야의 용기와 결심이 더 절실하게 느껴집니다.

보통은 그 아버지에 그 아들이라고 하죠. 그런데 히스기야는 아들을 우상 제물로 바치기까지 하는 불신앙의 아이콘인 아버지 아하스 아래서 자랐습니다. 그런 히스기야가 어찌 저런 깊고 흔들리지 않는 여호와 신앙을 가질 수 있었을까요? 잠시 상상의 나래를 펼쳐 봅니다. 우리 모두 어린 히스기야라고 생각해 보아요. 아버지가 이방신의 행위를 좇아 아들을 불 가운데로 지나가게 합니다. 끔찍한 제물이 된 아들은 히스기야의 친형제, 혹은 이복형제였겠지요. 어릴 때부터 함께 뛰어 놀던 자신의 형제가 어느 날 제물이 되었어요. 이 이야기를 소식으로 들었을 때 히스기야의 마음이 어땠을까요? 어쩌면 실제로 보았을지도 모릅니다. 국가의 명운을 가리는 큰 제의였을 테니까요. 공개적인 장소에서 대대적으로 진행되었을 겁니다. 만약 어린 히스기야가 자신의 형제가 죽어 태워지는 제단을 바라보았다면 충격과 더불어 큰 질문을 가졌을 것 같습니다. "여호와께서 진정 생명의 근원이시라면, 왜 우리의 생명을 제물로 받으시는 거지? 우리를 낳으신 분이 왜 우리 목숨 값을 원하시지?"

감사하게도 히스기야의 주변에는 여호와가 생명을 살리시는 하나님이라고, 또 너의 아버지가 여호와를 몰라서 그런 것이라고 가르쳐 주는 인물이 있었던 것 같습니다. 그 중 한 사람은 다음 시간에 공부해 보려고 해요. 만약 히스기야가 어린 시절 그런 실존적인 질문("어떻게 생명을 낳은 신이 생명을 거두어가시지?")을 물으면서 갈등하고 기도했다면 말입니다. 그리고 그 가운데 해답을 얻고 마음 안에 여호와로 가득 찼다면, 그랬다면 그가 왕이 되었을 때 지금의 모습처럼 행할 수 있었을 것 같지 않나요? 아버지의 길과는 다른 길을 갈 수 있었을 겁니다. 앗수르 제국의 힘에도 꿈쩍하지 않고 우상을 쳐내는 그 모습을 보여줄 수 있었을 것 같아요.

히스기야는 북왕국 이스라엘이 앗수르에 의해 망하는 것을 보았습니다. 앗수르는 참 교묘하고 간교한 국가라고 말씀드렸지요. 그들이 사마리아 성을 함락할 때도 참으로 치밀했습니다. 그들은 사마리아 성을 3년 동안 포위하고 그들을 말려 죽입니다. 굳이 전면전을 하지 않고, 자기 군대의 피를 흘리지 않고도 3년 동안 외부로부터 성을 차단하면 손쉽게 승리할 수 있었으니까요. 결국 버티다 못한 사람들이 항복을 하며 성에서 나오자 패배한 이스라엘 사람들을 다른 곳으로 이주시켜 버리지요. 직위한 지 얼마 안 된 시기에 히스기야는 이런 만행을 지켜보고 있었던 것이지요. 아마 그의 주변에서는 다른 나라와 동맹을 맺자느니, 혹은 앗수르에 조공을 바쳐 위기를 모면하자느니 하는 조언들이 들려왔을 겁니다. "저거 봐라. 이스라엘도 망했다. 곧 우리 차례다. 그저 강자에게 몸 굽히고 따르는 것이 살아남는 길이다." 실제로 히스기야가 앗수르에 조공을 바친 적이 한 번 있었다고 성경은 기록합니다.

> 히스기야 왕 제십사년에 앗수르의 왕 산헤립이 올라와서 유다 모든 견고한 성읍들을 쳐서 점령하매 유다의 왕 히스기야가 라기스로 사람을 보내어 앗수르 왕에게 이르되 내가 범죄하였나이다 나를 떠나 돌아가소서 왕이 내게 지우시는 것을 내가 당하리이다 하였더니 앗수르 왕이 곧 은 삼백 달란트와 금 삼십 달란트를 정하여 유다 왕 히스기야에게 내게 한지라 히스기야가 이에 여호와의 성전과 왕궁 곳간에 있는 은을 다 주었고 또 그 때에 유다 왕 히스기야가 여호와의 성전 문의 금과 자기가 모든 기둥에 입힌 금을 벗겨 모두 앗수르 왕에게 주었더라(열왕기하 18:13-16).

본문을 읽고 나니 참으로 난감합니다. 언뜻 보기에 아버지 아하스가 여호와 성전에 행했던 일과 별 차이가 없어 보입니다. 그런데 여기에 간과하면 안 되는 부분이 있습니다. 히스기야는 북이스라엘의 호세아가 그랬듯이 매년 재물을 바친 것이 아니었어요. 재위 후 14년에 딱 한 번 바친 이야기가 나온 겁니다. 왜 그랬을까요? 조공으로 살아남으려 했다면 일찌감치 그럴 일이지 않나요? 히스기야의 '꿍꿍이'는 무엇이었을까요?

앗수르의 정복 전략은 이미 살펴보았듯이 성벽 외곽을 둘러싸 외부로부터 고립시키는 것이었습니다. 북왕국의 수도 사마리아도 외부로부터 차단되어서 항복할 수밖에 없었지요. 이러한 앗수르의 전략을 알고 있던 히스기야는 앗수르의 침략에 대비해 몰래 식수로를 확보하고 있었습니다. 성이 고립되어도 외부로부터 물길을 끌어와 버티기 위함이었죠. 제 생각에는 그게 아직 끝나기 전이라 일종의 연기를 했던 것 같아요. 시간을 벌기 위한 굽힘이었죠. 여호와께선 이 사실을 다 아시고 계셨기 때문에 성문과 기둥에 입힌 금까지 싹싹 벗겨가도 상심하지 않으신 것이 아닐까요? 백성을 살리기 위한 길이면 괜찮으니 다 줘버려라, 어차피 너희 마음의 표현이었지 나는 금은보화에 마음을 두는 신이 아니다, 그런 심정이셨을 겁니다. 더구나 히스기야는 조공을 바치기 위해 백성의 재산을 강탈하는 대신에 왕궁과 성전의 금은으로 충당한 것이잖아요?

그런데 안타깝게도 얼마 뒤에 앗수르는 또다시 유다를 위협합니다. 제국을 통치하는 것도 여간 고단한 일이 아닐 거예요. 위협과 회유, 강탈과 친교 등의 전략을 써 가면서 먼 거리의 속국이 반란을 일으키지 않도록 치리하려니 어디 하룻밤인들 편히 잘 수가 있었겠어요? 그러고 보면 왜 기를 쓰고 왕을 하려고 드는 것인지, 저희 같은 범인은 모를 일입니다. 이번에도 앗수르는 수를 단단히 모색해서 유다에 접근했습니다. 이번 책략은 내부 분열입니다. 그러자니 소위 '내부'의 일을 자세히 알고 있어야겠지요? 앗수르에서 파견된 대변인 '랍사게'는 그야말로 철저한 준비를 하고 옵니다. 유다 사람의 말도 할 수 있었습니다. 그리고 유대인들의 '여호와 신앙'에 대해서도 다 섭렵한 듯합니다. 그러니 그랬겠지요? 오자마자 큰 소리로 외칩니다. "여호와가 너희에게 구원을 줄 것 같지? 너희 왕은 여호와가 너희를 구원할 것이라고 말한다면서? 그런데 말이야, 너희 왕이 구원할 수 있을 것 같아? 야, 우리도 여호와가 부르시지 않았다면 어떻게 여기를 왔겠니? 실은 여호와께서 우리에게 계시를 내리신 거야. 너희를 치라고 말이야." 이런 식으로 여호와의 이름을 망령되이 일컬으며 분열을 일으킵니다. 이 말을 유창한 유대 언어로 이야기를 했으니 성 안 사람들의 심기가 어떻겠어요? 그러나 성경은 히스기야가 여호와를 잘 아는 왕이었기에 이러한 분열을 대비에 백성들을 교육해 놓은 상태였다고 전합니다. 백성들의 여호와 신앙이 견고했던 겁니다. 얕은 신앙은 작은 외부 공격에도 흔들리기 마련이죠. 그러나 백성들은 여호와의 보호하심을 믿고 굳건히 버텼습니다.

그러자 이번에는 히스기야에게 협박 편지를 써서 전달합니다. 그동안 앗수르의 무력에 무릎을 꿇은 나라들을 하나씩 언급하면서 그 나라의 수호신들이 아무런 힘이 없었음을 지적합니다. 그런데 어찌 유다인들 진멸을 면하겠느냐는 편지였어요. 그런데 히스기야는 이 협박 편지를 받아들고 앗수르의 왕이 아닌, 여호와께로 달려갑니다. 그 편지를 여호와의 전에 펼쳐놓고 간곡히 기도합니다.

그룹들 위에 계신 이스라엘의 하나님 여호와여. 주는 천하만국에 홀로 하나님이시라 주께서 천지를 만드셨나이다. 여호와여 귀를 기울여 들으소서. 여호와여 눈을 떠서 보시옵소서. 산헤립이 살아 계신 하나님을 비방하러 보낸 말을 들으시옵소서. 여호와여 앗수르 여러 왕이 과연 여러 민족과 그들의 땅을 황폐하게 하고 또 그들의 신들을 불에 던졌사오니 이는 그들이 신이 아니요 사람의 손으로 만든 것 곧 나무와 돌 뿐이므로 멸하였나이다. 우리 하나님 여호와여 원하건대 이제 우리를 그의 손에서 구원하옵소서. 그리하시면 천하만국이 주 여호와가 홀로 하나님이신 줄 알리이다(열왕기하 19:15-19).

우리가 어떤 민족입니까? 늘 하나님 당신이 구원이심임을 믿고 고백하는 민족입니다. 그 증거로 이렇게 기적처럼 살아남은 공동체입니다. 그런데 만약 우리가 이곳에서 스러진다면 하나님 당신의 현존이 어찌 되겠나이까? 우리가 주 앞에 범죄하지 않는데 얼굴을 돌리시렵니까? 이렇게 간구하는 그에게 놀라운 일이 일어납니다. 하나님께선 이사야를 통해 히스기야에게 응답하셨습니다. "걱정하지 마라. 그들은 너희를 함락시키지 못한다. 오히려 그들은 다 죽을 것이고 그들의 왕은 고국으로 돌아가 죽임을 당할 것이다."라는 예언을 주십니다. 글쎄요. 아무리 신앙이 좋고 의지할 이는 여호와 한 분 뿐임을 아는 히스기야이지만, 이사야를 통해 전하신 이 말씀을 곧바로 믿을 수 있었을까요? 지금 저 성문 밖에서 사자와 같은 위협을 가하는 무시무시한 군대가 어찌 하루아침에 다 죽는다는 말인가요? 더구나 불사신과도 같은 저 앗수르의 왕 산헤립이 어찌 죽임을 당하나요? 그러나 이런 기적 같은 일들은 빠르게 진행되었습니다. 열왕기하 19장 35-37절의 말씀입니다.

이 밤에 여호와의 사자가 나와서 앗수르 진영에서 군사 십팔만 오천 명을 친지라 아침에 일찍이 일어나 보니 다 송장이 되었더라 앗수르 왕 산헤립이 떠나 돌아가서 니느웨에 거주하더니 그가 그의 신 니스록의 신전에서 경배할 때에 아드람멜렉과 사레셀이 그를 칼로 쳐죽이고 아라랏 땅으로 그들이 도망하매 그 아들 에살핫돈이 대신하여 왕이 되니라(열왕기하 19:35-37).

앗수르 이름들이 참 어렵죠. 긴박한 장면인데 이름을 읽다 보니 자꾸 속도가 더디어 집니다. 하하, 이름은 다 잊어도 상관없고요. 중요한 것은 그 엄청난 숫자의 군대가 하루아침에 송장이 되었다는 것입니다. 학자들은 이에 대해 급작스레 전염병이 돌았을 것이라고 이야기를 해요. 여호와께서 행하셨다고 고백되는 '여호와 전쟁'의 대표 전략이 그러했다고 자주 말씀드렸지요. 또한 앗수르 왕이 급히 그들의 땅으로 돌아갔습니다. 급한 귀환의 이유는 본국에서 그의 신하 중 한 사람이 반역을 했다는 소문을 들었기 때문이라고 합니다. 전략적으로 어쩔 수 없이 귀국을 해야 하는 상황이 생겼다는 것이죠. 어쩌면 이것 역시 하나님의 전략일지도 모릅니다. 그는 급히 고국으로 돌아가지만 오히려 그곳에서 죽임을 당합니다. 이사야의 예언대로 된 것이지요.

이 사건은 남유다에게 엄청난 자존감을 주었습니다. 앗수르의 산헤렙이 유다로 진격했다는 말을 듣고 주변 국가들은 모두 생각했을 겁니다. 아, 이제 유다도 역사 속으로 사라지는구나! 그런데 저 작은 나라 유다가 살아남은 겁니다. 전쟁 전략으로 살아남은 것도 아니요 외교적 술수로 위기를 모면한 것도 아닙니다. 여호와께서 보호하신다고 외친 그들을 정말 '그들의 신 여호와'가 구원했습니다. 그렇지 않고서는 도무지 이 기적 같은 일을 설명할 길이 없는 겁니다. 조그마한 국가 유다가 한순간에 구원을 얻게 되는 모습을 보며 이웃 나라들은 '두려움'을 느꼈을 겁니다. 이들의 신 '여호와'의 힘을 보았으니까요. 아, 여호와가 유다와 함께 하는구나! 물론 이 사건을 통해 신앙을 더 확고하게 하게 된 것은 이스라엘 민족이었을 겁니다. 역사 안에 개입하시며 구원을 이루시는 여호와에 대한 큰 믿음을 갖게 되었겠지요. 임마누엘, 여호와께서 우리와 함께 하신다는 것을 확인하면서요.

공적 책임을 위한 개인의 간구

이 무렵 히스기야가 큰 병에서 고침을 받는데요. 이 이야기가 열왕기하 20장에 나오기 때문에 위의 모든 일이 완결된 이후라고 생각하기 쉽습니다. 하지만 본문 20장을 시작하는 첫 단어인 "그때에"는 이 긴박한 상황과 히스기야의 병이 동시성을 가지고 있음을 말해줍니다. 오늘 성경연구 제목을 "태양을 움직인 남자? 히스기야 이야기"라고 붙였습니다만, 바로 이 일화와 관련이 됩니다. 앗수르의 위협 아래 공동체의 존속이 위태로운 중에 히스기야는 덜컥 큰 병에

걸렸습니다. 병명을 자세히 알 수 없으나 회복할 수 없는 것이고 그 수명도 얼마 남지 않았던 것 같습니다. 그래서 예언자 이사야를 통해 하나님은 히스기야로 하여금 후손들을 위한 유언을 준비하도록 말씀하십니다. 이 말에 히스기야는 어떻게 반응했을까요?

> 히스기야가 낯을 벽으로 향하고 여호와께 기도하여 이르되 여호와여 구하오니 내가 진실과 전심으로 주 앞에 행하며 주께서 보시기에 선하게 행한 것을 기억하옵소서 하고 히스기야가 심히 통곡하더라(열왕기하 20:2-3).

한 마디로 말하면 "그동안 제가 해왔던 선善을 기억하시고 저를 살려주세요."라는 기도이지요. 읽고 나니 이름값도 못하는 거 아닌가 의아하기도 합니다. 여호와가 자신의 힘이라고 믿고 담대히 살았던 히스기야라면 죽음조차도 담담하게 받아들일 것이라 기대했기 때문이죠. 하지만 과연 통곡까지 하면서 엎드려 간구한 히스기야의 기도는 자기 개인을 위한 것이었을까요? 저는 히스기야가 자기 개인의 수명 연장을 위해 기도하고 있다고는 생각지 않습니다. 물론 이스라엘이 가진 힘의 중심은 여호와이시지만, 그 힘을 입어 백성들을 이끌어 나갈 리더가 그 어느 때보다도 절실히 필요한 상황이잖아요. 앗수르의 침략이 굶주린 사자와 같이 거칠고 포악한데, 왕인 히스기야가 죽어버리면 남아있는 백성들은 어찌합니까. 그래서 드렸던 간구일 겁니다. 아, 아직은 아닙니다. 주님. 조금만 더 왕의 몫을 하게 해 주세요. 간절히 드리는 기도의 중심을 하나님께서 보셨다고 생각해요. 그 통곡이 자기 자신을 위한 기도가 아닌 이스라엘 백성 모두를 위한 기도였기에 하나님께서 마음을 돌리십니다. 이사야 입장에선 굉장히 황당했을 것 같아요. "죽을 것이니 유언을 준비하라"고 전하라 하여 말하고 돌아가는 길에 하나님의 예언을 다시 받았으니까요.

너는 돌아가서 내 백성의 주권자 히스기야에게 이르기를 왕의 조상 다윗의 하나님 여호와의 말씀이 내가 네 기도를 들었고 네 눈물을 보았노라 내가 너를 낫게 하리니 네가 삼 일 만에 여호와의 성전에 올라가겠고 내가 네 날에 십오 년을 더할 것이며 내가 너와 이 성을 앗수르 왕의 손에서 구원하고 내가 나를 위하고 또 내 종 다윗을 위하므로 이 성을 보호하리라 하셨다 하라 하셨더라(열왕기하 20:5-7).

이게 바뀐 예언인 거예요. "내가 너와 이 성을 앗수르 왕의 손에서 구원하고"라는 표현을 보니 분명합니다. 아직 앗수르와 대치중입니다. 가뜩이나 밖에선 랍사게 같은 놈들이 헛소문을 퍼뜨리는 중인데 자기가 죽어버리면 이스라엘 백성들이 얼마나 힘들어할지, 히스기야는 그 걱정에 눈물을 터뜨린 것이겠죠. 이에 하나님께선 히스기야를 살리시고 15년의 수명을 연장해 주십니다. 그리고 그 약속에 대한 징표를 주시는데요, 참으로 놀라운 징표입니다. 해 그림자를 십도 뒤로 물리시겠다는 겁니다. 지구의 자전이 멈추는 것, 거기 더하여 거꾸로 돌아야 가능한, 그야말로 과학적으론 설명이 안 되는 상황입니다. 양털의 물기를 조절하는 징표를 보이시던 기드온 때와는 스케일이 비교가 안 될 만큼 놀라운 징표입니다. 글쎄요. 그런 일이 과연 일어났는지를 놓고 현대의 과학적 증거를 제시하라고 왈가왈부하는 것은 이 이야기의 핵심이 아니라고 생각해요. 여기서 큰 감동으로 깨달아야 하는 메시지는 다른 데 있습니다. 무려 '지구를 움직이시는' 징표를 보이면서까지 히스기야에게 15년의 수명을 더하신 것은 그 개인을 향한 하나님의 축복이 아니었습니다. 바로 그의 백성, 이스라엘을 향한 사랑으로 인한 것입니다. 해 그림자를 뒤로 돌리신 여호와의 기적은, 주께서 이 공동체를 향해 얼마나 절절한 사랑을 가지고 계신지를 드러내신 사건입니다.

제가 '줄탁동시'라는 표현을 즐겨 사용합니다. 하나님과 신앙인의 콜라보레이션이죠. 같은 곳을 쪼는 어미 닭과 병아리처럼요. 하나님의 뜻을 아는 자를 만났을 때에 놀라운 구원의 역사가 일어나는 것이지요. "태양을 움직인 남자"라는 표현을 썼지만 실제로 태양을 움직인 것은 히스기야가 아니지요. 이스라엘을 향한 여호와의 놀라운 사랑과 공동체를 지키려는 히스기야의 간절한 마음이 맞닿았을 때, 바로 그러한 놀라운 역사가 일어나는 것입니다. 오늘날 많은 신앙인들이 이 세상에 소망이 없다고 한탄합니다. 아무렴 그 옛날 예루살렘을 에워 쌓았던 앗수르의 병사들을 보는 심정만큼 절망스러울까마는, 21세기 대한민국의 사회 현실도 비교하여 만만치는 않은 실정입니다. 오늘날 우리를 에워싼 '적'은 어떤 존재들일까요? '헬조선'이라는 젊은이들의 자학적 응시 속에서 구원의 길은 오직 '탈조선'뿐이라고 이야기하는 시절입니다. 이러한 때에, 나 하나 벗어나고 잘 되자는 것이 여호와를 믿는 신앙인의 기도일 수는 없습니다. 비록 우리의 힘이 미약하나 작은 나를 통해서라도 주님의 뜻이 드러나도록 최선을 다하는 삶, 하나님의 형상으로서 부끄럽지 않은 삶을 살기 위해 늘 주 앞에 무릎 꿇는 삶을 살고자 할 때, 우리의 기도는 개인적인 탐욕을 넘어설 것이라고 확신합니다. 우리가 개인의 이익이 아닌 공동체를 위해서 드리는 기도, 여호와께서 우리의 힘이 되심을 드러내는 삶을 살고자 진심으로 드리는 기도에, 여호와께서는 기대 이상의 스케일로 응답하실 겁니다. 어느 시절인들 사는 것이 녹녹했겠습니까마는, 시절이 참으로 어렵습니다. 개인도 공동체도 존속의 희망이 위태로운 이런 시절이지만, 히스기야가 가졌던 소망을 잃지 않았으면 좋겠습니다.

기도

사랑의 하나님, 감사를 드립니다. 해 그림자를 뒤로 돌리는, 너무나 놀랍고 큰 기적으로 히스기야의 사는 날수를 더하신 하나님, 그것이 개인의 장수가 아니라 여호와 당신의 힘을 이 땅에 드러내고, 여호와 당신의 백성을 살리시기 위해 펼치신 강한 손이었음을 고백합니다. 저희들의 기도 역시 개인의 영달을 위한 이기적인 간구가 아니게 하옵소서. 히스기야 때와 같이 여호와께서 뜻을 돌이키실 만큼 사심 없는 기도를 드리기 원합니다. 수명이든 재물이든 권력이든, 무엇을 더하시든지, 저희로 하여금 당신의 영광을 나타내는 도구로 살아가게 하옵소서. 예수님의 이름으로 기도합니다. 아멘.

공의를 위한 기도는 하나님의 마음조차 움직이는 힘이 있습니다. 내 탐욕을 위한 기도가 아니라, 하나님이 기뻐하시는 기도를 드립시다.

쉰세 번째 만남

임마누엘의 신앙, 이사야 이야기

이사야 1–11장

다윗 이후로 그만큼 칭송을 받은 왕이 없었죠. 히스기야 왕 말입니다. 덕분에 이스라엘을 사랑하고 여호와를 믿는 그의 순전한 신앙은 태양마저 움직이는 기적을 낳았죠. 여호와를 멀리하거나 아예 잊은 왕들의 이야기로 가슴 아프던 차에, 지난 만남에서는 모처럼 감동적인 이야기를 접했습니다. 보기 드물게 현명하고 선했던 왕이 바로 히스기야였어요. 하지만 궁금해집니다. 그가 "여호와만이 나의 힘이다"라고 고백하며 살 수 있었던 힘, 즉 여호와를 아는 지식은 어디에서 얻었을까요? 아버지 아하스 왕은 여호와를 아는 지식이 없었는데도 말이죠.

오늘은 필시 히스기야로 하여금 "그 아버지에 그 아들"의 행보를 그치게 하고 여호와 안에서 굳건히 서게 했던 중요한 조력자였음에 틀림없는, 예언자 이사야에 대한 이야기를 해볼까 합니다.

주여, 나를 보내소서

이사야는 다른 예언자들과는 달리 왕족 출신의 고귀한 신분이었습니다. 물론 이사야서 본문에서는 그런 이야기가 없지만, 전해지는 이야기에 따르면 이사야는 웃시야 왕과 사촌지간이었다고 합니다. 조선시대 같으면 대군의 집안인 셈이죠. 물론 이를 확증할 정확한 근거는 없지만 이사야의 행동을 보면 왕족이었거나 그에 준하는 인물이었던 것으로 보입니다. 이사야는 예언자들 중에서 비교적 왕궁 출입이 자유로웠거든요. 더구나 이사야는 참으로 오랜 기간 예언자의 삶을 살면서 왕들에게 여호와의 뜻을 전했습니다.

> 유다 왕 웃시야와 요담과 아하스와 히스기야 시대에 아모스의 아들 이사야가 유다와 예루살렘에 관하여 본 계시라(이사야 1:1).

웃시야 왕으로부터 히스기야까지 무려 4대에 걸쳐 왕권이 계승되는 동안(대략 기원전 742-680년경)이니 반세기가 넘습니다. 그렇게 오랫동안 왕들과 가까이 하면서 왕궁을 자유롭게 드나든 이사야라면, 당연히 히스기야를 어린 시절부터 지켜보았을 겁니다. 형제가 인신제의의 희생제물이 되는 것을 목격하고 왕궁 어느 구석에서 두려움에 울던 히스기야를 찾아내어 다독였을지도 모르죠. 생명의 하나님 여호와에 대한 히스기야의 실존적 고민에 답을 주었던 결정적 인물일 겁니다. 얘야. 그럴 리가 있니? 어찌 여호와께서 생명을 희생 제물로 받으시겠니? 그건 네 아버지가 여호와를 아는 지식이 부족하기 때문이란다. 여호와를 제대로 안다면 언제나 '살리는' 선택을 하지. 어쩌면 어린 히스기야를 무릎에 앉혀놓고 이런 이야기를 들려주었을지도 모르죠. 오늘 주인공은 바로 그 이사야입니다. 먼저 그가 소명을 받는 이야기로 시작하겠습니다.

> 웃시야 왕이 죽던 해에 내가 본즉 주께서 높이 들린 보좌에 앉으셨는데 그의 옷자락은 성전에 가득하였고 스랍들이 모시고 섰는데 각기 여섯 날개가 있어 그 둘로는 자기의 얼굴을 가리었고 그 둘로는 자기의 발을 가리었고 그 둘로는 날며 서로 불러 이르되 거룩하다 거룩하다 만군의 여호와여 그의 영광이 온 땅에 충만하도다 하더라. … 내가 또 주의 목소리를 들으니 주께서 이르시되 내가 누구를 보내며 누가 우리를 위하여 갈꼬 하시니 그 때에 내가 이르되 내가 여기 있나이다 나를 보내소서 하였더니(이사야 6:1-3, 8).

물론 환상을 본 것이지요. 다른 이들의 눈에도 다 보이고 다 들리는 광경은 아니었으니까요. 이스라엘 사람들은 여호와 하나님을 형상화하지 않는다고 했습니다. 높고 높으신 존재라 그 이름조차 함부로 부르지 않았죠. 그런데 '무려' 그분의 옷자락을 본 겁니다. 아이고, 초월자를 뵈었으니 나는 죽었구나! 그리 두려웠으나 천상의 존재인 스랍이 날아와 숯으로 입을 정결케 하였다고 합니다. 그리고 곧이어 음성이 들렸습니다. "내가 이 백성 중 누구를 보낼까?" 이사야가 대답합니다. "내가 여기 있나이다. 나를 보내소서."

굉장히 유명한 구절이죠. 이후에 많은 신앙의 선배들이 어려운 상황에서 이사야의 이 말을 생각해냈습니다. "제가 여기 있습니다. 저를 보내소서." 종교개혁의 인물 마르틴 루터도 법정에 서서 자신의 신학적 주장으로 인해 가톨릭의 지탄을 받을 때도 같은 말을 했습니다. 이사야는 어떤 심정이었을까요? 루터는요? 이러한 부르심과 응답은 예언자적 삶을 살아간 사람들의 일화에서 자주 발견됩니다. 소명calling을 인식하고 받아들이는 것이죠. 만만한 시절이 아니었습니다. 여호와의 메신저로 나아간다 해도 살갑게 들을 상황이 아닙니다.

그럼에도 이사야가 예언하던 시절의 왕들을 돌이켜보니, 이사야의 외침이 완전히 허공에 흩어진 것은 아니었나 봅니다. 우선 웃시야, 요담, 히스기야는 역사가들에 의해 모두 여호와 앞에서 정직을 행했던 왕으로 기록되어 있으니까요. 물론 아하스 왕은 예외입니다. 자신의 아들을 희생 제물로 바치지를 않나, 친앗수르 정책을 펼치면서 앗수르의 신전을 모방하여 예루살렘 신전을 더럽히기까지 했으니, 그 시절의 이사야는 속이 까맣게 타들어갔을 겁니다. 아하스와 이사야는 만나기만 하면 서로 으르렁거렸겠죠? 두 사람의 대화 한 장면을 보겠습니다.

여호와께서 또 아하스에게 말씀하여 이르시되, 너는 네 하나님 여호와께 한 징조를 구하되 깊은 데에서든지 높은 데에서든지 구하라 하시니 아하스가 이르되 나는 구하지 아니하겠나이다 나는 여호와를 시험하지 아니하겠나이다 한지라. 이사야가 이르되 다윗의 집이여 원하건대 들을지어다 너희가 사람을 괴롭히고서 그것을 작은 일로 여겨 또 나의 하나님을 괴롭히려 하느냐. 그러므로 주께서 친히 징조를 너희에게 주실 것이라 보라 처녀가 잉태하여 아들을 낳을 것이요 그의 이름을 임마누엘이라 하리라(이사야 7:10-14).

이거 도대체 무슨 상황일까요? 언뜻 읽어서는 아하스의 여호와 신앙이 대단해 보이기도 합니다. 징표를 구할 것도 없이 여호와를 시험하지 않겠다니요. 아무래도 여기 나오는 아하스는 우리가 아는 아하스가 아닌 것 같아요. 그러나 분명히 같은 아하스입니다. 당시의 정황을 조금 알아야 이 대화의 본뜻을 이해할 수 있을 것 같습니다. 북이스라엘은 아하스의 통치 기간 중에 망했습니다. 기원전 721년의 일이었죠. 비록 서로 적대관계일 때가 더 많았지만 형제나라입니다. 그런 나라가 사라졌는데 어찌 큰 두려움이 없을까요? 아들을 바치고 앗수르에 빌붙는 일에 앞장섰던 것도 다 이런 두려움 때문이었을 겁니다. 그랬던 아하스가 "여호와를 시험하지 않겠다"니, 과연 그 말이 신앙의 표현일까요? 사는 동안 여호와의 임재를 경험한 적도, 이를 간곡히 바란 적도 없었던 아하스였을 겁니다. 만약 그런 신앙 체험이 있다면 이 긴박한 시기에 바로 성전으로 달려가 여호와 앞에 무릎을 꿇었겠죠. 그런데 "징조를 구하지 않겠다"니요. 겉으로 보기에는 아주 신앙적으로 보이는 이 대답 이면에는 여호와에 대한 불신이 자리 잡고 있습니다. 아, 됐어요. 눈에 보이지도 않는 여호와를 믿느니 차라리 앗수르를 믿는 게 나아요. 징조 따위는 필요 없어요. 내면의 소리는 이랬을 겁니다.

이러한 아하스의 반응에 이사야가 대답한 것이 바로 그 유명한 7장 14절입니다. "여호와께서 친히 징조를 보이실 것이다. 보라 처녀가 잉태하여 아들을 낳으리니 그 이름을 임마누엘이라 하리라." 마태복음에도 나오는 구절이죠? 하지만 마태복음 저자가 이사야의 말을 인용한 것이니 원조는 이사야입니다. 유대 공동체의 텍스트와 전통에 익숙했던 마태복음 저자는 이사야의 이 구절을 마리아와 예수님으로 대입하여 사용했지요. 아기 예수님의 탄생을 예언하는 천사의 입을 통해 이 아기를 "임마누엘"이라고 부르고 있어요. "임마누엘"은 구약과 신약을 꿰뚫는 열쇠어가 분명합니다. 하지만, 아기 예수님의 이름인 "임마누엘"이 복음, 기쁜 소식이었던 반면, 이사야가 예언한 "임마누엘"은 그렇지 못했습니다.

하나님께서 우리와 함께 하신다! 그래서?

무슨 말인가요? 여호와께서 우리와 함께 하신다! 임마누엘! 이 말은 언제나 복음, 기쁜 소식이 아닌가요? 하지만 아하스의 상태를 떠올려보면 과연 '임마누엘'이 기쁜 소식일까 의문이 듭니다. 여호와의 힘을 의지하지 않고 인간의 제국 앗수르를 바라보는 왕이, 과연 여호와께서 임재하시는 상황을 어찌 감당할 수 있을까요? 생각해

보세요. 엄마가 잠시 집을 비우시면서 "집 잘 지키고 있으렴~" 하고 나가셨다고. 그런데 숙제 다 해놓고 간식도 먹고 조용히 엄마를 기다리던 아이 입장에서는 해가 뉘엿뉘엿 지는데도 엄마가 안 돌아오시면 초조하게 엄마를 기다리겠죠. 자꾸 문 쪽을 보면서요. 그러다가 "엄마다~"하는 소리를 들으면 얼마나 반갑겠어요? 그야말로 기쁜 소식이지요. 하지만, 엄마가 나가시자마자 친구들을 불러서 온 집안을 쑥대밭으로 만들어 놓고 숙제는커녕 불건전한 영상물을 보며 한창 정신이 빠져 있던 상황에, 갑작스레 "엄마다~"하는 소리를 듣는다면, 어떨까요? 그것이 복음일까요? 엄마 자체야 저주의 존재가 아니지만, 문을 열면서 말씀하시는 "엄마다~"라는 소리는 그야말로 끔찍한 상황이 전개될 선포겠죠.

그렇다면, 저 아하스의 말에 대답하는 이사야의 "임마누엘"은 축복일까요 저주일까요? 제 아들을 불 가운데로 지나가게 하고, 앗수르의 신을 섬기는 일에 발 빠르던 아하스인걸요. 이어지는 이사야의 예언이 저의 심증을 굳게 만듭니다.

여호와께서 에브라임이 유다를 떠날 때부터 당하여 보지 못한 날을 너와 네 백성과 네 아버지 집에 임하게 하시리니 곧 앗수르 왕이 오는 날이니라. 그 날에는 여호와께서 애굽 하수에서 먼 곳의 파리와 앗수르 땅의 벌을 부르시리니 다 와서 거친 골짜기와 바위틈과 가시나무 울타리와 모든 초장에 앉으리라. 그 날에는 주께서 하수 저쪽에서 세내어 온 삭도 곧 앗수르 왕으로 네 백성의 머리털과 발 털을 미실 것이요. 수염도 깎으시리라(이사야 7:17-20).

이어지는 구절들도 참으로 끔찍합니다만 이쯤에서 적기를 그쳤습니다. 아마 오랫동안 신앙 생활을 해 오신 분이라면 저의 이런 해석이 많이 불편하실지도 모르겠습니다. 이스라엘이 멸망하던 당시에도 유다는 살아남았고, 적어도 유다는 앗수르에 의해 멸망당하지 않았다는 걸 아시니까요. 그러니 "임마누엘"은 다윗의 집을 지켜주시기 위한 축복의 징조가 맞을 거다, 그렇게 생각하실 겁니다. 실은 그런 해석이 그동안 지배적이었죠. 저는 성경학자도 아니고 이 문제에 대해 학문적으로 날카로운 논쟁을 벌일 입장은 못 됩니다. 하지만 문맥을 깊이 파악하고 읽어내면서 드는 질문들에 답하다 보니 이런 생각이 들었던 겁니다. 앗수르냐 바벨론이냐는 중요하지 않습니다. 둘 다 인간 제국이니까요. 여호와를 의지하지 않고 폭력과 억압의 통치원리를 가진 인간 제국의 힘에 빌붙어 살아남으려 한다면 큰 착각이라는 경고입니다. 왜요? 여호와께서 우리(남유다)와 함께 하시기 때문입니다. 여호와의 임재하심이 축복이 될지 저주가 될지는 유다 백성들의 몫입니다. 여호와의 규례를 잘 지키고 오직 여호와만을 의지해왔다면 걱정할 필요 없습니다. "임마누엘~" 그 한마디면 되니까요. 얼마나 기쁜 소식이겠어요? 앗수르의 위력 앞에 벌벌 떨고 있었는데, 비교할 수도 없이 더 크고 강하신 여호와께서 우리와 함께 하신다니!

"임마누엘"이 구원의 상태가 되는 것은 오로지 인간인 우리의 몫입니다. 하나님이 우리와 함께 하시는 것이야말로 우리들의 구원상태입니다. 조심스러운 이야기입니다만, "임마누엘"이라면 죽음의 순간도 구원의 순간이라는 생각이 들어요. 죽음으로 인해 우리 영혼은 하나님께로 돌아가게 될 테니까요. 그래서 수많은 순교자들이 죽음의 순간에 그렇게 담담하고 평안하게 죽음을 맞을 수 있었던 것이 아닐까요. 육신의 죽음이 끝이라고 생각하지 아니하고, 온전히 여호와께 돌아간다고 생각했을 테니까요. 인간의 수명은 우리 시간에서의 기준이고, 주님은 "하루가 천 년 같고 천 년이 하루 같으신" 분이잖아요. 어쩌면 우리 인간들이 제한된 시간성 안에서 장수했다고 기뻐하고 요절이라며 슬퍼할 때조차, 여호와의 시각에선 모두 '순간'이 아닌가, 그런 생각도 해봅니다. 어떤 의미에서 이걸 아는 신앙인이 임마누엘의 삶을 살아간다면, 그가 어떠한 순간에 죽음을 맞이할지라도 담대히 구원상태에 있을 수 있다고 생각해요.

아하스가 이런 담대함을 가지고 있었다면 허겁지겁 앗수르의 신전을 모방하는 행위는 하지 않았겠지요. 하지만 마치 여호와께서 존재하시지 않는 양 행동했던 아하스와 그를 따르던 백성들에게 "임마누엘"은 응징의 날이 될 겁니다. 학자들은 "젊은 여인"(처녀로 번역되었지만 히브리 원어로는 젊은 여인이랍니다.)이 낳은 아이가 아하스 왕의 아이냐 아니면 이사야의 아이냐 이런 저런 의견들을 내어 놓습니다. 그런데 저는 그저 본문만 열심히 읽고 내린 묵상의 결과, 이사야의 아들이라고 생각했습니다. 이어지는 8장에서 이사야의 아내가 아들을 낳거든요. 그런데 여호와께서는 그 아들의 이름을 "마헬살랄하스바스"(노략이 속히 온다. 약탈이 빨리 온다.)라고 부르라 하셨거든요. 물론 시기적으로 사마리아와 다메섹이 앗수르에게 멸망하던 당시라서(실제로 이사야서 8:4에는 두 도시의 이름이 적혀 있어요.) 약탈의 대상은 유다가 아니라고 풀이할 수도 있습니다. 그렇게 본다면 앞서 인용된 7장의 서슬 시퍼런 예언들도 유다를 향한 것은 아니라고 생각할 수도 있죠. 그리고 많은 학자들이 풀이하듯이 "임마누엘"은 이 모든 노략과 약탈에도 불구하고 유다는 다윗의 후손이라서 살아남는다는 은혜의 예언이라고요. 하지만 마태복음에서도 천사의 계시 속에서 낳은 아이를 "예수"라 이름 하라 하시고 그의 이름이 "임마누엘"이라(마태복음 1:21-23) 다시 칭한 것처럼, 이사야서 7장과 8장에 연이어 등장하는 아이의 이름이 "임마누엘"과 "마헬살랄하스바스"인 것 사이에는 연관성이 있어 보입니다.

오라, 우리가 서로 변론하자

물론 역사적으로야 이때 유다는 살아남았죠. 하지만 이사야가 전하는 예언은 결코 친밀하고 부드러운 메시지가 아니었어요. 호세아서를 살펴보면서도 말씀드렸습니다만, 이사야의 예언서도 1장부터 쭉 시간 순서로 쓰인 것은 아닙니다. 때문에 길고 긴 예언서를 시작하는 1장은 주목할 필요가 있습니다. 보통 가장 중요한 핵심 요약이 등장하기 마련이니까요. 이사야는 1장을 어떤 메시지로 가득 채웠을까요?

하늘이여 들으라 땅이여 귀를 기울이라 여호와께서 말씀하시기를 내가 자식을 양육하였거늘 그들이 나를 거역하였도다 소는 그 임자를 알고 나귀는 그 주인의 구유를 알건마는 이스라엘은 알지 못하고 나의 백성은 깨닫지 못하는도다 하셨도다 슬프다 범죄한 나라요 허물 진 백성이요 행악의 종자요 행위가 부패한 자식이로다 그들이 여호와를 버리며 이스라엘의 거룩하신 이를 만홀히 여겨 멀리하고 물러갔도다(이사야 1:2-4).

여호와께서 말씀하시되 너희의 무수한 제물이 내게 무엇이 유익하뇨 나는 숫양의 번제와 살진 짐승의 기름에 배불렀고 나는 수송아지나 어린 양이나 숫염소의 피를 기뻐하지 아니하노라 너희가 내 앞에 보이러 오니 이것을 누가 너희에게 요구하였느냐 내 마당만 밟을 뿐이니라 헛된 제물을 다시 가져오지 말라 분향은 내가 가증히 여기는 바요 월삭과 안식일과 대회로 모이는 것도 그러하니 성회와 아울러 악을 행하는 것을 내가 견디지 못하겠노라(이사야 1:11-13).

보세요. 너희가 나를 버리고 악을 행하는구나! 이것이 이사야 처음부터 등장하는 여호와의 메시지입니다. 호세아가 남편과 아내의 관계로 이 상황을 설명했다면, 이사야는 부모와 자식의 관계로 설명을 하고 있는 겁니다. "내가 부모의 마음으로 너희를 양육했는데, 너희가 나를 거역하는구나." 거역하는 백성에게 "내가 너희와 함께 하겠다."는 말씀이 징표로 주어진다면, 그건 결국 양날의 검 같은 메시지라고 생각됩니다. 지금 이 상태라면 "마헬살랄하스바스"다! 이스라엘이 당하는 저 처참함이 너희인들 빗겨가지 않을 거다.

흔히 유대교를 제사의 종교라고 말하잖아요. 여러 가지 제사를 통해서 죄를 씻고 여호와를 기쁘시게 한다고 믿었죠. 그런데 이사야의 구절에 따르면 하나님은 "이것을 누가 너희에게 요구하였느냐"라고 반문하십니다. 누가 나한테 제사를 드리라고 그랬느냐? 내 규례대로 살라고 했지! 이 말씀이 핵심입니다. 제사는 너와 나의 관계의 핵심적인 내용이 아니다. 요구한 바도 없다. 그런데 너희 손에 피가 가득하고 행악이 가득한 상태에서, 더구나 진심도 없이 마당에서 후루룩 해치우고 가버리는 제사가 나와 너희들의 관계에서 어떤 영향을 미치겠느냐. 이런 말씀이지요.

"성회와 아울러 악을 행한다"니, 요즘 말로 하자면 주일에 거룩하게 예배드리고 나서 일상의 삶 속에선 아무렇지도 않게 악을 행하는 삶입니다. 이런 제사라면 월삭, 안식일, 모이는 것 다 의미 없다는 것이지요. 우리 식으로 말하면 월정헌금, 십일조, 감사헌금 내고 예배드리고 하는 것이 다 의미 없다는 것이지요. 제사보다 오직 여호와의 뜻대로 행하기를 원하시는 하나님이십니다. 그럼 여호와 하나님께서는 어떤 것을 원하실까요?

> 너희가 손을 펼 때에 내가 내 눈을 너희에게서 가리고 너희가 많이 기도할지라도 내가 듣지 아니하리니 이는 너희의 손에 피가 가득함이라 너희는 스스로 씻으며 스스로 깨끗하게 하여 내 목전에서 너희 악한 행실을 버리며 행악을 그치고 선행을 배우며 정의를 구하며 학대 받는 자를

도와주며 고아를 위하여 신원하며 과부를 위하여 변호하라 하셨느니라 (이사야 1:15-17).

"악한 행실을 버리며 행악을 그치고 선행을 배우며 정의를 구하며 학대 받는 자를 도와주며 고아를 위하여 신원하며 과부를 위하여 변호하라" 이게 제사보다 낫다는 것이지요. 여호와 하나님께서는 제사보다 "긍휼"을 기뻐하신다는 것입니다. 그럴 수밖에요. 모세의 계시 체험을 묵상하면서 우리는 하나님의 '풀 네임full name'을 알았잖아요? "히브리 사람의 하나님, 여호와"(출애굽기 3:18) 즉, 약자들의 하나님 말입니다. 그런데 고아와 과부들을 돌보는(살리는) 삶을 살지 아니하고 아무리 헌금을 많이 하고 흠 없고 윤기 나는 제물을 드린들 하나님은 기뻐하시지 않는다는 것이지요. 그저 기쁘지 않으신 것만이 아닙니다. "너희가 손을 펼 때에 내가 내 눈을 너희에게서 가리고"라는 표현이 있잖아요. 아기가 손을 펴는 것은 자기 부모에게 안아달라는 표현이지요. 날 좀 봐달라고, 도와달라고 하는 몸짓이죠. 그런데 부모가 그 앞에서 눈을 가리고 휙 가버린다면, 이 아기는 얼마나 상처를 받겠어요. 주께서 이와 같이 하시겠다는 말씀입니다. 너희들이 삶을 돌아보지 않고 아무리 손을 나에게 뻗어 봐야 나는 안아주지 않겠다는 말씀입니다. 그리고 "기도할지라도 듣지 않겠다"고 말씀하시지요.

그러면서 법정에 서서 시시비비를 가리는 모습으로 전투적 언어를 던지십니다. "자, 우리가 서로 변론해보자." 마치 검사와 변호사가 서로 이야기를 하는 것처럼 말이지요.

여호와께서 말씀하시되 오라 우리가 서로 변론하자 너희의 죄가 주홍 같을지라도 눈과 같이 희어질 것이요 진홍 같이 붉을지라도 양털 같이 희게 되리라 너희가 즐겨 순종하면 땅의 아름다운 소산을 먹을 것이요 너희가 거절하여 배반하면 칼에 삼켜지리라 여호와의 입의 말씀이니라 (이사야 1:18-20).

이걸 논리적으로 보면 조금 이상하지 않으세요? 내가 그렇게 양육했는데 너희들이 나를 버렸지. 제사는 건성으로 드리고 행악했지. 난 그것이 끔찍하게 싫다. 그러니까 서로 마주하고 변론해보자. 지금 스토리가 이렇게 전개되고 있는 거잖아요. 하나님께서 비판적인 지적을 하시다가 갑작스럽게 반전의 말씀을 하고 계십니다. "너희의 죄가 주홍 같을지라도 희어질 것이다." 뭔가 논리적으로 앞뒤가 안 맞는 것 같지 않나요? 그런데 히브리어가 참 재미있는 게, 이 구절이 지금은 평서문으로 나와 있지만 번역할 때에 이 구절이 의문문으로도 해석이 가능하다는 것입니다. 평서문으로 나올 때에 느낌이 위와 같다면, 의문문일 때의 느낌은 어떨까요. 제가 한 번 의문문으로 옮겨 보겠습니다. "자 우리가 서로 변론해보자! 너희의 죄가 주홍 같은데 눈과 같이 희어지겠느냐? 너희의 죄가 진홍 같이 붉은데 양털 같이 희게 될 리가 있겠느냐?" 이렇게 읽으면 맥락이 확 달라지지요. 뉘앙스가 달라지는 정도가 아니라 완전히 반대 내용이 되잖아요. 이 구절이 참 유명하고, 이 구절로 만든 찬송가도 있죠. "너희 죄 흉악하나 눈과 같이 희겠네~" 이렇게 시작하는 찬송인데, 255장인가요? 우리는 그 찬송을 부를 때마다 감동이 있지요. 그런데 의문문으로 읽으니 두렵기가 그지없습니다. 어머나, '은혜 떨어지게' 왜 이러시는 거죠? 반발하실 만도 합니다.

하지만 이 문장을 의문문으로 읽을 때, 저는 "임마누엘"에서 느꼈던 두 가지 감정을 떠올리게 됩니다. 문법을 배우고 이 구절을 읽을 때마다, 여호와의 말씀이 정말 좌우로 날이 선 검 같다고 생각이 듭니다. 죽일 수도 살릴 수도 있는 양날의 검! 우리의 행위에 따라 우리를 살릴 수도 있고, 죽일 수도 있다는 것이지요. 앞의 구절("선행을 배우며 정의를 구하며 학대 받는 자를 도와주며 고아를 위하여 신원하며 과부를 위하여 변호하라 하셨느니라.")과 이어 보면 평서문이 더 자연스럽습니다. 고아와 과부를 돌보고 정의로운 여호와의 길을 따라간다면, 이제라도 그리 한다면 지난 과거의 죄가 아무리 진홍 같아도 내가 흰 눈처럼, 양털처럼 깨끗하다고 여기리라. 이렇게 용서를 약속하시는 '헤세드'의 메시지로 읽을 수 있습니다. 찬송가의 가사처럼 우리에게 감동이 있지요. 하지만 의문문으로 해석하면 뒷부분("너희가 거절하여 배반하면 칼에 삼켜지리라 여호와의 입의 말씀이니라.")과 연결이 됩니다. 이 뒷부분으로 해석하면, "마헬살랄하스바스"라는 이름이 남의 이야기가 아닌 거죠.

하지만 어떻게 해석하든 여호와께서 원하시는 방향성은 같습니다. 그동안 은혜로운 구절이라고 생각했는데 지금 보니 무서운 구절이었네? 이런 묵상을 하고자 함이 아닙니다. 어느 쪽으로 보든 결국 같은 메시지를 전하는 구절이라는 것이 핵심입니다. 여호와께서 원하시는 삶을 산다면, 이전까지의 죄가 아무리 주홍 같을지라도 흰 눈같이 될 것이라고 말씀하시고 계십니다. '헤세드'의 하나님의 모습이지요. 그러나 이것을 행하지 않으면, 이젠 의문문으로 해석이 되지요. 이 구절을 두 맥락에서 해석을 하면 이사야의 이 기록이 더욱 확 와 닿습니다.

이사야가 꿈꾼 평화의 나라

돌이키면요? 여호와의 규례대로 살아가면 어찌 되나요? 그게 가능해요? 앗수르의 힘을 봐요. 늦가을 낙엽 떨어지듯 하는 이웃 나라들을 봐요. 지금 '낭만'은 사치인 거 몰라요? 살고 죽는 문제라고요. 필시 이사야의 메시지를 듣는 동시대 사람들은 이렇게 따졌을 겁니다. 이런 그들 앞에서 이사야는 심지어 한 술 더 떴습니다. 제국의 힘에 의지하여 사람이 사람을 약탈하고 죽이는 삶을 살아간다면 유다에 희망이 없지만, 그러나 행악을 그치고 여호와께로 돌아오면 이스라엘과 유다에게는 여전히 희망이 있다는 건데요. 지금 이 시대하곤 다른, 여호와의 날이 올 것이라는 소망이었습니다. 그날은 올 것이다. 전쟁의 시대 한 가운데서 이사야가 꿈꾸는 것은 평화의 나라였습니다.

그 때에 이리가 어린 양과 함께 살며 표범이 어린 염소와 함께 누우며

송아지와 어린 사자와 살진 짐승이 함께 있어 어린 아이에게 끌리며 암소와 곰이 함께 먹으며 그것들의 새끼가 함께 엎드리며 사자가 소처럼 풀을 먹을 것이며 젖 먹는 아이가 독사의 구멍에서 장난하며 젖 뗀 어린 아이가 독사의 굴에 손을 넣을 것이라 내 거룩한 산 모든 곳에서 해 됨도 없고 상함도 없을 것이니 이는 물이 바다를 덮음 같이 여호와를 아는 지식이 세상에 충만할 것임이니라(이사야 11:6-9).

이것이 전쟁 한 가운데서 이사야가 그렸던 평화의 나라입니다. 이 구절도 찬양으로 있지요. "사막에 샘이 넘쳐 흐르리라~" 히브리 민요입니다. 이리와 어린 양이 함께 살다니! 이건 그야말로 '에덴동산'에서나 가능했을 일이죠. 하지만 그 '잃어버린 낙원'이 다시 도래할 거란 소망입니다.

그러나 그 낙원은 그냥 저절로 오지 않습니다. 만약 이리와 어린 양이 함께 산다면 누가 더 많이 참아야 할까요? 둘의 공존을 위해서는 이리가 식욕을 참아야 가능한 일입니다. 독사가 어린 아이와 한 굴에 있으면서도 아이가 상함을 입지 않으려면요? 독사가 참아야지요. 사자와 송아지 사이에선 사자가 참아야 합니다. 물론 "그날" "여호와의 날"로 표현되는 그 마지막 완성 때에는 참을 필요가 없어요. 그때엔 사자가 소처럼 풀을 먹을 것이기 때문이랍니다. 타락 이전의 에덴동산에서는 모두가 피 흘림이 없었지요. 다 풀을 먹었으니까요. 사람들도 식물만을 취했습니다. 그러니까 생명을 죽이지 않는 공간이 에덴이었죠. 피 흘림이 없는 삶의 공간인 에덴의 회복, "그때"에는 모두가 공평히 평화롭게 생명을 평등하게 누리게 될 것이라는 이사야의 예언은 전쟁과 폭력이 난무하는 한가운데서 울려 퍼진 평화의 메시지였습니다.

네. 저는 그렇게 믿습니다. 만물을 지으신 여호와 하나님께서는 원래의 지으심대로 만물의 관계성을 회복시키시기를 원하십니다. 그러나 완성을 향하여 가는 그 과정 중에서 만약 우리가 이리요 표범, 사자, 곰, 독사의 사회적 배치에 있는 사람들이라면 어찌 행동해야 할까요? 충분히 잡아먹을 수 있고 물어버릴 수 있고 죽일 수 있는 자리에 있다면요? 허벅지를 찌르면서라도 그 욕망을 그쳐야겠지요.

잡아먹지 말고, 물지 말고, 내가 가진 권력으로 상대방을 착취하려는 삶을 그치고 살아야겠지요. 하나님의 나라를 준비하는 크리스천이라면 착취와 억압의 사슬을 끊고 함께 사는 '공생'의 삶으로 참여해야 합니다. 평화의 날을 기대하면서요. 이 삶이 어떻게 가능할까요? 바로 임마누엘, 하나님이 우리와 함께하시는 상태에 이르러야 가능합니다. 우리 힘으로는 못 합니다. 나중에 자연적으로 풀을 먹고 싶은 마음이 들게 될 그날 이전까지는 못 합니다.

물고 싶은 마음, 확 가져가고 싶은 마음 이 마음들을 버텨내는 힘은 "임마누엘"에 있습니다. 그 힘으로 버텨내라는 거죠. 그게 이사야서가 전하는 핵심 메시지에요. 그러니 '어린 양'을 물지 마세요. 무장해제한 '어린 염소'를 잡아먹지 마세요. 해맑게 웃는 '어린 아이'를 해치지 마세요. 물론 문자적인 의미가 아닌 것은 아시죠?

우리 사회에서 가장 약한 존재들을 사회적으로 해치고 착취하고 심지어 죽이는 일은 이사야가 꿈꾼 그 나라로부터 너무나 먼 행동입니다. 그러니 당신이 만약 강자라면 참아야 해요. 인간 본성으로는 못해도, 임마누엘 하나님과 동행하면 가능합니다. 그래서 "그날"은 예수님의 삶과 같이 이미 누군가에게는 도래한 삶의 질서가 될 수 있는 겁니다.

기도

임마누엘의 하나님, 인간이 가진 욕심과 허영심과 교만함 속에서도 인간의 이기심을 초월하는 방법을 알려주심을 감사드립니다. 주와 동행할 때에, 여호와의 뜻대로 사는 삶이 가능하다는 것을 보여주신 하나님, 저희에게 개인의 이기적 욕망을 넘어설 힘을 주시옵소서. 하여 마지막 그 평화의 나라가 올 때까지 당신이 원하신 뜻대로 고아와 과부를 신원하고 우리 주변의 가난한 자들과 함께 더불어 살아가는 삶을 살게 하여 주시옵소서. 예수님의 이름으로 기도합니다. 아멘.

억압과 착취의 사슬을 끊고 이리와 사슴이 함께 뛰어노는 하나님의 나라, 그 나라를 먼저 만들어가는 그리스도인이 됩시다.

쉰네 번째 만남

나의 종, 나의 기쁨. 이사야 이야기 2

이사야 40-66장

이사야서 이야기를 한 번 더 하려 합니다. 워낙 분량이 방대하기도 하지만 이사야서가 가진 메시지가 나중에 신약하고 연결되는 중요한 내용이 많기 때문이에요. 교회에서 이사야서 공부를 하다 보면 많은 목사님들이 도입부에서 자주 물으시는 질문이 있습니다. 이사야서는 총 몇 장으로 구성되어 있냐는 것이죠. 답은 다 아실 겁니다. 66장이지요. 그럼 이렇게 이야기를 이어가십니다. 성경은 66권, 이사야서는 66장! 그래서 이사야서는 성경 메시지의 축약본이라는 평가까지 받습니다. 더구나 구약이 39권 신약이 27권인데, 마치 짜 맞추기라도 한 것처럼 이사야서는 39장까지와 그 이후의 장들이 뉘앙스나 문체 면에서 확연히 달라요.

오늘 주로 다루어볼 본문은 40-66장, 그러니까 후반부의 내용입니다. 학자들은 이 본문을 제2이사야서(더 세분하여 55장까지)라고 부르기도 해요. 뒤에 등장하는 이야기는 시대로 볼 때에는 이사야가 이미 죽은 이후의 이야기이기 때문이죠. 이사야 사후의 바벨론 포로생활 및 귀환 등의 사건이 배경이 되거든요. 또한 문체가 다른 점을 들어 이사야 '학파'라고 부르는 제자들이 쓴 것으로 보고 있습니다.

사실 예언자들은 말씀을 맡는 사람들이니 그 맡은 말씀이 꼭 '현재'에 관한 것으로 제한될 필요는 없죠. 미래의 이야기를 하나님이 미리 계시로 알려주셨다고 볼 수도 있잖아요. 비록 이사야 사후 180년 뒤의 이야기가 나온다 해도, 그 뒤의 비전을 '현재'에 주실 수도 있으니까. 이사야가 살아있는 동안에 이 말씀들을 다 "맡았다"고 생각할 수도 있겠습니다. 이렇게 본다면 굳이 "제1이사야" "제2이사야" 이렇게 나누어 부를 필요가 없겠죠. 하지만 여전히 '문체'의 문제가 남습니다. 사실 고대의 세계에는 제자들이 스승의 말씀을 문서화하여 편찬한다거나 그 사상에 맞는 후대의 이론들을 확장해서 전개할 때에도 스승의 이름을 적는 일이 흔했습니다. 공자나 노자의 경우도 그랬잖아요. 이렇게 보자면 이사야의 신앙이나 신학을 흠모하며 스스로를 이사야의 제자들이다, 이사야 공동체다, 라고 생각했던 사람들이 훗날에 그 고백들을 이사야 신앙에 맞추어 함께 묶었을 가능성도 있다고 봅니다. 그러니 우리는 저자의 문제로 너무 세부적으로 왈가왈부하기보다는 크게 이 내용이 이사야의 예언자적 비전임을 인정하면서 40장 이후의 메시지에 집중해보기로 해요.

베를 끄르고 신을 벗어라

우리는 기원전 8세기 상황을 살펴보고 있었어요. 지금까지 세 명의 핵심적인 예언자를 다루었죠. 아모스, 호세아, 그리고 이사야. 아모스와 호세아는 이사야에 비해서는 조금 일찍 활동한 예언자들이었습니다. 마침 국제 정세가 세력 공백기였기에 그 호기를 타서 사치와 부도덕성, 우상숭배에 빠져있던 북이스라엘을 향하여 '돌이키라'는 경고와 더불어 '고쳐서 사랑하시겠다'는 하나님의 메시지를 전했다고 했죠. 조금 뒤에 예언을 전한 이사야의 활동 시기엔 앗수르 제국의 팽창으로 북이스라엘이 멸망하고 남유다가 압박 받는 상황이었습니다. 이 긴박한 상황에서 이사야가 예언을 하는 것이지요. 그 긴박성은 이사야서 안에서도 찾아볼 수 있었습니다.

> 그때에 여호와께서 아모스의 아들 이사야에게 말씀하여 이르시되 갈지어다 네 허리에서 베를 끄르고 네 발에서 신을 벗을지니라 하시매 그가 그대로 하여 벗은 몸과 벗은 발로 다니니라 여호와께서 이르시되 나의 종 이사야가 삼 년 동안 벗은 몸과 벗은 발로 다니며 애굽과 구스에 대하여 징조와 예표가 되었느니라(이사야 20:2-3).

벗은 몸과 벗은 발로 다녀라! 얼마나 시급한 상황이면 이런 무리한 요구까지 하시겠어요? 이사야는 왕족 출신이거나 적어도 있는 집안에서 귀하게 자란 몸입니다. 근데 3년 동안 벗은 몸과 벗은 발로 다니라니요. 이러고 다녀야 하는 곳이 한적한 시골 마을이나 성전 주변 정도면 또 모르겠습니다. 바로 예루살렘 한복판을 이 꼴로 다니며 메시지를 전하라는 겁니다. 만나는 사람들도 왕이나 고관대작이었습니다. 얼마나 창피하고 우스워 보였겠어요. 이사야의 나이가 어린 것도 아니었기에, 더더욱 어려운 일이었죠. 도대체 이런 이상한 차림을 왜 요청하신 걸까요? 여호와께서는 이것이 "애굽과 구스에 대하여 징조와 예표"라고 하십니다. 어떻게 벗은 몸이 예표가 될 수 있다는 것일까요?

정치하는 사람들 입장에서는 국제적으로 신흥 세력이 부상할 때마다 큰 결단을 요청받게 됩니다. 더구나 유다와 같이 작은 나라는 더더욱 그러했죠. 북이스라엘은 멸망했지, 유다는 이제 위기 상태 전방위에 놓여있습니다. 앗수르가 신흥 강국으로 등장한 상황에서 정치적으로 생각할 수 있는 방법은 먼저 앗수르에 몸을 굽히는 것이지요. 또는 한때 막강했던 나라인 이집트와 연맹을 맺는 방법도 있어요. 후자를 선택했다면 주변 나라와 힘을 합해 뜨고 있는 세력인 앗수르를 칠 생각을 하는 것이죠. 비록 앗수르가 강하지만 아직 완전히 근동의 패권을 장악한 것은 아니니까 구세력들이 연합하여 제거해버리자. 충분히 할 수 있는 생각이고, 실제로 이런 일들은 역사상에서 흔히 찾아볼 수 있는 외교적 선택입니다. 지정학적으로는 앗수르로부터 비교적 안전한 거리에 있었지만 정세를 파악한 이집트는 팔레스타인의 많은 국가들과 연합하여 앗수르와의 전면전을 준비하고 있었죠. 팔레스타인 국가들이 무너지면 이집트로서는 막강해진 앗수르를 접경에 두고 싸워야 할 테니까요. 그러니 팔레스타인

국가들을 포섭하려는 이집트와 복종을 강요하는 앗수르 사이에 끼어 있는 유다로서는 어느 쪽에 붙느냐가 큰 관건이었을 겁니다.

그 상황에서 유다는 이집트와 연합하여 앗수르 제국에 대항할 길을 모색하려 합니다. 특히 이집트와 구스가 이 연합 전선의 중심세력이었습니다. 히스기야 왕 때의 일인데, 유다 입장에서도 거의 분위기는 이집트, 구스와의 연합 작전으로 기우는 상황이었죠. 이사야의 벗은 몸과 맨발 '투혼'은 이 상황에서 벌어진 겁니다. 그의 헐벗음은 일차적으로는 이집트와 구스의 임박한 미래 상황을 의미하지만, 더 나아가 이들을 의지하게 된다면 직면할 수밖에 없는 유다의 미래를 상징하기도 했습니다.

> 이와 같이 애굽의 포로와 구스의 사로잡힌 자가 앗수르 왕에게 끌려갈 때에 젊은 자나 늙은 자가 다 벗은 몸과 벗은 발로 볼기까지 드러내어 애굽의 수치를 보이리니 그들이 바라던 구스와 자랑하던 애굽으로 말미암아 그들이 놀라고 부끄러워할 것이라(이사야 20:4-5).

네, 여기 답이 딱 나와 있습니다. 이사야가 '맡은 말씀'의 내용은 이러했습니다. "네가 볼 때에 이집트라는 나라가 커 보이지? 구스랑 합치면 뭔가 될 것 같지? 그러나 그들과 동맹하면 너희의 미래는 벗은 몸과 벗은 발과 같이 될 거야." 여기 보면 벗은 몸, 벗은 발은 물론 "볼기까지 드러낸다"는 표현도 있습니다. 가만히 있으면 그들이 끌려가는 것을 보기만 하겠지만, 그 시도에 연합을 하게 되면 너희들의 미래도 큰 수치로 끝 날 것이라는 하나님의 경고였습니다. 하지만 이사야의 이 경고는 "이집트는 지는 별이니까 앗수르에 붙으라"는 제안이 아닙니다. 여호와의 메시지는 군사적, 정치적 전략의 문제가 아니었어요. 고래 싸움에 새우등 터지는 이 상황에서 어느 고래가 더 강한가? 이것은 근본적으로 이스라엘 공동체가 물을 필요가 없는 질문이라는 것이죠. 너희가 붙을 것은 세상 제국이 아니다. 그러면 망한다. 이것이 핵심 메시지입니다.

이사야가 이르되 그들이 왕의 궁전에서 무엇을 보았나이까 하니 히스기야가 대답하되 그들이 내 궁전에 있는 것을 다 보았나이다 내 창고에 있는 것으로 보이지 아니한 보물이 하나도 없나이다 하니라 이사야가 히스기야에게 이르되 왕은 만군의 여호와의 말씀을 들으소서 보라 날이 이르리니 네 집에 있는 모든 소유와 네 조상들이 오늘까지 쌓아 둔 것이 모두 바벨론으로 옮긴 바 되고 남을 것이 없으리라 여호와의 말이니라 또 네게서 태어날 자손 중에서 몇이 사로잡혀 바벨론 왕궁의 환관이 되리라 하셨나이다 하니(이사야 39:4-7).

이 부분에 대한 부연설명을 조금 드릴게요. 이 메시지는 이사야가 살아생전에 받은 마지막 말씀이었어요. "네가 지금 바벨론에게 자랑했던 모든 것들은 바벨론으로 옮겨질 것"이다. 어머나, 이 무슨 끔찍한 예언의 메시지일까요? 당시 상황이 이러했습니다. 히스기야는 이때 해를 10도 옮기는 징표를 받으며 위중한 병이 나은 직후였죠. 그 즈음에 그는 병문안 온 바벨론 사절들에게 각종 보물과 군사 시설, 유다의 모든 것을 자랑삼아 보여주었습니다. 세속적인 영광을 자랑한 겁니다. 필시 기적적인 회복으로 교만이나 흥분이 자리 잡았을 수도 있습니다. 혹은 아직 앗수르에 비해 세력이 크지 않았던 바벨론이었기에 경계를 하지 않았을 수도 있죠. 하지만 이런 행위는 당시 군주국들끼리는 당연으로 여기던 "왕의 규례"였습니다. 왕의 규례에서는 사절을 맞이할 때 그들이 가져온 보물을 받고 자신의 나라가 가진 것들을 보여주며 일부 답례품으로 전달하는 것이 일종의 규례였거든요. 왜 솔로몬이 시바의 여왕을 맞았을 때도 이런 의례를 행했었잖아요. 히스기야가 바로 그 "왕의 규례"를 행했던 것이지요.

이사야가 꾸짖은 것은 이 부분이었죠. "그들에게 도대체 무엇을 보여준 것입니까?" 이사야의 질문에 히스기야는 대답합니다. "다 보여줬는데?" 이 말에 한숨을 쉬며 마지막으로 이사야가 했던 말이 바로 39장, 인용 구절입니다. 왕궁에 쌓아두었던 모든 것이 바벨론에게 빼앗길 것이다. 당신의 자손들, 자식들도 모두 왕궁의 환관이 되는 일까지 생길 것이다. 너무 애통한 예언입니다. 그의 긴 생애를 통해 쉬지 않고 헐벗음의 수치까지 무릅쓰면서 여호와만 의지하라고 외쳤던 예언자 이사야, 자신이 마지막으로 전하는 예언의 메시지가 이렇게 비극적이었다니. 마음의 안타까움이 큽니다.

제2이사야, 내가 너를 붙들리라

40장은 이렇게 애통함으로 가득한 이사야의 마지막 예언 이후 긴 시간 차이를 두고 등장합니다. 39장부터 40장은 장수로는 한 장 차이지만 시간적으로는 180년의 차이가 있습니다. 학자들은 이사야서 40장의 시대를 약 540년경(기원전)으로 보고 있어요. 바벨론에게 다 끌려갈 것이라는 이사야의 예언은 기원전 586(7)년에 이루어졌습니다. 앗수르냐 이집트냐 현세적인 두 제국 사이에서 치열하게 저울질을 했건만, 결국은 이 두 제국이 아니라 백 년이 더 흐른 뒤에 세력을 얻은 신흥제국 바벨론에 의해 멸망하고 만 것이죠.

39장과 40장의 기조는 상당히 달라요. 그럴 일입니다. 이미 예언이 이루어진 상황입니다. 망했어요. 망하기 전에야 "돌이켜라" "제발 행악을 그쳐라." "오직 여호와만 의지하라." 이렇게 경고도 하고 비판도 했다지만, 결국은 망한 겁니다. 그러니까 북이스라엘에 이어 남유다도 '기승전-망'의 전철을 밟은 것이죠. 이미 망해버렸는데, 좌절하고 슬피 우는 그들을 향해 쌤통이라고 말씀하실 하나님이 아니시지요. "꼴좋다. 내가 말했지? 이제 너희는 끝났어!" 설마 여호와께서 이런 메시지를 전하시려고 예언자의 입을 빌리시겠습니까? 하여 40장 이후의 기조는 여호와의 긍휼과 미래에의 소망으로 가득합니다.

"너희가 정말 애통하느냐? 규례대로 살지 않은 삶에 대해 후회하느냐? 그러나 절망하지 말아라. 아직 소망이 있다. 너희가 내 백성이라면, 나의 종이라면, 내가 너희에게 계속해서 가르쳐 지키라고 했던 삶을 살아내라. 내가 가르친 삶은 고대 근동의 힘 있는 왕들이나 자기들을 스스로 높이는 제사장들이 원했던 삶이 아니잖니. 너희가 어떤 삶을 살아야 내가 너희를 기뻐하는지, 오랫동안 가르쳤잖니. 그걸 기억하고 현재 아무리 고통스럽더라도 그 삶을 살아내렴. 걱정마. 내가 너희와 함께 할 거야. 이 끔찍한 종살이의 현장 안에서도 늘 동행할 거야." 40장 이후의 메시지는 이런 기조였어요. 한 번 볼까요?

> 그러나 나의 종 너 이스라엘아 내가 택한 야곱아 나의 벗 아브라함의 자손아 내가 땅 끝에서부터 너를 붙들며 땅 모퉁이에서부터 너를 부르고 네게 이르기를 너는 나의 종이라 내가 너를 택하고 싫어하여 버리지 아니하였다 하였노라 두려워하지 말라 내가 너와 함께 함이라 놀라지 말라 나는 네 하나님이 됨이라 내가 너를 굳세게 하리라 참으로 너를 도와주리라 참으로 나의 의로운 오른손으로 너를 붙들리라(이사야 41:8-10).

참으로 눈물나지요. "두려워 말아라. 내가 너를 붙들겠다." 얼마나 감격스런 메시지입니까. 더구나 부르시는 이름마저 절절하지 않나요? 이스라엘아, 야곱아, 내가 택한 벗 아브라함의 자손아! 사랑으로 부르시는 이름은 거슬러 올라가다 결국 아브라함까지 갑니다. 아브라함이 무슨 이름인데요. 여호와께서 선택하셔서 그 이름만큼은 창대하게 해준다는 이름이었잖아요. 약육강식, 적자생존의 치열한 고대 도시국가적 시스템에서, 생명을 이어갈 수 없었던 약한 존재의 대명사였던 아브라함, '살아라'라는 창조명령을 지킬 수 없었던 사회적 약자 아브라함의 이름을 건져서 창대하게 해주기로 약속했던 신이 바로 나다! 나는 "히브리 사람들의 하나님, 여호와"이다. 그것을 믿어라. 그러면 내가 너를 붙들겠다, 이 메시지가 계속해서 이어집니다. 얼마나 다정한 메시지인지, 이사야서 51장 1-2절, 4-5절 말씀을 볼까요?

의를 따르며 여호와를 찾아 구하는 너희는 내게 들을지어다 너희를 떠낸 반석과 너희를 파낸 우묵한 구덩이를 생각하여 보라 너희의 조상 아브라함과 너희를 낳은 사라를 생각하여 보라 아브라함이 혼자 있을 때에 내가 그를 부르고 그에게 복을 주어 창성하게 하였느니라(이사야 51:1-2).

내 백성이여 내게 주의하라 내 나라여 내게 귀를 기울이라 이는 율법이 내게서부터 나갈 것임이라 내가 내 공의를 만민의 빛으로 세우리라 내 공의가 가깝고 내 구원이 나갔은즉 내 팔이 만민을 심판하리니 섬들이 나를 앙망하여 내 팔에 의지하리라(이사야 51:4-5).

자, 본문을 보니까 유난히 등장하는 여호와의 신체 부위가 있지요. 팔을 뻗고 손을 펼치고… 이스라엘 자손들을 손으로 떠서 구원하는 이미지가 상상이 됩니다. 그런데 말이에요, 여호와께서 팔이 있으실까요? 영이신 하나님이신데요? 당연히 팔이 있으실 까닭이 없지요. 그런데 어째서 이런 말씀을 하시는 것일까요? 저는 이런 표현들이 인간의 유한성에서 나왔다고 생각해요. 그러니까 구체적인 몸으로 경험하는 인간이기에 우리의 신체적 행동에 비유한 이미지를 통해서 여호와의 개입하시는 사랑을 이해할 수 있다는 것이죠. “너희 선조들을 폭 감싸서 다시 살게 해준 그 옛날을 기억해봐. 그걸 내가 다시 하겠다.” 이런 약속이시잖아요. 40장 이후의 이사야서 본문을 읽다 보면 어머니의 이미지가 많이 떠오릅니다. 양육자의 마음이 잘 드러납니다.

은혜의 해, 평화의 나라

짧은 에피소드입니다만 저는 “여호와의 뻗는 팔과 손”이 가져오는 건짐과 구원의 의미를, 장수풍뎅이를 키우다가 제대로 깨달았어요. 제 아이가 초등학교 3학년 때의 일입니다. 아이가 장수풍뎅이를 굉장히 좋아했어요. 그래서 그걸 집에서 키우자는 거예요. 암수 한 마리씩 데려와서 키우는데 번잡스럽고 어수선했죠. 그래도 하나뿐인 자식이 좋아하는 일이니 열심히 길렀습니다. 그랬더니 장수풍뎅이들이 기대 이상으로 생육하고 번성하는 거예요. 낳은 알들이 애벌레가 되었는데 무려 16개나 되더군요. 장수풍뎅이 애벌레를 보셨나요? 정말 크고 뚱뚱해요. 징그러웠지만, 생명을 사랑하는 마음으로 (실은 아들 녀석이 좋아하니까) 꿋꿋하게 키웠습니다. 16마리 애벌레들이 모두 성충이 되었죠. 그런데 신기하게도 같은 부모에게서 태어났는데도 장수풍뎅이들의 몸집 크기나 건강 상태가 다 다른 거예요. 큰 뿔에 윤기가 자르르한 것들도 있었지만, 어떤 아이들은 비실비실 몸집도 작고 외피도 무르고 색깔도 연하더군요. 몇몇은 발육 과정 중에 문제가 생겼는지 날개가 제대로 자라지 않거나 뿔이 기형인 경우도 있었습니다.

제가 하나님은 아니지만, 기왕 태어난 이 모든 '장수풍뎅이들'이 생육하고 번성하길 바라는 마음은 다 같았습니다. 산속이라면 휙 날아 가버리면 그만이지만, 집에서 키우다 보니 수액젤리라고 이미 만들어진 제품을 사다가 먹였습니다. 그런데 군데군데 수액젤리를 놓아두면 언제나 힘이 센 장수풍뎅이들이 제일 먼저 달려듭니다. 뿔로 약한 장수풍뎅이를 밀어내고 먹이를 혼자 독차지 하지요. 그러면 약한 애들은 빌빌거리며 뒤에 처져서 결국은 먹이를 먹지 못해요. 강한 애들은 가뜩이나 태어나기도 튼튼하게 태어났는데, 수액젤리를 계속 독점하여 먹으니까 점점 더 커져요. 윤기도 좔좔 흐르고요. 결국 같은 배에서 나온 것이 맞나 싶을 정도로 차이가 심해집니다. 제가 '낳은' 아이들도 아닌데, 그 꼴을 보자니 너무나 마음이 아픈 겁니다. 약한 장수풍뎅이들이 비틀거리는 모습을 못 견디겠는 겁니다.

하여 알아들을 리 없는데도 일단은 튼튼한 놈들에게 말을 겁니다. "야, 너희들. 좀 비켜라. 많이 먹었잖아? 양보를 해야지." 더불어 약한 장수풍뎅이들도 격려해 보았어요. "빌빌거리지 말고 얼른 먹어! 뭐하는 거야?" 그런들 알아듣겠어요? 보다 못해 결국은 제가 팔을 뻗는 거죠. 저렇게 그냥 두면 죽을 게 뻔하니까요. 제가 팔을 뻗으면 무슨 일이 일어날까요? 큰 애들을 먹이로부터 떼어 내어 저기 멀찌감치 구석으로 밀어내겠죠. 그리고 수액젤리를 약한 애들에게 갖다 줍니다. 그래도 못 먹는 놈들이 있어요. 아휴, 속상해라. 코앞에 가져다주었는데도 빌빌거리는 풍뎅이에겐 할 수 없이 직접 떠서 먹여줍니다.

그러다가 깨달은 거예요. 아, 팔을 뻗는다는 것이 바로 이 말씀이구나. 왕들을 끌어내리시고, 부자들을 빈손으로 내려 보내시고… 이런 말씀을 보면서 어린 시절에는 그랬죠. "아니, 왕들과 부자들은 하나님의 백성이 아닌가? 좀 너무하시네." 하지만 권력자들을 끌어내리시고 교만한 자들을 흩으시고 부자들을 빈손으로 돌아가게 하신다는 것이, 그게 사랑하지 않는다는 것이 아니었어요. 아무리 너희들끼리 먹거리를 독점해서는 안 된다고 이야기를 해도 그것이 통하지 않으면, 그리고 약한 생명체가 그 생명을 존속할 수 없는 상황이 계속되면 바로 그 순간 여호와는 손을 뻗으시는 것입니다. 그래서 많은 예언자들이 이런 표현을 사용해요. "여호와께서 그 정의로운 팔을 뻗으시기 전에" 이런 '신적 재배치'가 일어나기 전에 힘 있고 돈 있고 지식 있는 자들이 먼저 자발적으로 실천하라는 것이지요.

우리는 장수풍뎅이들보다는 지성이 있잖아요? 저는 장수풍뎅이에게 어떤 기대를 가지고 말을 한 것은 아니었지만, 하나님은 우리를 향해 기대를 가지고 말씀하고 바라시고 기다리십니다. 인간아, 너희는 하나님의 형상대로 지으심을 받고, "살려라" 라는 명령을 지킬 수 있을 만큼의 재능과 지혜를 가지고 있는 사람들이잖니. 남들보다 강하게 태어났니? 건강하니? 소위 "잘 났니?" 그렇다면 그 튼튼함으로 그 똑똑함으로 너만 배불리 먹고 살지 말아라. 그러라고 준 재능과 건강이 아니야. 그 튼튼함으로 너도 살고 약한 자들도 살리라고 한 것이지. 실은 태초부터 바라셨던 것이고, 안 되니 예언자들을 통해서 계속 말씀하신 거죠. 그럼에도 상황이 개선되지 않아 약한 자들이 죽겠다 싶으면 결국은 하나님께서 개입을 하시는 거예요. 그런데 개입을 하시면 어떤 일이 일어날까요? 이사야서 61장 1-2절의 말씀입니다.

> 주 여호와의 영이 내게 내리셨으니 이는 여호와께서 내게 기름을 부으사 가난한 자에게 아름다운 소식을 전하게 하려 하심이라 나를 보내사 마음이 상한 자를 고치며 포로된 자에게 자유를, 갇힌 자에게 놓임을 선포하며 여호와의 은혜의 해와 우리 하나님의 보복의 날을 선포하여 모든 슬픈 자를 위로하되(이사야 61:1-2).

"여호와의 은혜의 해"라는 표현이 나오는데 이것은 희년을 말합니다. 기쁠 희喜, 이 기쁜 해는 50년마다 오는 해였지요. 이 해에는 어떤 기쁜 일들이 있었나요? 빚을 못 갚은 사람들에게는 그동안의 빚을 다 탕감해주라고 합니다. 부자들아, 가난한 자들을 쥐어짜지 말라. 억울하게 가두어 두었던 자들은 다 풀어 주라고 말씀하시지요. 그리고 여러 가지 이유로 노예살이를 하는 사람들 역시 그들의 가족에게 보내라고 하십니다. 빚에 넘어온 땅도 본래의 주인에게 돌려주어야 합니다. 이 기쁜 해는 누구에게 가장 '기쁜 해'일까요? 포로된 자, 갇힌 자, 가난한 자들이겠죠. 그러나 희년은 가난한 사람에게만 기쁜 해가 아니에요. 받은 자도 나눠준 자도 함께 기뻐하는 것이 희년입니다. 그동안 누리고 살고 풍족하게 살 수 있었던 것이 자기 잘난 탓이 아니니까요. 영문 모르게 수액젤리로부터 멀리 떨어져 나가기 전에, 먼저 "난 충분히 먹었어." 그렇게 약한 장수풍뎅이에게 양보하라는 겁니다. 그게 은혜의 해에요. 굳이 여호와께서 팔을 뻗을 필요가 없이 말입니다.

그렇게 되었을 때에 이 공동체가 다시 여호와께서 원하셨던 공동체, 이렇게 살라고 표본으로 보여주기 위해 선택한 '선민'의 공동체가 되는 것이지요. 그러한 삶을 살아낼 때에 강한 자들에게도 은혜가 있는 것입니다. 그렇기에 그들도 권위든 소유든 가진 것을 나눠야 한다는 것이었지요. 오히려 이땐 강한 자들의 결심이 더욱 힘들었을 것입니다. 예수님께서도 부자가 천국에 가는 것이 낙타가 바늘귀를 통과하는 것보다 어렵다고 하셨지요. 그 얘기는 소유를 많이 가질수록, 권위가 높을수록 그것을 나누는 것이 쉽지 않았다는 얘기입니다. 사실 섭섭할 수 있잖아요. 강한 장수풍뎅이의 입장에서는 강제로 떼어내어져서 먹이를 빼앗기는 것 말이에요. 아니, 내가 내 힘으로 열심히 기어가서 수액젤리를 차지한 것이구먼. 왜 나를 강제로 떼어내시지? 억울해! 그렇게 생각할 수도 있습니다. 그렇지만 전체 공동체를 보라는 것이 하나님의 뜻이었습니다. 하나님의 나라는 이리와 어린 양이 함께 뛰노는 세상입니다. 평화와 평강이 가득한 나라입니다. 부자와 권력자만이 아니라 모든 생명이 건강하고 행복하게 살아가는 나라입니다. 당연히 이렇게 되어야 하는데, 현실이 그렇지 못하여 이 꿈이 '대안'이 되어 버린 것이죠. "나의 '대안'을 공동체 안에서 이루라고 뽑은 너희가 바로 선민이자 새 이스라엘인데 그런 너희가 독점하고 빼앗고 군림하고 그러면 안 되지." 여호와께서는 계속 우리에게 말씀하시는 거죠. 그럼에도 말 안 듣고 살다가 결국엔 바벨론에게 다 빼앗기고 슬피 울며 좌절하는 상황이 되자, 다시 소망을 주시면서요. "그러나 그럼에도 그날이 결국 올 거야, 내 영이 너희에게 임하면 너희는 기뻐서 그렇게 소유를 나누고 권위를 나누고 자유를 누리게 될 거야." 제2이사야가 강조하는 메시지들의 핵심은 이것이었습니다.

너무 놀라운 것은, 예수께서 공생애를 시작하실 때 처음으로 선포하신 말씀이 바로 이 구절이라는 거예요. 예수께서는 그 많은 구약 본문 중에서 왜 이사야 61장 말씀을 뽑으셨을까요? "나는 말씀을 폐하러 온 것이 아니오, 도리어 완성하러 온 것이다." 이 말씀처럼 예수께서 선포하신 "하나님 나라"는 구약 예언자들의 말씀과 연장선 안에 있었습니다. 하나님 나라는 바로 이 희년의 질서가 가득한 공동체에요. 구약과 신약은 단절이 아니라 연결된 메시지입니다. 여호와께서는 희년의 질서가 가득할 새 이스라엘을 위해 미리 이름도 지어 놓으셨어요. 헵시바! 이 이름은 풀면, "그가 내 기쁨이다"라는 뜻입니다.

서로 살리는 새로운 공동체, 그것이 나의 규례이자 나의 법이다. 그렇게 살면 앗수르에 붙을지 이집트에 붙을지 고민할 필요가 없는 것이지요. 바로 이런 말씀을 전해주신 것입니다. 바로 이런 메시지의 일관성 때문에 저는 이사야 앞의 39장까지의 말씀과 뒤의 말씀을 굳이 떼어낼 필요가 없다고 생각해요. 앞에선 조금 협박을 했고 (웃음) 뒤에선 희망적인 메시지를 전하지만, 결국 이사야서는 하나의 메시지를 담고 있기 때문입니다. 나의 규례대로 살아라, 이 세상에서 대안으로 살아라, 나의 기쁨, 헵시바로 살아라, 나의 종이 된다는 것은 바로 그런 것이다. 그러니 너희 강한 자들아, 잘난 자들아, 권세 있고 부유한 이들아. 내가 팔을 뻗기 전에 나누고 살아라. 그리고 너희 못 먹고 빌빌거리는 약한 존재들, 히브리와 같은, 아브라함과 같은 존재들아! 걱정 말아라, 내가 팔을 뻗을 거다, 그러니 믿고 소망하라. 이사야서의 메시지를 요약하면 이런 내용입니다. 그야말로 기쁜 소식, 복음이지요. 복음은 어느 특정 집단에게만 기쁜 소식이면 안 된다고, 저는 그리 믿어요. 이사야의 이 메시지는 모두를 위한 메시지이기에 복음이 맞습니다. 이 복음의 메시지를 굳게 잡고 교만도 좌절도 없이 권위와 소유를 기꺼이 나누는 평화의 나라를 만들어가요. 우리 함께!

기도

사랑의 하나님, 감사를 드립니다. 우리 모두에게 생명을 주시고 이 땅에서 풍성한 삶을 살도록 지혜와 의지를 주심을 감사합니다. 그러나 당신께서 사람을 지으실 때는 강한 자, 약한 자, 부한 자, 가난한 자, 높은 자, 낮은 자가 없는 평화롭고 화평한 공동체를 원하셨을 텐데, 인간의 교만함이 이런 위계적인 세상을 만들고 말았습니다. 소수의 권력자, 부자들의 평화와 행복을 위해 다수가 고통 받는 세상이 되어 버렸습니다. 주여, 행여 여호와의 백성이라고 고백하면서도 저희들의 삶이 이런 위계를 만드는 것은 아닌지 돌아보게 하시고, 주께서 "헵시바, 나의 기쁨이다"라고 칭하시는 삶을 살기 원합니다. 평화와 평등한 공동체적 질서를 만들어가기 위해서 저희들의 것을 기꺼이 나누는 희년의 기쁨을 누리게 하여 주시옵소서. 예수님의 이름으로 기도합니다. 아멘.

주 여호와의 영이 내게 내리셨으니 이는 여호와께서 내게 기름을 부으사 가난한 자에게 아름다운 소식을 전하게 하려 하심이라 나를 보내사 마음이 상한 자를 고치며 포로된 자에게 자유를, 갇힌 자에게 놓임을 선포하며(이사야 61:1-2).

쉰다섯 번째 만남

미가 이야기: 칼을 쳐서 보습으로

미가 1-7장

오늘은 주전 8세기 예언자 중에서 마지막으로 미가에 대해 이야기를 나눌 거예요. 분량 면에선 굉장히 작지만 중요한 메시지를 담고 있는 사람인데요. 주전 8세기라는 시기적인 공통점이 있다 보니 아무래도 아모스, 호세아, 이사야와 더불어 미가가 '맡은 말씀'도 큰 맥락은 같았겠죠. 그럼에도 네 예언자가 했던 이야기들을 미가를 통해 총정리할 수 있을 것 같습니다. 아모스를 "정의의 선지자"라고들 하죠. 그는 "공의를 강물같이 흐르게 하라"는 메시지를 핵심적으로 전했으니까요. 호세아는 "사랑의 선지자"라는 별명이 어울리죠. 자신을 배반하는 아내와도 같은 '이스라엘'을 향하여 계속해서 사랑의 회복을 원하시는 여호와를 전했으니까요. 지난 시간까지 배웠던 이사야는 "평화의 선지자"라는 별명을 붙이고 싶어요. 평화로운 공동체의 소망, 헵시바로 불릴 그날에 대한 메시지를 전했었죠. 그렇다면 미가에게는 어떤 별명을 붙일 수 있을까요? 오늘 공부하면서 함께 생각해보기로 해요.

악을 꾸미는 자들아!

이사야가 비교적 귀한 가문 출신이었던 것에 반해, 미가는 농촌 출신이에요. 굉장히 소박하게 농촌에서 농사를 짓다가 하나님의 말씀을 받았죠. 그래서인지 미가에 등장하는 표현들 중에는 농부들이 주로 쓰는 일상적이고 구수한 용어, 자신의 삶의 현장을 반영한 표현이 굉장히 많아요. 보통은 예화를 들 때, 청중들에게 익숙한 사례들이 나오면 더욱 공감이 되잖아요? 그래서 미가의 언어는 당시 유다의 서민들에게 더욱 친근하게 다가갔을 겁니다. 하지만 비록 농부들의 투박한 일상어가 많아도 그의 메시지 내용은 날카로웠습니다. 시절이 악한데 아무리 순박한 농부라 해도 평화를 외칠 수는 없는 일이니까요. 한 번 볼까요?

> 그들이 침상에서 죄를 꾀하며 악을 꾸미고 날이 밝으면 그 손에 힘이 있으므로 그것을 행하는 자는 화 있을진저 밭들을 탐하여 빼앗고 집들을 탐하여 차지하니 그들이 남자와 그의 집과 사람과 그의 산업을 강탈하도다(미가 2:1-2).

미가도 역시 예언자임에는 틀림없지요? 소박한 농부의 입에서 나오기에는 참으로 강한 말들입니다. 하루 일과를 마치고 잠자리에 들 때에 주로 무슨 생각들을 하시나요? 보통은 오늘을 돌아보고 내일을 계획하게 되지요. 그런데 이 본문을 보니 누군지는 아직 모르겠지만, 침상에서 죄를 꾀하고 악을 꾸미는 "그들"이 등장합니다. "아, 그걸 미처 못 했네. 내일은 어떻게 진행시켜야 하지?" 오늘의 반성과 내일의 계획인 점에서는 우리네 보통 사람들과 다르지 않은데, 다만 침상에서 꾀하는 것이 온통 악과 죄라는 것이지요. "아, 그걸 그렇게 했어야 빼앗을 수 있는 거였는데, 아깝다. 내일은 날 밝는 대로 즉시 처리해야겠다." 이런 도모가 가득한 겁니다. 그러니까, 오늘 미처 다 이루지 못한 악을 내일 이룰 생각을 하는 것인데, 이쯤 되면 악인들도 정말 치열하게 사네요.

이런 삶을 하나님이 기뻐하실 리가 없지요. 열심히 산다는 것이 모두 바람직한 인생은 아니죠. '오늘 미처 다 이루지 못한 악을 내일 이룰 생각에 열심'인 인생은 참으로 걱정되는 인생입니다. 그런데 더욱 슬픈 것은 "그들"에게 잠자리에서 도모했던 이런 계획들을 실천할 힘이 있다는 겁니다. 상상으로야 무언들 못해볼까요? 궁궐 같은 집도 가져보고 너른 땅도 소유해보고. 그러나 제도적 힘이나 물질적 힘이 없는 사람이라면 그저 밤의 공상일 뿐이죠. 하지만 "그들" 손에는 힘이 있다네요. "그들"은 자신이 꾀한 것을 현실에서 실천할 수 있는 사람들이었습니다. 그런 사람들이 꾀하는 악은 "밭들을 탐하여 빼앗고 집들을 탐하여 차지하고" "남자와 그의 집과 사람과 그의 산업을 강탈"하는 일입니다. 사람과 재산 모두를 빼앗습니다. "강탈"이라 하니 그 과정과 정도를 짐작할 만합니다. 적당히 벗겨먹은 것이 아니라 삶의 기반과 인생 자체를 아예 싹쓸이한 거죠. 이것을 미가 식으로 표현하면 어떨까요? 미가 3장 2-3절입니다.

> 너희가 선을 미워하고 악을 기뻐하여 내 백성의 가죽을 벗기고 그 뼈에서 살을 뜯어 그들의 살을 먹으며 그 가죽을 벗기며 그 뼈를 꺾어 다지기를 냄비와 솥 가운데에 담을 고기처럼 하는도다(미가 3:2-3).

아주 적나라하게 표현했지요? 시골에서 살면서 국거리 재료를 직접 잡아서 마련해본 보통의 서민들이라고 하면 너무나 생생하게 그림이 그려지는 표현이지요. 물론 비유입니다. 실제로 그렇게 서민들의 가죽을 벗기고 살을 뜯고 뼈를 꺾어 다졌다는 것은 아닙니다. 하지만 그만큼 남은 것이 없을 만큼 다 털어갔다는 말이지요. 농부 미가가 이를 생활 용어로 표현한 것입니다.

우리가 국거리를 만들 때에 그러하지 않느냐. 얼마 만에 먹는 고기인데 대충 살코기만 삶아 먹을 수는 없는 법. 혹시 뼈에 조금이라도 살코기가 남아있으면 알뜰하게 뜯어먹고, 뼈도 버리기 아까우니 국물을 만들어 먹고… 우리나라에서도 뼈다귀 해장국이 서민들의 음식이 된 것은 그래서겠죠? 뼈까지 버리지 않고 우려내는 서민들의 삶은 고대 근동이나 대한민국이나 다르지 않은 것 같습니다. 바로 이러한 일상의 생활 표현을 그대로 가져와서 당시 만연하던 수탈의 상황을 고발하고 있는 겁니다.

기가 막힌 것은 그들이 이렇게 '살뜰하게' 벗겨먹는 것은 짐승이 아닙니다. 본문에는 "내 백성의 가죽을 벗기고"라는 표현이 있습니다. 그들이 빼앗고 강탈하는 대상은 여호와의 백성입니다. 사람입니다. 자기들 백성이 아니라 하나님 백성입니다. 사람에게 그런 짓을 하는 것이 일차적으로 부당하고 잔인한 일이거니와, 더구나 자기 사람들도 아니라는 말입니다. "어라? 이것들 봐라? 보자 보자 하니까 내 백성, 내 사람들을 아주 싹 벗겨가는구나!" 이쯤 되면 지난 시간 묵상했던 여호와의 팔과 손이 떠오릅니다. 아직 "그들"이 누구인지는 선명하지 않지만 조심해야 할 상황이죠. 여호와의 크고 강한 팔과 손이 그들을 향해서 뻗쳐오기 전에 돌이켜야 할 텐데. 그럴 조짐은 도무지 보이지를 않습니다.

여호와 '없는' 예루살렘의 운명

이쯤에서 참으로 궁금해집니다. 도대체 "그들"은 누구일까요? 모든 예언자들이 그렇지만 문서로 자기 예언을 남겼던 문서 예언자들은 보편적이고 추상적인 이야기를 하는 것이 아닙니다. 그들의 말은 특수한 시절에 특수한 대상을 향해 선포되는 구체적인 말씀이었어요. 근데 지금 이 상황은 계속 이스라엘 공동체를 향해 선포되는 상황이에요. 주전 8세기의 예언자들의 선포 대상은 이스라엘 공동체 밖의 민족들을 향한 것이 아니었어요. 바로 이스라엘 공동체, 그들을 향한 선포였습니다. 지금까지 성경 본문에서 언급된 "그들"은 바로 이스라엘의 지도층을 지칭합니다. 사치와 착취가 극에 달한 북이스라엘 지도층을 향해 신랄한 비판을 가한 아모스 선지자의 표현에 빗대자면, "너희 여름 별장 짓고, 겨울 별장 짓고, 별장 돌아다니면서 온갖 부유한 것을 혼자 누리던 너희들아!"라는 표현이 있고요. 이사야 선지자는 "팔찌, 목걸이 등 온갖 장신구를 주렁주렁 매달고서 얼마나 많이 달았으면 제대로 걷지 못해서 어기적어기적 걸어 다니는 예루살렘의 귀부인들아!"라는 말로 당시 극에 달한 고위층의 사치를 비판했죠. 미가가 고발하는 "그들" 역시 이들을 지칭합니다. 사실 이스라엘이 그동안 이방 나라들로부터 많은 핍박과 약탈을 당해왔지만, 내부적으로 이런 상황인 줄은 몰랐던 분들이 많으실 거예요. 어떻게 같은 공동체 안에서, 그것도 수직적 위계 구조를 만들지 말자는 이스라엘 민족끼리 이런 일이 가능하지? 여호와께서 원하시는 삶의 질서가 무엇인지 계명으로 받고 율법으로 지켜야 하는 공동체에서? 만약 이러한 의문이 든다면 미가 3장 10-11절 말씀은 그 대답이 될 겁니다.

시온을 피로, 예루살렘을 죄악으로 건축하는도다 그들의 우두머리들은 뇌물을 위하여 재판하며 그들의 제사장은 삯을 위하여 교훈하며 그들의 선지자는 돈을 위하여 점을 치면서도 여호와를 의뢰하여 이르기를 여호와께서 우리 중에 계시지 아니하냐 재앙이 우리에게 임하지 아니하리라 하는도다(미가 3:10-11).

답이 다 나왔지요? 시온이나 예루살렘이라는 표현을 보니 어디에 거주하는 자들에 대한 비판인지가 드러납니다. 예루살렘은 유다의 수도이고, 시온은 왕궁과 성전이 있는 언덕입니다. 이스라엘의 심장이지요. "시온" 그러면 신자들에게는 정말 아름다운 공간이지요. 성전도 있고 다윗이 건설한 왕궁이 있고, 정말 노른자 중의 노른자가 시온이잖아요. 바로 이 공간, 여호와의 율법과 도가 풍만해야 하는 이 공간이 피로 물들고 있답니다. 더구나 예루살렘은 죄악으로 건축되고 있어요. 도시 건축은 늘 말씀드렸듯이 왕과 지배층이 자신들의 세력을 드러내기 위해 진행되죠. 이런 사업에 피를 보는 것은 대부분의 백성들이고요. 그래서 이스라엘은 그 처음의 시작부터 성벽과 성문을 건설하지 말고 오직 여호와의 도를 건설하는 공동체가 되자고 했었죠. 대안이 되는 공동체였어요. 그런데 그 '처음'을 잊고 예루살렘과 시온에 거하는 이들, 즉 이스라엘 공동체의 정치적 · 종교적 우두머리들은 죄악으로 이 도성을 '건설하고' 있는 겁니다.

"그들"은 뇌물을 위하여 재판합니다. 재판은 여호와의 규례대로 공정하게 해야 하는 건데 말이지요. 제사장들은 원래 백성들을 살리고 위로하고 힘을 얻도록 교훈을 해야 하는데, 제 몫을 위해서 교훈을 하고 있습니다. 몫을 얻기 위해 교훈을 하다 보면 듣기 좋은 말만 하게 되지요. "회개하라" "반성하라" 이런 듣기 싫은 말 대신, "다 잘될 거다" "여호와께서 너를 축복하신다." 이런 소리만 하게 되잖아요. 더 끔찍한 것은 그들이 본인의 악함을 깨닫지도 못하고 있다는 겁니다. 양심에 찔림이 전혀 없어요. 이렇게 악을 행하면서도 오히려 "여호와께서 우리와 함께하신다, 우리는 선민이다, 괜찮다, 우리 안 망한다." 지금 이렇게 말하고 있는 거잖아요.

어쩌면 이 뒷부분이 여호와 보시기에 더욱 가증스럽고 실망스러우셨을 거라고 생각되어요. 이스라엘이 왜 여호와의 선택을 받았는지는 잊고서, 자신들은 무슨 일을 하든지 여호와의 보호 아래 있는 '선민'이라고 생각하는 거죠. 우리가 누구야? 그 놀라운 이집트 파라오의 힘에서도 건져주신 백성이잖아. 우리들은 선민이니까 여호와께서 구원해 주실 거야. 괜찮아, 괜찮아. 이런 마음으로 지내는 사람들이 미가 당대 예루살렘에 가득했던 겁니다. 저는 예언서를 읽을 때마다 이것이 주전의 시대를 살던 이스라엘 사람들만을 향한 말씀이 아니라고 느껴져요. 오늘날을 살아가는 우리가 지금 우리 자리에서 받아들여야 하는 교훈이구나. 이스라엘의 역사 자체가 우리가 타산지석을 삼아야 하는 방향으로 전개되거든요.

이스라엘은 '기승전-망'의 공동체라고 말씀드린 적 있지요. 유다도 망하고 예루살렘도 결국 초토화될 거야. 같은 민족으로서, 이스라엘을 사랑하는 내부자로서 이런 예언을 전한다는 것이 얼마나 끔찍하고 가슴 아플까요? 미가는 이 말을 직접적으로 전해야 했던 첫 예언자였습니다. 미가 3장 12절 말씀입니다.

> 이러므로 너희로 말미암아 시온은 갈아엎은 밭이 되고 예루살렘은 무더기가 되고 성전의 산은 수풀의 높은 곳이 되리라(미가 3:12).

초반에 "그들"이라 칭했던 자들을 향해 이제 미가는 정면으로 맞대면합니다. "너희로 말미암아"라고 말이에요. 이스라엘 지도자들이지요. 이제는 더 이상 "그들"이라는 3인칭 표현을 쓰지 않습니다. 이 장면을 상상하다 보면 저는 섬뜩함을 느껴요. 미가가 처음부터 글로 메시지를 전달한 것은 아니니까요. 미가가 예루살렘 거리에 서서 저 예언의 말씀을 선포하는 광경을 떠올려 보았어요. "그들이 침상에서 죄를 꾀하며 악을 꾸미고 날이 밝으면 그 손에 힘이 있어 이를 행하는구나!" 이런 말을 들으며 그들이 누구야 했던 사람들에게, 바로 고개를 돌려 "바로 너희들!" 하고 2인칭으로 바꿔 부르는 모습이 눈에 그려집니다. 미가가 그 사람들을 바로 응시했을 때 "그들"은 어떤 표정이었을까요? 너희들! 지금 뇌물을 받고 재판을 굽게 하고 삯을 위하여 거짓으로 교훈하고 이렇게 형편없이 살고 있는 너희들, 바로 너희들 때문에 이 공동체는 망할 거라는 선포입니다.

"예루살렘은 누더기가 되고 시온은 갈아엎은 밭이 된다"고 합니다. 여기서 미가가 농부 출신이라는 것을 알 수 있지요? 농부들은 언제 밭을 갈아엎을까요? 물론 씨 뿌리기 전에 토지 상태를 좋게 만들기 위해서도 밭을 갈죠. 하지만 미가가 사용한 이 표현은 씨 뿌리기 전을 의미하지 않는다고 봅니다. 물을 주고 가라지를 뽑으며 애를 썼는데도 농사를 망쳤어요. 쓸 만한 열매를 찾기가 어려운 지경으로 형편없어요. 저 밭을 헤매며 수확 가능한 곡식을 찾는 것은 그야말로 헛된 노동이 될 상황이에요. 그럼 모두 다 싹 갈아엎어버리는 것이 더 낫죠. 밭이 갈아엎어지듯이 예루살렘에 있는 성전과 궁전이 돌무더기처럼 쓰러지고 폐허가 될 것이라는 겁니다. 또한 성전이 있는 공간은 버려진 공간이 되고, 사람들이 기억하지 못하는 공간이 되어 흔적도 없이 사라진다고 예언합니다. "성전의 산은 수풀의 높은 곳이 되리라"는 말은 지나가는 사람들이 그 형태를 알아보지 못한다는 거죠. "어, 저게 뭐지? 뭐가 있던 자리인가?" 그저 잠시 궁금해 하다가 지나쳐 버릴 만큼 흔적도 없이 사라질 것을 뜻하는 것이지요.

이렇게 시온이 망하고 예루살렘이 망할 거라는 예언을 전한 첫 선지자가 바로 미가입니다. 아직 예루살렘과 시온이 건재할 때에 이런 예언을 하니 사람들이 믿을 리가 없지요. 만약 그런 사람을 우리가 광화문 한복판에서 만났다면, 우리는 어떤 느낌을 받을까요? "대한민국이 침몰하고 있다. 어차피 소망은 없다. '헬조선'이다. 저기 높고 화려하게 올라간 빌딩들이 다 무너질 것이다. 황금칠을 한 교회 건물들도 흔적도 없이 사라질 것이다." 만약 누군가가 이렇게 말하고 다닌다면요? "아, 저 사람은 왜 공동체에 도움 되는 얘기는 안 하고, 저렇게 비판만 하지?" "가뜩이나 흉흉한 일들에 불안해 죽겠구먼. 왜 우리 맘을 휘젓는 거야?" "저런 말은 도움이 안 돼. 바로 저런 사람이 우리 체제를 흔드는 거야." 이런 반응이 지배적일 겁니다. 그러나 미가의 말에 귀 기울이지 않는 유다 백성들을 보고 있자니, 행여 지금 광화문 한복판에 예언자가 나타나도 우리 역시 외면할지 모른다는 생각이 드네요.

하나님의 말씀은 반드시 말랑말랑한 은혜의 메시지만은 아니죠. 경고와 비판이 은혜가 되지 않는다고 해서 외면하면 안 됩니다. 쓴소리도 귀 기울여 듣는 자세가 필요합니다. 더군다나 여호와의 규례에 맞는 쓴 소리는 우리가 더욱 집중해서 들어야 할 필요가 있습니다. 혹시 우리가 여호와의 규례로부터 멀리 떠나 있는 것은 아닐까? 우리도 악한 것들을 '건축'하고 있는 중일까? 그러면서도 죄책감 없이 우리는 신자니까, 우리는 구원받은 백성이니까 괜찮다고 안심하고 있는 것은 아닐까? 실은 이런 질문들을 21세기 대한민국 한복판을 살고 있는 신자들도 물어야 할 겁니다. 하나님의 말씀은 늘 살아있기에, 미가의 예언을 오늘 우리에게도 적용해 보아야 합니다. 특히 미가가 "너희들"이라고 부른 사회적 위치에 있는 사람들이라면 자신의 삶의 자리와 선택과 행동을 곰곰이 되돌아보아야 합니다. 나는 무엇을 위해 이곳에 서서 교육을 하고, 재판을 하고, 말씀을 선포하고, 돈을 벌고 있는지 돌아봐야 합니다. 저는 가르치는 직업을 가지고 있다 보니 늘 그 묵상을 하게 됩니다. 무엇을 위하여 나는 강단에 서는 걸까? 전해지길 원하는 것이 내 이름일까 하나님의 메시지일까? 미가는 계속해서 이 질문을 물으라고 당대의 "그들"뿐만이 아니라 오늘을 사는 우리에게도 말을 걸어옵니다. 두려움으로, 겸손함으로 늘 들어야 할 예언자의 메시지입니다.

끝 날에…

물론 미가가 이 예언을 한 뒤로도 국가로서의 유다는 한 세대 정도 더 지속했습니다. 거 봐, 안 망하잖아? 아마 미가와 동시대를 살던 사람들은 미가를 조롱했을지도 모르죠. 아직 유다 사람들이 위기감을 피부로 느끼지 못하고 있는 시절에, 공동체의 가장 소중한 공간 시온이 마치 "갈아엎은 밭"과 같이 될 거라는 '잔인한' 메시지를 전했던 미가. 그의 삶이 녹녹치 못했을 것은 충분히 짐작이 가고도 남습니다. 이런 미가를 우리는 어떤 이름으로 부를 수 있을까요? 굳이 별명을 붙인다면 저는 "희망의 선지자"라고 이름 붙이고 싶습니다. 왜요? 미가는 갈아엎은 밭과 같아질 시온까지만이 아니라, 그 너머까지를 본 예언자이기 때문입니다. 예루살렘의 멸망, 그 일은 올 거야. 그러나 하나님의 시선에서 그것은 끝이 아니야. 우리가 망하는 것이 어쩌면 살 길이야. 우리가 그 '망한' 자리에서 다시 여호와를 찾게 된다면, 그래서 선조로부터 받은 여호와의 법도를 다시 기억해내고 그에 따른 삶을 살게 된다면, 여호와께서는 다시 우리를 건지시고 살리시고 회복시키실 거야. 미가는 이런 희망을 품고 살았거든요.

미가서에는 "끝 날에"라는 단어가 나옵니다. 종말론적인 소망을 담은 말인데요. 이 마지막 날은 유다의 멸망이 아닙니다. 하나님께서 이 공동체를 다시 완성하시는 바로 그날을 끝 날이라고 표현합니다. 미가는 "끝 날에" 이루어질 하나님의 비전을 제시합니다.

> 끝 날에 이르러는 여호와의 전의 산이 산들의 꼭대기에 굳게 서며 작은 산들 위에 뛰어나고 민족들이 그리로 몰려갈 것이라 곧 많은 이방 사

람들이 가며 이르기를 오라 우리가 여호와의 산에 올라가서 야곱의 하나님의 전에 이르자 그가 그의 도를 가지고 우리에게 가르치실 것이니라 우리가 그의 길로 행하리라 하리니 이는 율법이 시온에서부터 나올 것이요 여호와의 말씀이 예루살렘에서부터 나올 것임이라(미가 4:1-2).

"갈아엎은 밭"과 같아서, 지나가는 사람들이 그 흔적조차 제대로 찾아볼 수 없을 시온이, 그 성전터가 "끝 날"이 되면 다시 산 위에 우뚝 설 거라는 겁니다. 그리 되면 이제는 이스라엘만이 아니라 모든 사람들이 모두 우러러 보며 시온으로 몰려올 것이라 합니다. 물론 이때 만민이 시온으로 몰려오는 것은 이스라엘이 위대해서가 아닙니다. 여호와의 말씀, 여호와의 도를 사모하여 오는 것입니다. 이스라엘과 유다가 간직하지 못했고, 그대로 살지 못했던 여호와의 도, 바로 그 도가 "끝 날"에는 시온에 충만할 것이고, 그것을 보며 만인이 그 도를 따르고자 함께 할 거라는 비전이죠.

물론 이런 일이 자동으로 오진 않을 겁니다. 이스라엘과 유다 백성들이 아무 일도 안 하는데 그냥 여호와께서 떡처럼 건네주실 미래가 아닙니다. '망한 자리'에서 치열하게 다시 생각해야 할 겁니다. 기도를 그치지 않아야 할 겁니다. 우리가 받았던 여호와의 도가 무엇이었지? 그걸 다시 생각해내야 할 겁니다. 그대로 살아내야 할 겁니다. 말로, 글로, 삶으로, 그렇게 다시 세워가야 할 겁니다. 주께서 힘과 용기를 주실 것이니 할 수 있을 겁니다. 그리하여 "끝 날"이 되면 여호와의 도는 비단 이스라엘만의 가르침으로 제한되지 않을 겁니다.

여호와의 도가 가득하면 어떤 일이 일어날까요? 미가는 4장 3절에서 이와 같이 소망합니다.

> 그가 많은 민족들 사이의 일을 심판하시며 먼 곳 강한 이방 사람을 판결하시리니 무리가 그 칼을 쳐서 보습을 만들고 창을 쳐서 낫을 만들 것이며 이 나라와 저 나라가 다시는 칼을 들고 서로 치지 아니하며 다시는 전쟁을 연습하지 아니하고(미가 4:3).

미가의 시절은 전쟁에 전쟁이 더해지던 때였습니다. 전쟁의 한복판에서 미가는 '어이없게도' "칼을 쳐서 보습을 만들고 창을 쳐서 낫을 만드는" 세상을 노래합니다. 보습과 낫은 농기구죠. 사실 인류가 청동기와 철기 도구를 사용할 수 있게 되었을 때 그 처음의 용도는 농기구였습니다. 손으로, 나무로, 돌로 땅을 파서 농사를 짓기에 고달프고 생산량도 많지 않았던 시절에 이런 청동기, 철기 도구의 발명은 얼마나 고마운 일이었을까요. 하지만 강하고 단단하고 날카로운 쇠붙이를 보면서, 탐욕스런 사람들이 이를 전쟁의 도구로 사용했습니다. 칼의 등장이죠. 칼은 자연스러운 땅의 소산을 위해 필요한 도구가 아닙니다. 욕망 가득한 사람들의 소산을 위한 도구죠. 이웃 나라를 치고 강제로 빼앗기 위한 도구입니다. 더 많이 빼앗으려니 전쟁 연습이 끊이지 않는 것이죠. 그러나 미가가 그리는 "끝 날"은 나라들 간의 칼싸움이 그치는 날입니다. 싸울 필요가 없으니 칼이 필요 없는 때입니다. 성실하고 평화로운 땅의 노동으로 먹고 사는 일밖에 없으니, 칼은 다시 녹여 농사에 필요한 보습과 낫으로 재활용하게 될 겁니다.

아니 이런 '낭만'스런 비전이라니요? 그러나 미가는 확신합니다. 너희가 여호와의 규례대로만 살아간다면 "끝 날"에는 이런 일들이 있을 것이다. 여호와의 도를 사모하면 가능한 일입니다. 미가의 예언 중 "끝 날"이 되면 모두가 "자기 포도나무, 무화과나무 아래에 앉을 것"(4:4)이라는 표현이 있습니다. 자기 땅에서 노동의 결실인 소산을 먹으며 자기가 이룬 자그마한 행복을 누리며 여유롭게 사는 날이 온다는 것이지요. 얼마나 아름답고 평화로운 공동체적 모습입니까? 그러나 이 "끝 날"은 그냥 오는 것이 아닙니다. 전쟁 한가운데에서 여호와의 도를 듣고 믿어야 가능합니다. 그 결과 칼을 치고 창을 쳐서 보습과 낫을 만들어 낼 때, 싸움을 더 이상 하지 않기로 결심할 때, 나부터 먼저 여호와의 규례대로 살기로 결심할 때, 그리고 이런 사람들이 여기저기에서 모여서 평화스런 삶의 가능성을 실천할 때, 비로소 시작되는 것이죠. 이스라엘 공동체뿐만 아니라 이방 사람들조차 그 도를 흠모하며 모여들 때, 그때에 바로 여호와의 공동체가 우주적으로 완성될 것입니다. 그날이 미가가 노래한 "끝 날"입니다. 그날이 언제인지는 중요하지 않습니다. 미가는 그 "끝 날"을 고대하고 기다리며 현재를 성실하게 살아가야 할 소명을 가진 여호와의 백성에게 그 규례를 한 마디로 말합니다. 제가 제일 좋아하는 성경구절이기도 한데요, 바로 미가 6장 8절 말씀입니다. 이 구절은 주전 8

세기 모든 예언자들의 메시지를 집약한 말씀이라고 생각해요.

> 사람아 주께서 선한 것이 무엇임을 네게 보이셨나니 여호와께서 네게 구하시는 것은 오직 정의를 행하며 인자를 사랑하며 겸손하게 네 하나님과 함께 행하는 것이 아니냐(미가 6:8).

아멘. 핵심이지요. "사람아!" 물론 미가의 입을 통해서이지만 이는 여호와의 부르심입니다. 마치 태초에 아담을 부르시듯 그렇게요. 아담의 뜻이 '사람'이지요. "사람아, 내가 창조했으니 사람이 어떤 존재인지를 잘 안다. 내가 자유의지를 주었으니, 너 스스로의 의지로 악을 도모할 수 있고 자기를 위한 욕망을 가질 수도 있지. 그러나 너는 또한 "나의 형상"으로 지어졌기에 선을 선택할 수 있지 않니? 나의 도가 무엇이냐? 나는 그 도를 이미 너의 선조들을 통해, 율법을 통해, 역사를 통해 보이지 않았냐. 제발 그 도를 선택하고 살아라." 이렇게 말씀하시는 겁니다. 심지어 다시 요약까지 해 주세요. 그것은 어떻게 하면 된다? "정의를 행하고 인자를 사랑해라." 사랑과 정의, 그거면 된다는 말씀입니다. 물론 유한한 사람이기에 때론 넘어질 수도 있습니다, 잘못 선택할 수도 있죠. 그러나 은혜 많으신 여호와께서는 그저 "겸손하게 나와 함께 행하면" 그거면 족하다고 말씀하십니다.

저는 이것이 베틀의 경(經세로실)줄처럼 흔들리지 않는 불변의 계시 말씀이라고 고백합니다. 보통 종교 텍스트를 '경전'이라고 하죠. 이

때 사용하는 단어 '경經'은 세로로 된 실을 의미합니다. 저희야 베 짜는 세대가 아니니 낯선 표현입니다만, 전통 사회에서 옷감을 짜기 위해서는 세로줄, 그러니까 경사를 단단하게 잘 고정해 두어야 했습니다. 그러고 나서야 씨줄, 그러니까 가로로 가로지르며 무늬도 만들고 색도 다양하게 넣는 작업이 가능합니다.

정의와 인자함을 실천하되 마치 자기가 하는 것처럼 교만하지도 말고, 행여 실패했다고 죽을 듯 포기하지도 말고, 그저 겸손히 주와 동행하라는 것. 그것은 단단히 고정되어 있는 경줄, 즉 세로줄입니다. 삼천 년 전이든, 지금이든, 아니 삼천 년 후에라도 변하지 않을, 시간과 공간을 초월한 하나님의 계시이지요. 그러나 어떤 '정의'와 어떤 '인자함'으로 채워나갈지, 그것은 마치 옷감을 자아내듯 삶을 살아가는 우리 몫입니다.

우리가 그걸 할 수 있다고 하나님께서는 인정하셨습니다. 그러니 행여 실패하더라도 마치 경줄처럼 네 삶에 단단히 버티고 있는 "여호와의 도"를 의지하여 다시 일어나고 다시 선을 선택하면서, 그렇게 너의 삶을 아름다운 옷감으로 지어내라. 그렇게 "여호와의 형상"으로 살아라. 그렇게 여호와의 도를 세상에 알려라. 이렇게 산다면 이스라엘은 그 "끝 날"에 공동체가 회복되는 것은 물론이고, 많은 이방인들이 여호와의 도를 듣기 위해, 찾기 위해 모일 것이다. 이런 비전을, 이런 예언을 전쟁 한가운데에서 전했던 미가는 정말로 훌륭한 선지자였습니다. 그 "끝 날"을 소망했기에 미가는 담담히 자신의 자리에서 유다를 향해 여호와께서 맡기신 "예루살렘 멸망"의 메시지를 전달할 수 있었을 겁니다.

우리의 삶도 그랬으면 합니다. 그리스도인이란, 여전히 이 땅에 가득한 전쟁의 한복판을 살아내면서(도망가지 않고 숨지 않고 외면하지도 않으면서), 저마다 더 크고 강한 칼을 만드느라 혈안이 되어 있는 이들을 보면서도 담담하고 용감하게 "칼을 쳐서 보습을 만들고 낫을 만드는" 삶을 선택하는 사람들의 이름이니까요. 손에 칼을 쥔 "그들"이 보기에는 참으로 어이없고 어리석어 보일지라도, 이 선한 선택을 묵묵히 실행하는 사람들이 그리스도인입니다. 여호와의 도를 아는 사람들입니다.

기도

사랑의 하나님, 미가의 시간처럼, 우리들의 시절도 어찌 보면 소리 없는 전쟁으로 많은 사람들이 죽어가는 반反생명의 시간임을 고백합니다. 힘없고 착하고 성실한 사람들의 어이없고 분한 죽음의 소식이 매일 들려옵니다. 그저 '남'이 아니라 내 가족 내 지인 내 이웃이 그들 가운데 있습니다. 이런 죽음과 죽임의 시절에, 우리가 힘 있는 자들의 교만한 선택을 하지 않게 하시고, 악을 도모하고 죄를 지어내는 그런 사람들의 행동을 따라가지 말게 하옵소서. 주께서 보이신 선한 일, 여호와의 규례대로 살아가면서 마지막 날에 하나님께서 이루실 하나님 나라를 믿고 소망하며 살아가는 크리스천이 되게 하여 주시옵소서. 예수님의 이름으로 기도합니다. 아멘.

사람아 주께서 선한 것이 무엇임을 네게 보이셨나니 여호와께서 네게 구하시는 것은 오직 정의를 행하며 인자를 사랑하며 겸손하게 네 하나님과 함께 행하는 것이 아니냐(미가 6:8).

쉰여섯 번째 만남

요시야 왕 열여덟째 해에 생긴 일

열왕기하 22-23장, 역대하 34-35장

그동안 기원전 8세기 예언자들의 삶과 메시지에 대해서 공부했어요. 아모스, 호세아, 이사야, 미가! 북이스라엘과 남유다라는 다른 공간, 다른 정치적 상황 속에서, 다른 사람들에게 "맡은 말씀"(예언)을 전한 것 같지만, 결국 하나의 메시지였다고 했지요. 미가의 본문으로 요약했었습니다. "사람아 주께서 선한 것이 무엇임을 네게 보이셨나니 여호와께서 네게 구하시는 것은 오직 정의를 행하며 인자를 사랑하며 겸손하게 네 하나님과 함께 행하는 것이 아니냐"(미가 6:8). 이 말씀이 바로 아모스 호세아 이사야 미가, 이 네 사람의 예언자들이 한 입으로 이야기했던 핵심 내용이었지요. 그렇다면 여호와 보시기에 선을 행한다는 것은 무엇일까요?

오늘은 정말 모처럼 여호와 보시기에 선한 일을 행하여 온 예루살렘을 기쁨으로 채웠던 선한 왕에 대해 공부해 볼 거예요. 바로 요시야 이야기입니다.

요시야의 종교개혁

요시야는 다윗과 히스기야 이래로 역사서를 기술한 저자들에 의해서 가장 긍정적인 평가를 받는 왕입니다. 그는 "여호와께서 보시기에 기뻐할 일"을 행한 왕이라고 기록되어 있는데요, 도대체 요시야의 어떤 일들이 여호와를 기쁘시게 한 것일까요? 먼저 역대하 34장 29-33절 말씀을 보겠습니다. 유다 왕조의 일이라 아무래도 열왕기보다 더 상세히 남쪽 왕조를 기록한 역대기를 참조하려고요.

왕이 사람을 보내어 유다와 예루살렘의 모든 장로를 불러 모으고 여호와의 전에 올라가매 유다 모든 사람과 예루살렘 주민들과 제사장들과 레위 사람들과 모든 백성이 노소를 막론하고 다 함께 한지라 왕이 여호와의 전 안에서 발견한 언약책의 모든 말씀을 읽어 무리의 귀에 들려주고 이 자기 처소에 서서 여호와 앞에서 언약을 세우되 마음을 다하고 목숨을 다하여 여호와를 순종하고 그의 계명과 법도와 율례를 지켜 이 책에 기록된 언약의 말씀을 이루리라 하고 예루살렘과 베냐민에 있는 자들이 다 여기에 참여하게 하매 예루살렘 주민이 하나님 곧 그의 조상들의 하나님의 언약을 따르니라 이와 같이 요시야가 이스라엘 자손에게 속한 모든 땅에서 가증한 것들을 다 제거하여 버리고 이스라엘의 모든 사람으로 그들의 하나님 여호와를 섬기게 하였으므로 요시야가 사는 날에 백성이 그들의 조상들의 하나님 여호와께 복종하고 떠나지 아니하였더라(역대하 34:29-34).

모처럼 발견되는 아주 아름다운 장면이지요. 그 동안 예언자들이 계속해서 여호와의 뜻을 따라 살라고 지적했음에도 이스라엘은 정말 악이 가득했었는데, 이 본문은 마치 광야시절이나 사사들의 통치시절 같이 감격스런 장면이 전개됩니다. 일단 백성들이 여호와의 전에 모였습니다. 앗수르의 신전이 아니에요. 카할, 온 회중이 여호와 앞에 모여 있죠. 그들 앞에서 왕은 약속을 합니다. "나는 이제 그의 계명과 법도와 율례를 따라서…" 그렇죠. 요시야는 인간—왕의 규례가 아니라 여호와—왕의 규례를 따라 살겠다고 온 회중 앞에서 약속하고 있는 겁니다. 장수했던 노인으로서 이스라엘의 전통과 규례를 아는 사람이 그 자리에 있었다면 아마 이 모습을 보며 울컥 했을 겁니다. 이 장면이 얼마나 오랜만에 이루어진 일이냐면, 무려 75년만이기 때문이에요.

배경을 조금 아셔야 이 감격이 전해질 듯합니다. 히스기야는 요시야의 증조할아버지에요. 히스기야가 물론 훌륭한 왕이긴 했지만 막판에 교만에 빠졌던 적이 있었죠. 기억나실 거예요. 바벨론이 신흥강국으로 치고 올라오기 전에 자기 보물을 다 보여주는 바람에 빼앗기게 될 것이라는 이사야의 예언을 받았던… 그러고 나서 그 이후로는 이스라엘 왕들은 여호와의 규례대로 살지 않았어요. 그의 뒤를 이었던 므낫세 왕과 아몬 왕은 여호와 보시기에 악을 행했지요. 그러니까 예언자들이 피를 토했겠지요. 요시아의 입장에서 보면 그의 할아버지인 므낫세 왕은 55년 동안 이스라엘을 통치했는데, 열왕기 사가나 역대기 사가나 모두 여호와 보시기에 악을 행한 왕이라고 얘기를 하고 있어요. 그러고 보면 장수하거나 오래 통치했다는 것이 곧 여호와로부터 받은 복이라고 보기에는 힘든 것 같아요. 어떻게 보면 인간적인 왕의 규례를 아주 강하게 밀어붙였으니까 외관상으로 그 시스템이 유지됐을 수도 있어요. 그가 행했던 모든 악을 집약해서 이야기해주는 말씀이 있는데요, 열왕기하 21장 16절 말씀입니다.

> 므낫세가 유다에게 범죄하게 하여 여호와께서 보시기에 악을 행한 것 외에도 또 무죄한 자의 피를 심히 많이 흘려 예루살렘 이 끝에서 저 끝까지 가득하게 하였더라(열왕기하 21:16).

이런 한 줄 요약이 있을 정도입니다. 권력을 유지하고 자신의 통치를 정당하게 만들기 위해 희생시켰던 무죄한 피가 "예루살렘 이 끝에서 저 끝까지 가득하게" 했다니요. 그 긴 55년의 세월에 대한 '한 줄 요약'이 이러하다니, 참으로 헛되게 산 인생이지요. 영원히 남을 후대의 평가와 비교한다면 어쩌면 그가 폭력적으로 억압하고 죽이면서 누린 55년은 참으로 '헛된 유한성'의 시간이었을 거예요. 다들 그의 통치 시절이 좋아서 참은 것이 아니었죠. 아마 목숨을 부지하기 위해 참았던 반세기의 세월 동안 평범한 백성들뿐만이 아니라

신하들의 억울함과 분노도 대단했을 거예요. 그러다 보니 유다로서는 아주 드물게 므낫세의 아들 아몬이 왕위를 물려받은 지 2년 만에 신하들이 반역을 일으켜요. 아몬을 죽여 버리죠. 사실 이건 유다에서는 쉬운 일이 아니었어요. 우리가 그동안 배웠지만, 북왕국 이스라엘에서는 한 가문에게 왕위의 정통성이 없었기 때문에 계속해서 혁명이 일어났잖아요. '여호와—왕 사상'이 어느 정도 남아 있는 상태에서 여호와께서 함께 하시고 선택한 자가 다스린다는 믿음이 백성들 가운데 있었기에 가능했지요. 하지만 남왕국 유다에는 다윗 왕으로부터 이어받은 왕의 정통성이 굉장히 강했기 때문에 비교적 안정적으로 세습왕권을 유지하고 있었습니다. 따라서 '다윗 가문'이라고 하면 통치방식에 대해서 호불호가 있을 수는 있어도 왕권 자체에 대해서는 쉽게 도전하지 않았죠. 하지만 무려 55년이나 통치하면서 왕권을 장악했던 므낫세가 죽은 직후이니, 일종의 권력 이양기 동안에 막 등극해서 제대로 통치권을 가지지 못한 아들을 살해해버린 것이죠.

오죽했으면… 정말 므낫세가 얼마나 기가 막혔으면, 신하들이 그 아들을 죽여 버렸을까요? 물론 아몬 입장에서는 억울할 수도 있습니다. 아하스와 히스기야의 사례에서도 보았지만 아버지가 악하다고 아들이 반드시 악한 통치를 이어간다고 전제할 수는 없으니까요. 하지만 기록에 따르면 아몬도 '악한 왕'이라고 되어 있어요. 아무리 그래도 그렇지 2년이면 그저 즉위를 한 것뿐 이렇다 할 통치를 제대로 펼치기도 전이긴 합니다. 세부적인 정치적 역학이야 우리가 잘 알지 못합니다. 중요한 것은 신하들의 계획이 성공하여 왕을 제거했다는 겁니다. 북왕국의 경우라면 이 반대세력의 수장이 새로이 왕으로 등극했겠죠. 하지만 유다의 전통은 다르다고 했습니다. 백성들은 오직 '다윗의 혈통'에만 지배정당성을 부여했으니까요. 그러다보니까 아몬이 죽고 신하들 입장에선 당시 8세밖에 안되었던 아몬의 아들 요시야를 왕위에 앉힐 수밖에 없었지요.

오늘의 이야기는 바로 그 요시야가 즉위한지 18년째 되는 해에 일어난 주요한 사건에 대한 것입니다. 이스라엘 역사에 있어 굉장히 중요한 일이 벌어졌습니다. 오늘 제목을 "요시야 왕 열여덟 번째 해에 생긴 일"이라고 적었습니다만, 그러니까 그가 26살이던 때에 있었던 일이지요. 일단 무슨 일이 생겼는지 보겠습니다. 아마 평소 성경공부를 열심히 하셨던 분들은 이 해(기원전 622년)를 요시야의 종교개혁, 혹은 영적 대각성이라고 기억하고 계실 거예요. 정말 개혁에 가까운 종교적인 행위를 단행했던 해지요. 그 해에 요시야가 여호와의 규례를 텍스트로 접하고 신앙을 확고히 다지게 된 계기가 있었어요. 물론 요시야가 이미 선한 마음을 먹었기에 이런 기회가 왔을 겁니다. 그러나 한편으로 정세 면에서도 내실을 기하기 적합했습니다. 앗수르 제국의 세력이 아주 급격하게 쇠하면서, 바벨론이 뜨고 있던 시절입니다. 하지만 아직 본격적으로 침략을 시작하지는 않았기 때문에, 상대적으로 외세를 방어해야 하는 급선무로부터 조금은 여유가 생긴 시점이었지요. 요시야 입장에서는 바로 그 해가 그의 나라를 개혁할 수 있는 좋은 기회로 여겼을지도 몰라요. 이 기회에 여호와의 성전을 새롭게 정화도 하고 재건축을 해야겠다고.

유월절의 정신, 권위 나눔과 소유 나눔

요시야는 성전 수리를 위해 그동안 백성들이 주의 성전에 드렸던 헌금함을 열라고 지시합니다. 그래서 대제사장 힐기야가 헌금함을 뒤집은 거예요. 그런데 그 곳에서 숨겨져 있던 율법책이 나온 겁니다. 그동안 얼마나 설렁설렁 성의 없이 제사를 지내고 성전 운영을 해왔는지를 한 번에 알만한 구절입니다. 여호와의 전에 버젓이 있던 율법책을 이제야 발견하다니요. 마치 무늬만 신자인 크리스천이 성경을 하도 멀리 하며 살다가 이사 가는 날에서야 비로소 집구석에서 성경책을 발견하는 모습과도 같습니다. 심지어 제사장들조차도 그 율법책을 이제야 처음 보게 된 상황이죠. 그래서 그 내용을 읽어보게 된 거예요. 그 책에는 여호와의 규례가 상세하게 적혀 있었어요. 천천히 읽어가다 보니까 그야 말로 기가 막힌 거죠. 그동안 인간-왕의 규례대로 보내왔던 75년의 삶을 이 율법서에 비추어 보니 벼락 맞을 일인 겁니다. 깜짝 놀란 제사장이 요시야 왕에게 이 율법서를 가져갑니다. 요시야 왕은 그 책을 읽고서 옷을 찢었다고 기록되어 있습니다. 회개의 뜻, 참담함을 나타낸 것이지요. 요시야는 왜 옷을 찢었을까요? 역대하 34장 21절 말씀입니다.

너희는 가서 나와 및 이스라엘과 유다의 남은 자들을 위하여 이 발견한 책의 말씀에 대하여 여호와께 물으라 우리 조상들이 여호와의 말씀을 지키지 아니하고 이 책에 기록된 모든 것을 준행하지 아니하였으므로 여호와께서 우리에게 쏟으신 진노가 크도다 하니라(역대하 34:21).

말씀들을 하나하나 조목조목 읽다 보니까 그 동안 우리 조상들이 막연하게만 행해왔던 규례들이 엄청난 악이었다는 것을 알게 된 거죠. 여호와께서는 이러한 악을 행하는 공동체를 저주하실 것이라고, 이 책에 쓰여 있는 겁니다. 복과 저주는 동전의 양면 같은 거였지요. 헤세드를 베푸는 자는 여호와의 복을 받지만 남을 착취하는 자들은 여호와의 진노를 삽니다. 빗대어 보니 그들의 공동체는 완전히 진노의 대상이었던 것이지요. 이에 요시야가 옷을 찢고 괴로워하며 온 백성들을 불러 모아 여호와의 언약의 말씀을 들려주었던 겁니다. 오늘의 만남 서두에서 읽었던 첫 본문은 바로 이 부분을 먼저 읽은 거예요. 요시야는 즉각적으로 회개하며 책에 적힌 여호와의 규례를 선포합니다.

그 내용 중에 정말 중요한 것이 "들어라, 이스라엘아" 하며 시작하는 부분인데요. "들어라"라는 말은 히브리어로 "쉐마"예요. 사람의 선한 행위는, 그리고 나아가 이스라엘 공동체의 안위는, 모두 여호와의 규례를 들음으로부터 나오는 것이지요. 요시야와 백성들은 여호와의 규례대로 살기 위해 가장 중요한 일을 먼저 행하기로 합니다. 그게 무엇이었는지 말씀을 통해 보겠습니다. 역대하 35장 16-18절 말씀입니다.

이와 같이 당일에 여호와를 섬길 일이 다 준비되매 요시야 왕의 명령대로 유월절을 지키며 번제를 여호와의 제단에 드렸으며 그 때에 모인 이스라엘 자손이 유월절을 지키고 이어서 무교절을 칠 일 동안 지켰으니 선지자 사무엘 이후로 이스라엘 가운데서 유월절을 이같이 지키지 못하였고 이스라엘 모든 왕들도 요시야가 제사장들과 레위 사람들과 모인 온 유다와 이스라엘 무리와 예루살렘 주민과 함께 지킨 것처럼은 유월절을 지키지 못하였더라(역대하 35:16-18).

율법서를 조목조목 읽어보고 난 뒤에 요시야가 생각했습니다. 공동체 이스라엘이 여호와의 말씀대로 살기 위해 제일 먼저 시행해야 할 것은 무엇일까? 하나의 운명 공동체로서 그들이 지켜야 한다고 생각했던 것은 바로 '유월절'이었습니다. 유월절은 이집트를 탈출하면서 맨 마지막 재앙 직전에 있었던 사건이었죠. 열 번째 재앙, 장자들이 다 죽기 전에 일어난 사건이었습니다. "이제 곧 너희는 해방될 것"이라는 말씀을 믿고, 짐 다 싸고 믿음을 가지고 어린 양을 잡아서 먹었잖아요. 제가 재밌는 표현을 썼었죠. "많이 먹어둬라, 당분간 고기는 없다." 실컷 먹고 자유와 해방을 향해 나갈 몸과 마음의 준비를 하라는 말씀을 기렸던 유월절, 양의 피를 문설주에 바르고 죽음의 그림자를 넘어(유월) 나아갔던 그날 밤! 여호와께서는 그 날을 의례화 하여 계속 지키라고 하셨다는 거죠.

그걸 이 공동체가 잊고 있었던 거예요. 그래서 요시야가 유월절 의례를 '다시' 크게 시행하기로 결정합니다. 지나치게 의례적인 모습을 보아온 경우가 많아서 우리는 보통 '의례'라고 하면 불필요하거나 번잡스런 호사의식으로 생각하기도 합니다. 하지만, 공동체의 입장에서는 결코 그렇지 않아요. 무엇이든 반복해서 지키지 않으면 잊히기 쉬운 거죠. 결혼기념일은 뭐하러 지키겠어요? 둘이서 함께 공동체를 시작한 그 첫 날을 기억하면서 늘 그 처음 마음으로 다시 살아내기 위해서이죠. 마찬가지입니다. 하나의 공동체로서 자유와 해방, 구원을 맛보았던 그 감격스러운 사건을 반복적으로 기억할 때, 이들은 여호와의 공동체로서 정체성을 유지할 수 있는 겁니다.

그런데 도대체 이스라엘은 얼마나 오랫동안 유월절을 의례로서 지키지 않았던 걸까요? 므낫세의 55년 악행을 기억하니 필시 그때부터가 아닐까, 추측할 수도 있습니다. 하지만 성경 본문은 분명 "사무엘 이후로는 지켜진 적이 없다"고 합니다. 한마디로 말하면 왕정시대부터 온 회중이 모두 모여서 공동체적 규모로 유월절을 지킨 적이 없었다는 것이지요. 세상에나, 놀랄 일입니다. 선한 왕의 대표인 다윗조차 유월절을 공동체적 절기로 지키지 않았다니요. 요시야는 그야말로 공동체의 중요한 역사적 사건을 '책'으로 배운 겁니다. 하여 모든 백성을 모아 제대로 유월절을 지켜보려고 시도합니다.

정말 어마어마한 행사였을 겁니다. 집집마다 양을 잡았다니, 잔치도 그런 성대한 잔치가 없었을 테죠. 온 공동체가 함께했으니까요. 유월절 의례를 위해 수많은 양과 염소가 필요했는데, 문제가 생겼습니다. 양과 염소는 당시로는 꽤나 큰 가치의 재산이었어요. 그런 제물을 모든 백성이 소유하고 있는 것은 아니었습니다. 가난한 사람도 많았거든요. 자, 어떻게 해결해야 할까요? 국가적인 큰 행사를 치르는데 물량이 부족합니다. 세금을 더 거두나요? 보통은 그런 결정들을 하죠. 권력자들의 생각이 늘 그렇습니다. 사실 부유한 이들이 자발적으로 더 많이 내면 얼마나 좋아요? 이 기쁜 절기 행사에 가난한 이들의 몫을 기꺼이 나누겠다고 나서면서요. 그런데 이런 아름다운 나눔이 요시야 시절에는 있었습니다. 역대하 35장 7-8절 말씀입니다.

> 요시야가 그 모인 모든 이를 위하여 백성들에게 자기의 소유 양 떼 중에서 어린 양과 어린 염소 삼만 마리와 수소 삼천 마리를 내어 유월절 제물로 주매 방백들도 즐거이 희생을 드려 백성과 제사장들과 레위 사람들에게 주었고 하나님의 전을 주장하는 자 힐기야와 스가랴와 여히엘은 제사장들에게 양 이천육백 마리와 수소 삼백 마리를 유월절 제물로 주었고 (역대하 35:7-8).

최근 자신의 경영 능력 부족으로 국가세금이 막대하게 들어간 정부주도형 기업을 말아먹고도 사재로 수습하기는커녕 개인자금 모으기에 급급했던 한 회사 대표가 떠오릅니다. 배 위에서 오도 가도 못하고 있는 직원들, 졸지에 직장을 잃은 사원들의 복지는 생각도 않는 모습에 화가 나더군요. 하긴 나라의 위정자들도 별반 다르지 않아 국민적 공분을 샀죠. 근현대사에서 가장 큰 규모의 비폭력 저항

시위였다는, 2016년 12월의 천만 촛불(누적 집계)은 그래서 가능했을 거예요. 하지만 이런 '옳지 못한 일들'이 실은 인류 문명사를 놓고 볼 때 '보통'은 다반사로 일어나는 일이었습니다. 전쟁이 나도, 나라가 기울어도, 경제가 어려워도, 가장 크게 손해를 보고 상처를 입는 사람들은 힘없는 백성이지요. 그러니 참고 살자는 말씀이 아닙니다. 적어도 법치적 민주주의에 근거한 시민 구성원들의 합의로 이끌어지는 오늘날의 사회에서는 숨긴 채 진행되고, 들키면 곧바로 시민적 응징을 당하기 마련이죠.

하지만 요시야 시절은 그렇지 않았어요. 문명적으로 철저한 계급사회였다는 말입니다. 권력자가 더 가지고, 심지어 약탈하는 것이 일종의 '문화적 당연'이던 시절입니다. 그런데 요시야 왕은 기꺼이 자기 소유 중에서 어린 양과 염소 삼만 마리, 수소 삼천 마리를 유월절 제물로 내어 놓습니다. 이 모습에 신하였던 방백들도 자신들이 가진 재물을 즐거이 나누죠. 구약에서 누누이 강조하는 여호와의 규례, 예수께서 신약에서 말씀하신 '하나님 나라의 통치 질서'는 결국 하나라고 말씀드렸죠. 권위 나눔과 소유 나눔! 이 두 원칙이 일상인 곳이 여호와의 공동체입니다. 바로 이 장면이 이스라엘 공동체 안에서 실현된 것입니다. 권력자들이, 부자들이 기꺼이 기쁘게 공동체적 의례를 위해 자신들의 것을 나누었습니다. 한 사람도 '제물'로 드릴 재물이 없음으로 인해 배제된 사람이 없었습니다. 그날은 공동체적인 축제였죠. 여호와께 드리는 제물은 몽땅 다 불사른 것이 아니에요. "번제로 드릴 것은 태우고 유월절의 어린 양은 잡아 너희 형제들을 위하여 준비하라"고 나와 있습니다. 역대하 35장 6절 말씀입니다.

스스로 성결하게 하고 유월절 어린 양을 잡아 너희 형제들을 위하여 준비하되 여호와께서 모세를 통하여 전하신 말씀을 따라 행할지니라(역대하 35:6).

학교 다닐 때 국어 선생님께서 늘 말씀하신 것이 있어요. 국어 공부를 잘하려면 지문을 잘 읽어야 한다, 지문 속에 답이 있다. 성경 묵상도 마찬가지라고 생각해요. 이 본문 안에도 답이 있습니다. 유월절 어린 양은 왜 잡는 것인가요? "너희 형제들을 위해 준비하라"고 말씀하고 계신 거예요. "나를 위해 몽땅 다 태워라." 여호와께서는 이렇게 말씀하고 계시지 않아요. 많은 성물들을 형제들을 위한 만찬으로 사용하라는 말씀하십니다. 제물은 그 크기나 효력에 방점이 있는 것이 아니라 '나누어 먹음'에 강조점이 있다는 겁니다. 그래서 제물을 준비하는 자들은 즐거이 그것을 준비하고 백성들과 기쁘게 나눈 것입니다. 먹는 즐거움이 얼마나 컸을까요?

이에 규례대로 유월절 양을 불에 굽고 그 나머지 성물은 솥과 가마와 냄비에 삶아 모든 백성들에게 속히 분배하고 그 후에 자기와 제사장들을 위하여 준비하니 이는 아론의 자손 제사장들이 번제와 기름을 저녁까지 드리므로 레위 사람들이 자기와 아론의 자손 제사장들을 위하여 준비함이더라 아삽의 자손 노래하는 자들은 다윗과 아삽과 헤만과 왕의 선견자

여두둔이 명령한 대로 자기 처소에 있고 문지기들은 각 문에 있고 그 직무에서 떠날 것이 없었으니 이는 그의 형제 레위 사람들이 그들을 위하여 준비하였음이더라(역대하 35:13-15).

규례대로 태운 후의 남은 성물들은 백성들에게 "속히 분배했다"고 나와 있지요. 저는 이 "속히"가 너무나 감격스러웠습니다. 예전에《난장이가 쏘아올린 작은 공》이라는 소설을 읽을 때였어요. 거기에 보면 작은 하천을 하나 사이에 두고 빈민촌과 중산층 거주지가 마주하고 있는데, 건너편에서 고기를 굽는 날에는 건너편 사는 빈민가 아이들이 냄새라도 맡고자 밖에 나가서 킁킁거리는 장면이 나옵니다. 그걸 보는 어미 맘은 어떨까요? 그야말로 애간장이 녹을 지경일 겁니다. 그동안 예언자들의 입을 통해 예루살렘에 만연한 빈부격차를 살펴보았는데, 고기는 구경도 못하고 지낸 사람들이 태반이었을 겁니다. 그동안 고기 굽는 냄새가 퍼져도 그저 군침만 흘린 뿐, 다들 바라만 보고 있었을 텐데. 어쩌면 유월절 제의를 진행하며 고기가 태워지는 냄새를 맡으면서도 꿀꺽, 입맛을 다시고 기다리고 있었을지도 모르죠. 신성한 제의 의식에 "군침이 돈다"는 저속한 표현을 쓴다고 나무라신다면, 정말 배고파본 경험이 없으시기 때문일 겁니다. 제사장들의 마음이 너무나 갸륵합니다. 이들은 가난한 자들의 배고픔을 너무나 잘 알고 있어요. 그래서 "속히" 분배합니다.

더욱 감격스러운 것은 이렇게 속히 배분한 뒤에 자기와 제사장들을 위해 준비했다고 나와 있습니다. 저는 이것이 '권위 나눔'이라고 생각해요. 우리들이 음식을 나누거나 먹을 때도, 어른이나 높은 사람이 먼저라고 하잖아요. 순서가 있는 거죠. 근데 여기 유월절 축제를 보니 하나님께 가장 먼저 드리고 그 다음으로 우선한 것이 모든 가난하고 배고픈 백성들이었던 것입니다. 제사장들은 그 후에 자기 몫을 먹었다는 거죠. 우리가 그 동안 배우며 보았던 아주 악했던 제사장들은 여호와께 번제물을 드리고 남은 고기들을 자기들이 가져가곤 했지요. 심지어 배불리 먹고도 남는 것은 날고기로 취해서 팔기까지 했다고 했는데, 오늘 본문의 모습은 그런 게 아니잖아요. 제사장들도 얼마나 선한 마음을 품고 있나요. 가난한 백성들에게 먼저 나누어주고, 잘 사는 이들은 그들의 소유물을 기꺼이 나누며 기뻐하는 모습입니다.

예루살렘에 기쁨이 흘러넘치다!

이런 일들이 요시야 시절에 벌어졌습니다. 이것은 어떻게 가능했을까요? 어떻게 온 백성이 한 마음이 되어 기쁨을 나눌 수 있을까요? 요시야 왕이 온 회중 앞에서 '여호와의 법'을 말하고, 그 말을 백성들이 들었기 때문입니다. 요시야가 선포한 율법의 말씀으로 이스라엘 백성들이 희미하게 기억하고 있던 자신들의 정체성을 다시금 깨닫게 된 것입니다. 사실 성경에 보면 요시야 왕 때 이런 일이 있었다고 되어 있지만, 히스기야 왕 시절에도 유월절을 지켰다는 기록이 있습니다. 규모의 크기가 누구의 것이 더 컸나, 이것은 중요하지 않습니다. 선조들을 구원하셨던 그 사건을 공동체가 함께 '기억'하면서, 그 구체적 상징인 음식을 함께 먹는 그 제의 속에 들어 있는 기쁨은 같거든요. 역대하 30장 26절에 나타난 히스기야가 지켰던 유월절의 모습은 이렇게 묘사되어 있습니다.

> 또 유다 왕 히스기야가 수송아지 천 마리와 양 칠천 마리를 회중에게 주었고 방백들은 수송아지 천 마리와 양 만 마리를 회중에게 주었으며 자신들을 성결하게 한 제사장들도 많았더라. 유다 온 회중과 제사장들과 레위 사람들과 이스라엘에서 온 모든 회중과 이스라엘 땅에서 나온 나그네들과 유다에 사는 나그네들이 다 즐거워하였으므로 예루살렘에 큰 기쁨이 있었으니 이스라엘 왕 다윗의 아들 솔로몬 때로부터 이러한 기쁨이 예루살렘에 없었더라(역대하 30:24-26).

글쎄요. 꼼꼼하게 본문을 읽으신다면 사실 관계에 있어서 질문이 하나 생기기는 합니다. 응? 같은 역대기 본문인데 앞에서는 사무엘 이후에 이런 일이 처음이라더니, 여기 또 솔로몬 이후에 이런 기쁨이 없다고? 이렇게 되면 다윗은 유월절을 지켰다는 거야? 앞의 본문에 의하면 히스기야는 유월절을 지킨 것인데, 그럼 누가 이 유월절을 다시 회복한 왕이지? 사실 이 문제는 학문적으로 매우 복잡합니다. 성경의 편집 역사를 공부하는 학자들은 "요시야 왕 18년에 찾은 율법서"의 내용들을 'D 문서'(Deuteronomic Text, 신명기 문서)라고 부릅니다. 그 이전의 율법 내용이 없었다는 것이 아닙니다. 하지만 이스라엘 역사를 되돌아보면 언제 차분하게 앉아서 신학적 사색을 하고 제의 집전에 관련한 절차를 논의할 상황이 있었나요? 물론 시내산에서 여호와의 임재를 체험하며 십계명('원십계명'이라고 부릅니다.)을 받기도 했고, 선조들과 함께 동행하신 여호와의 역사를 구전으로 전하다가 부분적으로 문서화하기도 했었죠. 하지만 주로 역사적인 내용들이었지 세세한 율법이나 제의적인 부분은 아니었습니다. 그래서 제의와 관련된 율법 조항의 많은 부분들이 실은 요시야 왕 시절에 작성된 것이라는 것이죠.

같은 맥락에서 '원사건'으로서의 유월절이야 출애굽 당시에 있었겠지만, 이것을 하나의 공동체적인 절기행사요 의례로 지키기 시작하는 본격적인 때는 아마도 요시야 시절일 것이라는 겁니다. 그럼 히스기야 왕 때의 일은요? 두 가지 가능성이 있습니다. 히스기야는 여호와의 규례를 가까이 하고 선조들의 전통을 소중히 했던 왕입니다. 어쩌면 비록 작은 규모이나 그가 먼저 시도했을 수 있죠. 처음의 비전으로부터 너무나 멀리 와서 여호와의 법도를 벗어난 공동체들에게 해방공동체로서의 이스라엘의 정체성을 심어주기 위해서요. 혹은 요시야 때 본격적으로 진행되었지만, 이 일이 여호와의 법도를 아는 선한 왕들에 의해서 시도된 바 있다고 적고 싶었는지도 모릅니다. 뒤의 본문은 히스기야를 선명하게, 그리고 다윗은 애매하지만 함축적으로 유월절 절기 행사와 연결지으니까요.

하지만 늘 말씀드리듯이, 어느 것이 맞을까라는 질문보다 중요한 것은 유월절 의례를 치르는 방식입니다. 히스기야 시절의 유월절 내용을 보세요. 기뻐한 사람은 고위관료들만이 아닙니다. 백성들은 물론 나그네들조차도 기뻐했다고 되어 있어요. 유다의 나그네뿐만이 아닙니다. 이스라엘에서 온 나그네들도 이 축제에 포함되었습니다. 히스기야의 아버지 아하스 시절에 이스라엘이 망했으니 북쪽에서 유민들이 많이 내려왔을 겁니다. 제대로 챙겨 오지 못해 가난하게 살아가는 사람들이 많았겠죠. 그런데 그들을 포함하여 모든 사람들이 유월절을 기뻐했습니다. 그들은 왜 기뻤을까요? 도대체 여호와의 율법에 의거하여 공동체를 다시 세우려 했던 요시야 왕은 왜 그 첫 실천으로 '유월절 의례'를 실시했을까요?

므낫세 왕에 대한 기록에는 예루살렘의 끝에서 끝까지 무고한 자들의 피가 가득했다고 되어 있었지요. 무고한 자의 피로 가득했던 그 55년, 그 삶을 살아냈던 백성들에게 새로운 삶의 방식을 선포했기 때문일 겁니다. 무고한 자가 희생당하고 그 피가 흐르는 것은 여호와의 법도가 아니다. 예루살렘은 그런 공간이어서는 안 된다. 사실 '예루살렘'이라는 단어는 어원적으로는 "평화의 터전"이라는 의미가 있어요. 그런데 이 평화의 터전이어야 하는 예루살렘이 인간-왕의 규례로 다스려질 때에는 정말 피로 가득했지요. 죽임과 죽음의 터전이었어요. 하지만 이 유월절 의례로 말미암아 그야말로 예루살렘은 '평화와 기쁨의 터전'이 되었죠.

여호와 규례의 핵심이 바로 유월절에 있다는 것을, 요아스와 제사장들 그리고 수많은 방백들은 비로소 알게 된 겁니다. 기꺼이 나누는 모습은 '소유 나눔'이지요. 왕, 제사장, 방백들 모두 기쁘고 즐겁게 나누었다고 했습니다. 나에게 나눌 것이 있다는 것 자체가 기쁨인 것입니다. 그리고 가난한 자들부터 고기를 나눠주는 모습은 '권위 나눔'입니다. 그들의 처지를 헤아림입니다. 더 배고플 것이고 더 절실할 테니까요. 이것이 바로 여호와께서 가장 기뻐하는 공동체의 기본 원리입니다. 왕이 왕 노릇하려 하고, 대제사장이 자신의 몫을 취하려 하는 것이 아니라, 오히려 그들이 종처럼 움직이며 고기를 나누는 모습을 보여줍니다. 정말 기꺼이 섬기는 자의 자세를 가진 지도자들의 마음과 실천이 예루살렘 가운데 충만했던 것이지요. 이것이 바로 희년의 질서가 아닐까요? 부자들, 권위자들, 소유자들이 기쁨을 나누는 해가 '희년Jubilee'이잖아요. 그 해 만큼은 차등이 없었잖아요.

바로 요시야의 유월절 축제에서만큼은 차등이 없는 거예요. 저는 유월절의 진정한 의미가 여기에 있다고 봐요. 그동안 우리는 유월절을 어떤 날로 기억했나요? 여호와로 인해 이스라엘이 자유와 해방을 얻었던 날로만 생각합니다. 물론 맞습니다. 그러나 여기서 이야기하는 자유와 해방은 애굽의 압제로부터 놓여남만을 의미하는 것이 아닙니다. 우리가 새롭게 출발하고 새롭게 만들어갈 새로운 공동체로 향한 자유이기도 해요. 에리히 프롬이라는 학자가 사용한 언어를 가져와서 설명하자면 "~로부터(from)의 자유와 해방"일뿐만이 아니라 "~로 향한(to) 자유와 해방"이기도 한 것이 바로 '유월절 사건'입니다. 압제로부터의 자유가 궁극적으로 향하는 곳은 어디인가요.

바로 권위와 소유를 나누는 '나눔의 공동체'입니다. 요시야라는 이름 자체는 "여호와께서 고쳐주신다"라는 뜻이 있습니다. 이 공동체 전체가 야훼의 규례에 의해 고침을 받았던 사건이 바로 요시야 왕 18년째에 일어난 이스라엘의 회복 사건입니다.

하지만 안타깝게도 이 기쁨은 오래 가지 못했습니다. 곧 이어진 애굽과의 전투에서 요시야가 목숨을 잃었기 때문이기도 합니다. 안타까운 일이죠. 왕들은 당시에 전쟁에서 수장의 역할을 수행해야 했으니까요. 그러나 요시야는 그나마 평화롭게 왕의 무덤에 안장될 수 있었던 거의 마지막 왕이었지요. 그의 후손들은 예루살렘에 흘러넘쳤던 이 기쁨을 유다 백성들과 누리며 사는 선한 왕이 아니었거든요. 이스라엘의 역사를 기록한 사가들의 고백은 그랬습니다. 이 선한 선택, 예루살렘에 권위와 소유를 나누는 기쁨이 그친 까닭에 유다는 결국 망하게 된 것이라고요.

요시야, 그의 이름대로 예루살렘을 살려내었던 왕. 그가 통치하는 나라에서는 여호와도 기쁘시고 방백들도 기쁘고 심지어 모든 백성들과 나그네까지 기뻐했다는 오늘의 메시지는 우리에게 어떤 교훈을 줄까요? 온 예루살렘에 기쁨이 가득했던 것처럼, 우리들 역시 우리가 속한 공동체에 큰 기쁨을 가져오는 삶을 살았으면 좋겠습니다. 그러한 삶을 살아낼 방법은 오직 하나라고 생각해요. 바로 여호와의 규례를 계속해서 듣고, 그 들은 율례를 우리의 삶 속에서 실천하는 신앙입니다. 그러니 우리에게 주어진 이 말씀, 마치 베틀의 경經줄처럼 그렇게 단단하게 우리 삶을 붙드는 이 '경전'을 붙들고 하루하루를 살아내야 하겠습니다. 우리의 삶은 마치 씨줄과 같다고 했지요. 경줄로서의 하나님의 말씀은 언제나 변함이 없지만, 그 말씀만으로 우리 삶은 완성되지 않습니다. 마치 옷감이 날줄만으로는 짜여 지지 않는 것처럼요. 날줄(경줄, 위사) 사이로 부지런히 씨줄을 움직이며 한데 엮여야 비로소 아름다운 옷감이 탄생합니다. 오늘 유월절의 정신을 통해 배운 여호와의 통치 질서, 이 교훈을 경줄로 삼기로 해요. 이 단단하고 불변하는 경줄을 놓치지 않도록, 늘 읽고 듣고 묵상하는 생활을 해야 하겠습니다.

기도

사랑의 하나님, 감사를 드립니다. 주님께서 베푸시는 은혜에 감격하여 살면서 자칫 율법의 말씀을 소홀히 할 때가 많았습니다. 그러나 이번 묵상을 통해, 마치 이스라엘이 잊었던 율법 정신을 다시 배운 것처럼, 저희에게 여호와의 규례의 핵심을 보여주셨습니다. 이웃들에게 권위를 나누고 소유를 나누어라, 그게 먼저다, 그것을 하고 나서 너희가 나에게 기도하고 예배할 때에 너희의 기도를 듣겠다고 말씀하시는 당신의 말씀을 듣습니다. 주여, 저희들로 하여금 여호와의 규례를 귓가에 반복하여 듣고 일상생활에서 실천하고, 그리하여 권위와 소유를 나누는 삶을 살게 하소서. 예수님의 이름으로 기도합니다. 아멘.

기쁘게 권위를 나누고 소유를 나누어 나그네조차 한 공동체로 어울려 즐길 수 있는 유월절 축제 같은 삶이 우리 가운데에도 행하기를 소망합니다.

쉰일곱 번째 만남

여선지자 훌다 이야기

열왕기하 22장, 역대하 34장

지난 시간에는 모처럼 예루살렘 온 지역이 기쁨으로 가득했던, 축제와 같은 이야기를 살펴보았죠. 기쁨의 시절 이야기를 오늘 조금 더 공부해 보려고 해요. 오늘 우리가 만날 인물은 훌다라는 여선지자입니다. 그녀는 요시야 왕의 종교개혁을 도왔던 주요인물 중 한명입니다. 요시야 왕 자체의 신앙심도 훌륭했지만, 그를 도왔던 조력자들이 없었다면 종교개혁은 성공적으로 진행될 수 없었을 거예요. 훌다는 요시야의 종교개혁에 어떤 도움을 주었을까요?

구약성경에서 여선지자라는 명칭으로 불렸던 인물을 두 사람이나 공부했는데, 혹시 기억이 나시나요? 네, 바로 미리암과 드보라였죠. 미리암은 모세의 누이로서 여호와의 해방 사건을 직접 목격하며 찬양과 감사의 시를 부르며 춤을 췄던 여성 리더였죠. 드보라는 여성 사사로서 공동체가 여호와의 규율대로 살아가도록 재판해주는 역할을 했고, 공동체가 위급할 때에는 여호와 전쟁에도 앞장섰던, 그야말론 요즘 아이들 말로 '센 언니'입니다. 그리고 오늘 배울 훌다까지! 구약의 여선지자 트로이카라고나 할까요. 이렇게 세 사람의 여선지자들이 구약성경에서 귀한 역할을 감당한 인물로 평가받습니다.

당시는 가부장제 사회였고, 여자가 공동체 안에서 리더십을 갖는 것이 익숙한 상황도 아니었어요. 여성은 '주체'가 아니었고 아버지나 남편의 소유재산 쯤으로 여기기까지 했지요. 그러나 당시 고대 근동에 팽배했던 가부장적 응시의 시선과 여호와의 시선은 달랐던 거죠. 여호와께서는 인간 문명이 만들어놓은 그 모든 위계와 차별을 넘어서 생명을 똑같이 사랑스럽게, 고유의 재능을 가진 개별 개체로서 바라보시니까요. '여호와의 영'은 여호와를 사모하는 사람에게 '평등하게' 내릴 수 있다는 것을 늘 보여주셨고, 그것은 남자와 여자 사이에도 차별이 없습니다. 이를 미리암, 드보라, 그리고 훌다의 삶을 통해서 증명하신 겁니다.

창조질서 때부터 남자와 여자는 "하나님의 형상"으로 동등하게 창조하여 주셨잖아요. 그러고 보면 기원전 수천 년 전에도 선포되었던 남녀의 성직 수행가능성을 아직까지 '성경'을 근거로 막고 있는 가부장적인 교단을 보면 너무 안타깝습니다. 이제라도 성경의 정신을 제대로 읽어내야 할 텐데요.

율법교사, 훌다

미리암과 드보라의 활약은 우리가 익히 아는 바구요. 자, 구약 시대 여성 리더십의 '트로이카' 중 마지막 인물인 훌다는 도대체 어떤 역할을 했길래, 이렇게 성경에도 기록이 되고 후대에 칭송을 받게 되었을까요? 분량 상으로 길지는 않지만 열왕기 기자도, 역대기 기자도 모두 훌다 이야기를 전하고 있어요. 이를 통해 훌다는 당대에도 후학들에게도 충분히 인지도가 있는 인물이었음을 알 수 있습니다.

훌다는 요시야의 종교개혁 한 중간에 등장하는 인물입니다. 요시야 입장에선 생전 처음 보는 율법책의 내용이 너무 낯선 거예요. 옷을 찢고 후회는 했지만, 이를 제대로 이해하고 행하려고 하니 누군가의 도움이 필요했습니다. 심지어 대제사장마저도 처음 접하는 내용들이었죠. 하여 훌다에게 급하게 왕의 사신들을 파견합니다. 이때 간 사람들이 다섯 사람인데요, 그 명단을 보면 어마어마합니다. 훌다를 찾아간 요시야 왕의 방백들은 대제사장 힐기야, 서기관 사반, 사반의 아들 아히감, 미가의 아들 압돈, 왕의 시종 아사야입니다. 그러니까 요시야 왕은 종교, 행정, 지식 엘리트와 왕의 측근 등 다섯 사람을 급히 훌다에게로 보낸 겁니다.

이쯤 되면 훌다가 더 궁금해집니다. 훌다는 도대체 무엇을 하는 여인이었을까요? 역대하 34장 22절에 나타난 짧은 구절을 먼저 읽어보겠습니다.

이에 힐기야와 왕이 보낸 사람들이 여선지자 훌다에게로 나아가니 그는 하스라의 손자 독핫의 아들로서 예복을 관리하는 살룸의 아내라 예루살렘 둘째 구역에 살았더라 그들이 그에게 이 뜻을 전하매(역대하 34:22).

사실 여기서 '예복'이라 함은 왕들이나 사제들의 의복을 의미해요. 이것을 지으려면 일일이 치수를 재야할 터이고, 일단 고위관리들과 매우 가까이 지낼 수밖에 없는 직업이겠죠. 더구나 이들의 거주지는 "예루살렘 둘째 구역"이라고 되어 있어요. 우리로 치면 서울 근처에 확장된 신도시를 뜻합니다. 일산, 분당, 하남, 구리, 이런 곳쯤 될까요? 히스기야 당시에 예루살렘의 영역을 확장하면서 새로이 세워진 지역을 "예루살렘 둘째 구역"이라고 불렀어요. 대체로 그 쪽에서 살았던 사람들은 성전 운영에 필요한 일을 하는 사람들이었습니다. 아무래도 예루살렘 성전으로의 왕래가 잦았을 테니까요. 혹자는 훌다가 의례용 예복을 짓는 일을 했기 때문에 그 까다로운 규정들을 틀림없이 수행하느라고 율법서의 규정들을 자꾸 반복하여 참고했을 거라고 합니다. 당시에 아내들은 어떤 독립된 역할을 한다기보다는 남편하고 함께 조력해서 일하는 여자니까, 아마 훌다도 남편과 더불어 율법책을 넘겨보면서 살았을 거라는 추측입니다. 실제로 훌다의 남편 '살룸'은 선지자 예레미야의 삼촌으로 나와요. 그렇다면 훌다는 예레미야의 숙모가 되죠. 예레미야는 성직자 가문의 사람이거든요. 그러니까 훌다의 삶 전체가 성전과 관련되어 있고 여호와의 규례와 관련되어 있다는 것입니다.

하지만 그것만으로는 당대 최고의 권력가들과 지식인들이 여호와의 율법 내용을 제대로 파악하기 위하여 훌다에게로 달려간 이유를 설명하기에 부족해 보입니다. 무언가 다른 측면이 더 있었겠지요. 본문을 통해 미루어 볼 수 있는 것은, 지난 75년 동안 모세의 율법책이 헌금함 밑바닥에서 존재감 없이 잊혀버려진 동안, 적어도 살룸과 훌다의 집안에서만큼은 율법의 내용들이 계속해서 묵상되고 있었던 것 같습니다. 구전이었는지 문서 형태였는지는 알 길이 없습니다. 아마 전자일 확률이 더 높습니다. 이스라엘 사람들은 정말 훌륭한 구전전승자들이거든요. 더구나 제의에 관한 것이라면 '틀림없이' 외우기 위하여 온 힘을 다했겠지요. 온 가문이 입에서 입으로 전하고, 또 신앙 안에서 나름의 해석들을 더하며 전해온 구전 율법 전승을 소유한 사람이라고 볼 수 있을 것 같습니다.

'훌다'라는 이름은 우리말로 하면 "두더지"에요. 어릴 적 학교 문방구 앞에서 두더지 잡기 게임을 했던 기억이 있으신가요? 여기저기서 머리가 솟아나오는 두더지. 그때는 그저 얼른 망치로 맞출 생각만 했지 별 궁금증이 일지 않았습니다만, 생각해 보면 이상합니다. 두더지라는 동물은 어떻게 들어간 구멍이 아닌 다른 구멍으로 머리를 내밀 수 있는 걸까요? 실제로 두더지는 땅을 팔 때 한 개의 구멍을 파는 것이 아니라 들고 날 구멍을 많이 파놓는다고 해요. 땅 밑으로는 모든 구멍을 하나로 연결시켜 놓고요. 미약한 존재인 두더지에겐 구멍을 많이 파놓고 아래를 다 통하게 해놓는 방법이 적으로부터 도망가서 살아남을 확률을 높이는 방법인 것이지요. 들어간 구멍으로 나오겠지 싶어 쫓아온 포식자가 그 구멍만 들여다보는 사이에, 아래로 연결된 길을 통해 다른 구멍으로 도망간다는 겁니다. 영어 동사 중에 'configurate'라는 단어가 있습니다. 하나로 꿰뚫는다는 의미입니다. 제 유학 시절에 지도교수님께서 하시던 말씀이 있어요. "두더지처럼 공부해라." 전 처음에 이 의미가 여기저기 나다니지 말고 방에 틀어박혀서 깜깜해질 때까지 공부만 하라는 말씀이라고 생각했어요. 그런데 나중에 두더지의 습성을 알고 나니 그 의미를 알겠더라고요. "두더지처럼 공부하라"는 말씀은 공부의 맥을 꿰뚫으라는 말씀이었던 것입니다.

훌다라는 이름이 '두더지'를 의미한다면, 그것은 그녀가 율법을 아는 지식이 그저 하나하나의 정보가 아닌, 깊이 파고들어서 그것들을 소화하고 하나로 통찰된 꿰뚫음으로 깨달은 내용들이 아닐까 싶어요. "두더지 학습법"이라고 할까요? 제 생각에 훌다는 공부하는 여성이었을 것 같아요. 남편이 옷을 만드는 동안 옆에서 율법의 규정들을 상기하면서 여러 가지 조언을 해주었는지도 모르죠. 그녀는 전해들은 율법의 내용을 매일 매일 묵상했을 거예요. 그리고 그것을 그저 옷 짓는 규정에만 국한시킨 것이 아니라, 주변 아낙들이나 동네 사람들에게 쉽게 설명해주었을 것 같습니다. 정말 깊게 파고 해석하며 얻었던 하나님의 율법의 핵심 내용을 쉽고 재미있게 전하면서, 예루살렘의 백성들 사이에서 그 이름이 유명해진 것은 아닐까 싶습니다. "훌다는 여호와에 대해서 많은 것을 알아." "그녀는 여호와의 전통을 참 재미있고 쉽게 잘 말해 줘." "훌다가 전해주는 여호와의 규례를 듣다보면 우리가 참 이렇게 살면 안 되지 싶어." 예루살렘으로 드나드는 한 문 앞에 서서 이야기하는 훌다의 율법 해석을 듣기 위해 많은 사람들이 몰려들었을 모습을 상상해 봅니다.

너무 많이 나아간 상상력이라고요? 사실 훌다 전승이 성경에는 짧게 나오지만 랍비 전승에서는 비교적 풍부하게 전해집니다. 랍비란 유대 율법을 가르치는 선생이잖아요? 이들의 전승에 따르면 훌다는 율법 교사였어요. 심지어 작은 학교 규모의 학습공동체도 운영했다고 합니다. 그러니까 랍비들은 그녀를 권위 있는 율법해석자요 여호와를 잘 아는 선지자로 평가했던 것이지요.

너희는 망할 거야, 그러나…

그녀가 예루살렘 사람들에게 널리 알려진 것은 어느 정도 근거가 있는 이야기입니다. 그러니 낡은 율법서를 찾아낸 요시야 왕이 잠시도 지체하지 않고 곧바로 "훌다에게 가보라"고 명령했겠지요. 그러니까 훌다는 학자이자 하나님의 말씀을 잘 아는 여선지자였던 거죠. 자, 훌다의 집으로 파견된 다섯 고관들과의 대면, 상상만 해도 재미있습니다. 우리 시대로 따지면 바느질 하는 부인에게 청와대 비서실장, 국회의원, 교계지도자, 법학교수가 다 몰려온 것과 같은 그림입니다. 역대하 34장 23-25절 말씀입니다.

훌다가 그들에게 이르되 이스라엘의 하나님 여호와께서 이같이 말씀하시기를 너희는 너희를 내게 보낸 사람에게 말하라 하시니라 여호와께서 이같이 말씀하시기를 내가 이곳과 그 주민에게 재앙을 내리되 곧 유다 왕 앞에서 읽은 책에 기록된 모든 저주대로 하리니 이는 이 백성들이 나를 버리고 다른 신들에게 분향하며 그의 손의 모든 행위로 나의 노여움을 샀음이라 그러므로 나의 노여움을 이곳에 쏟으매 꺼지지 아니하리라 하라 하셨느니라(역대하 34:23-25).

"아멘"으로 받기에 힘든, 살벌한 말씀이지요. "이제 왔어? 이미 늦었어, 너희가 75년 동안 행한 악을 기억해 봐. 율법책에 적힌 여호와의 진노가 두렵지? 그 말씀대로 될 거야." 이렇게 말하고 있는 거잖아요. 훌다는 이 말을 전할 때 어떤 자세였을까요? 자기 집안에 한 번 들리기도 힘든 사람들이 다섯이나 몰려왔는데, 새파랗게 질려 굽신거렸을까요? 허겁지겁 뛰어나와 감격스럽게 맞이했을까요? 세상적으로 높은 사람들 앞이라면 여호와의 말씀을 전한다고 해도, 조금 말을 유하고 공손하게 할 수 있잖아요. 그러나 훌다는 딱 할 말만, 그것도 어마어마하게 무서운 예언을 있는 그대로 전합니다. 저런 말을 했다면 필시 저자세는 아니었을 거예요. 함께 〈성경 사랑방〉을 진행했던 지헌 형제님은 재미있는 상상을 하더군요. 연기까지 곁들여서요. 아마 바느질을 하면서 아주 여유로운 그러나 준엄한 얼굴로 그저 힐끗 쳐다본 뒤에, 곧 다시 바느질을 계속하면서 천천히 또박또박 저 예언을 했을 것 같다구요. 너희 조상들이 그동안 저지른 행악을 기억해봐라. 인간-왕의 규례들이 하나의 습속이 되어버렸는데,

어찌 돌이키겠느냐. 너무 늦었구나.

이스라엘 공동체가 망하는 것이 곧 여호와의 비전이 망하는 것은 아니라고 말씀드린 적이 있지요. 오히려 어떤 면에서는 '나라'라는 정치체의 망함이 '공동체'로서는 더욱 회개하고 돌이킬 수 있는 계기가 되는 것 같습니다. 이를 통해 다시 회복될 수 있으니까요. 훌다에게도 그러한 비전이 있었으니까 이렇게 당당하게 말할 수 있었겠죠. 하지만 요시야 입장에서는 서러웠을 겁니다. 힝, 이제 알았으니까 고칠 건데. 여호와의 성전도 다시 보수하고 여호와의 율례도 다시 선포하며 착하게, 올바르게 살아갈 건데. 그런데도 늦었다구요? 돌이킬 수는 없는 건가요? 우리에게 '재건의 기회'가 없나요? 사실 "요시야"라는 이름의 의미가 "여호와께서 고치신다"라는 뜻이거든요. 요시야는 그야말로 이름값을 톡톡히 하며 재건의 작업을 시작하고 있는 건데 말이죠.

하지만 이 예언을 전하는 훌다의 심정이 어떠했을까를 묵상하면서 같은 본문을 다시 읽어보니, 살벌한 듯 들리는 저 예언은 깊은 신앙을 담고 있다는 생각이 들더군요. 훌다는 저 메시지를 요시야에게 전하고 있는 겁니다. "너희를 내게 보낸 사람에게 말하라." 누구겠어요? 요시야이죠. "요시야야, 걱정 말아라. 행악한 세월이 너무 길다. 너 혼자만의 애씀으로 해결될 일이 아니다. 하여 유다는 망하겠지만 그것이 여호와께서 망하시는 것도 아니요, 그가 이 백성을 향해 계획하신 비전이 그치는 것도 아니란다. 망한 뒤에 처음의 자리로 돌아가 여호와의 규례를 마음에 새기고 행동에 새길 때에, 결국 여호와의 규례대로 살아갈 공동체로 회복될 거야. 그 날이 올 거야." 실은 이런 비전이 있었기에 기껏 선한 일을 해보려는 왕에게 주저 없이 당당하게 "전하라"고 얘기했던 것이 아닐까요.

요시야 왕의 입장에선 옷을 찢을 만도 하지요. 그들이 발견한 텍스트가 그렇게 말하고 훌다의 예언 또한 유다를 향한 심판의 메시지를 말하니까요. 그러나 훌다는 동시에 요시야 왕을 향한 위로의 말씀도 전합니다. 역대하 34장 27-28절 말씀입니다.

> 내가 이곳과 그 주민을 가리켜 말한 것을 네가 듣고 마음이 연약하여 하나님 앞 곧 내 앞에서 겸손하여 옷을 찢고 통곡하였으므로 나도 네 말을 들었노라 여호와가 말하였느니라 그러므로 내가 네게 너의 조상들에게 돌아가서 평안히 묘실로 들어가게 하리니 내가 이 곳과 그 주민에게 내리는 모든 재앙을 네가 눈으로 보지 못하리라 하셨느니라 이에 사신들이 왕에게 복명하니라(역대하 34:27-28).

글쎄요. 너무나 사랑하는 유다가 망하게 생겼는데, "너만은 평안히 묘실로 들어간다"는 예언에 요시야는 기뻤을까요? 이것이 과연 헤세드였을지. 온 회중이 기뻐하는 도시를 만들려는 왕의 입장에선, 자신이 최선을 다해 노력함에도 불구하고 이 공동체가 망한다는 것은 가슴 아픈 일이니까요. '모든 재앙을 돌이킬 수 없는 것은 자명하지만 네 시절에는 일어나지 않을 것'이라는 여호와의 말씀에 마냥 행복할 수만은 없었을 거예요. 물론 눈앞에서 예루살렘의 멸망을 지켜보는 것은 훨씬 더 가슴 아플 일이 분명하죠. 그렇다면 이를 '상대적 평안'이라고 해야 할까요? 적어도 요시야가 사는 동안에 예루살렘의 멸망을 눈으로 보진 않을 테니까요. 이를 덜 괴로운 상황이라고 말해야 할지.

하지만 저는 요시야가 훌다 만큼이나 깊은 신앙을 가지고 있었다고 믿어요. 결국에는 회복시키실 여호와 신앙을 가지고 꿋꿋하게 자신이 지금 해야 할 몫의 삶을 살아내었죠. 요시야가 애굽과의 전쟁에서 전사했다고 말씀드렸죠. 결국 그는 예언대로 왕의 묘실에 묻히게 되죠. 마지막 죽음의 순간에 요시야 왕은 무슨 생각을 했을까요? 개인적 죽음에 대한 안타까움은 아니었을 겁니다. 아직 온전히 회복되지 못한 여호와 신앙이 안타까웠을 지도 모르죠. 자기가 없다면 더욱 더딜 텐데. 혹은 아예 다시 '인간-왕의 규례'로 돌아갈 지도 모르는데. 이 모든 불안함에도 불구하고 그는 절망감을 안고 죽지는 않았을 겁니다. 저는, 그렇게 확신해요. 결국은 이스라엘을 고치시고 회복시키실 신앙이 요시야의 마음을 가득 채우고 있었을 테니까요.

규례대로 일상을 사는 위대함

훌다도 그랬을 거예요. 내가 아무리 애써도 결국은 망하고 끌려가고 울며 후회하는 반성의 시간들을 거칠 것을 '미리' 안다면, 무엇하러 여호와의 도를 그렇게 절실하고 열심을 내어 전하나요? 율법교사로 인정받을 만큼 최선을 다해서 말입니다. 그녀는 곧 망할 공동체를 향해 무슨 생각을 했길래, 여전히 자신의 자리에서 자기가 할 수 있는 일을 묵묵히, 그리고 최선을 다해 수행했을까요? 훌다가 열심히 율법을 전한지 어찌 아느냐구요? 훌다는 예루살렘에 묻힌 유일한 평민이요 여성이거든요. 유대인들은 정결 의례가 있잖아요. 그래서 성전 근처에는 무덤을 두지 않아요. 유일하게 두고 있는 게 다윗 왕가 열조의 무덤입니다. 그런데 그 무덤과 더불어 유일하게 허락된 것이 바로 훌다의 무덤이에요. 당시 백성들에게 큰 사랑을 받았기 때문이 아닐까요? 다시 듣기 시작한 여호와의 법을 깊이 해석하고 알기 쉽게 전달해준 고마운 사람이기에 가능했던 것이 아닐까요? 예루살렘으로 들어가는 성전 5개 문 중에서 2개가 "훌다의 문"으로 불리고 있대요. 그 이름이 지금 우리가 배운 이 훌다와 직접적으로 연관이 있는지에 대해서 전공자들은 갑론을박하지만, 신앙 묵상자로서의 우리는 이스라엘 후손들의 훌다 사랑을 깨달은 것만으로도 충분하지 싶습니다.

훌다는 고관대작은 아니었어요. 여선지자라 불렸지만 그렇다고 우아한 옷자락을 휘날리며 사람들 앞에서 자신을 높이지도 않았죠. 그저 자신의 일터에서 자신이 맡은 역할에 충실했던 평범한 서민이었어요. 왕과 사제들의 예복을 짓긴 했지만 바느질하는 여자잖아요. 구전 율법들을 암송하고 해석했다면 탁월한 두뇌를 가졌을 텐데, 그런 자신을 알아봐 주지 않는다고 비관하거나 실망하지 않았습니다. 그저 자기 자리에서 할 수 있는 묵상을 성실히 수행하며 이를 그치지 않았습니다. 필시 소망을 가지고 이 일을 수행했을 거예요. 유다는 곧 망하지만 이들이 낯선 이국땅에서 통회하고 돌이켜 여호와께로 다시 돌아오려면 율법을 알고 있어야하지 않겠는가! 그 소명을 가지고 훌다는 자기에게 주어진 소명을 성실하게 감당했습니다. 이를 위해 매일 율법 묵상하기를 그치지 않았을 거예요.

그녀는 '자리'보다는 '깊이'를 추구했던 신앙인이었죠. 내가 어느 '자리'를 차지하는 것은 중요치 않아. 여호와의 말씀이 내 안에 깊고 가득한 것이 더 중요하지. 그렇게 생각했기에 정말 두더지처럼 여호와의 율례를 깊이 파는 일에 몰두했던 거죠. 하루도 거르지 않고 여호와의 율법을 묵상하고 해석하고 가르치던 훌다. 결국 시대가 급할 때, 공동체의 위기 상황에서, 여호와의 말씀을 다시 붙잡아야 할 때가 오자 대제사장이며, 왕의 시종이며, 서기관이 모두 그녀에게 달려갑니다. 자기 존재의 중심을 여호와로 가득 채운 사람은 공동체의 위기 상황에서 구심점의 역할을 할 수 있습니다.

우리들도 그런 꿈을 꾸었으면 좋겠어요. 꿈을 물어 보면 요즘엔 초등학생들조차 공무원 혹은 정규직이라는 대답을 합니다. 그건 '자리'이지 '꿈'이 아니에요. 우리 어른들이 먼저 자리를 향해 달리는 모습을 보고 아이들도 배운 것이겠죠. 꿈은 '높은 자리'에 오르는 것이 아닙니다. 적어도 신앙인이라면, 아니어야 합니다. 깊고 넓게 그 지평을 확장하며 펼치는 꿈을 꾸어야지요. 우리 꿈이 저마다의 자리에서 여호와를 드러내는 것이길 바랍니다. 배우로서, 가수로서, 학자로서, 우리가 처한 자리에서 굳건히, 담담히, 그리고 열심히 여호와를 드러내는 삶을 살기를 바랍니다. 여호와의 도를 아낙들에게는 재밌고 감칠맛 나게, 장로들에게는 권위 있게, 서기관들에게는 깊이 있게 전했던 훌다. 그건 여호와의 율법을 깊이 이해한 까닭이겠지요. 매일 묵상했기 때문이겠지요. 우리도 이럴 수 있었으면 좋겠습니다. 목회자가 아니어도, 종교지도자가 아니어도, 신학박사가 아니어도 할 수 있습니다. 성령 안에서 매일 두더지처럼 깊은 묵상을 그치지 않으면요.

이 꿈을 우리도 꾸고, 우리 아이들도 꿀 수 있기를 바랍니다. 그렇게 된다면 바느질을 하며 사는 소박한 삶이라도, 사람들이 찾아오지 않을까요? 훌다처럼 높이는 신경 쓰지 말고 여호와를 아는 지식을 더 깊고 넓게 하는 일을 꿈꾸었으면 합니다. 때문에 오늘 내 자리는 크게 신경 쓰지 않는 신앙인이 되었으면 좋겠습니다.

기도

사랑의 하나님, 오늘은 여선지자 훌다에 대해서 공부해 보았습니다. 여호와의 규례를 아는 사람으로서, 악한 시절을 너무나 오래 지켜보며 얼마나 가슴이 답답하고 애통했을까요. 그러나 여호와의 규례를 잊은 자들이 판을 치는 세상에서도, 그저 묵묵히, 그 시절이 지나고 젊은 세대가 달려올 수 있을 만큼 당신의 규례를 아는 지식의 깊이를 더해갔던 그녀를 기억합니다. 주여, 시절이 어수선하여도 저희는 일상을 지켜내며 묵묵히, 그러나 치열하게 당신의 말씀을 묵상하고 깊이 새기며 그 앎을 더해가는 귀한 신앙인으로 살아가게 하여 주시옵소서. 정치든 경제든, 인간이 만든 어떤 특정한 제도가 잠시 망해도, 여호와를 붙잡는 공동체는 결국에는 다시 여호와 안에서 산다는 믿음으로, 말씀을 붙잡는 삶을 살게 하소서. 예수님의 이름으로 기도합니다. 아멘.

하나님 나라에서도 세상에서도, 자리보다는 깊이와 지평을 꿈꾸며, 여호와의 규례에 따라 내 몫을 충실히 행하는 훌다 같은 삶을 살아냅시다.

쉰 여덟 번째 만남

"눈물의 선지자" 예레미야 이야기

예레미야 1-32장

오늘은 좀 슬픈 내용입니다. 지난 시간을 기억하신다면 예상하셨을 거예요. 비록 쿨~하게 바느질하며 말했다지만, 훌다의 메시지는 준엄했죠. "이미 늦었다"는 예언이었잖아요. 므낫세의 55년 악한 통치로 인해서 예루살렘이 온통 무고한 자들의 피로 가득했었으니까요. 그 죄악의 대가로 너희는 망할 거다. 그러니 이 시절에 여호와로부터 말씀을 맡는 선지자가 있다면 그의 몫은 그야말로 '슬픔'이겠죠. 그래서인가 봐요. 예레미야의 별칭이 "눈물의 선지자"인 것 말입니다.

눈물, 눈물, 눈물, 태어난 날을 저주하다

예레미야는 요시야 왕 때 예언을 시작했는데요, 요시야는 종교개혁을 통해서 이스라엘을 다시 한 번 여호와 앞으로 이끌었던 선한 왕으로 기억되고 있죠. 가끔, 예레미야가 있는데 요시야는 왜 훌다에게 사람들을 보냈냐고 묻는 분들이 있어요. 글쎄요. 제가 확언할 수 있는 부분은 아닙니다만, 예레미야와 훌다의 나이를 비교하면 답이 될 것도 같습니다. 훌다는 예레미야의 숙모죠. 예레미야가 비록 요시야 왕 시절에 비전을 받았다 하지만, 그 이후 5년이 되었을 때 요시야의 종교개혁이 진행되었습니다. 하지만 훌다가 여선지자로서 활동한 시기는 그보다 적어도 한 세대 이전부터였을 거예요. 그렇다면 인지도나 연륜에 있어서 훌다를 먼저 찾는 것은 당연했을 것 같습니다. 지인의 질문이 생각나서 잠시 곁길로 갔습니다만, 오늘의 주인공은 예레미야입니다. 그가 예언자로서의 소명을 받던 시기를 볼까요?

> 베냐민 땅 아나돗의 제사장들 중 힐기야의 아들 예레미야의 말이라 아몬의 아들 유다 왕 요시야가 다스린 지 십삼 년에 여호와의 말씀이 예레미야에게 임하였고 요시야의 아들 유다의 왕 여호야김 시대부터 요시야의 아들 유다의 왕 시드기야의 십일년 말까지 곧 오월에 예루살렘이 사로잡혀 가기까지 임하니라(예레미야 1:1-3).

네 줄밖에 안 되는데 너무 많은 이름들이 나오죠? 집중이 잘 안 될 것 같습니다. 왕들의 이야기는 다음 시간에 구체적으로 살펴볼 것이지만, 그래도 한 가지는 말씀드릴게요. 시드기야가 바로 유다의 마지막 왕입니다. 요시야 왕 이후 20여 년 동안에 무려 네 명의 왕들이 교체된 것을 보니 세세하게는 몰라도 격변기였음을 충분히 예상하실 겁니다. 바로 이런 시기에 예언을 맡아서 전했던 예언자가 예레미야입니다. 하필 유다가 딱 망하는 시점에서 여호와의 말씀을 맡아 전해야했다니, 생각만 해도 짠해집니다.

사실 예루살렘이 망한다고 자국의 수도 이름을 콕 집어서 예언했던 첫 사람은 미가였어요. 저는 가끔 생각해봅니다. 미가는 예레미야보다 한 세기 전 사람이니 예루살렘의 멸망을 일찍 예언한 셈이죠. 똑같은 예언인데, 공동체가 전혀 위기감을 못 느낄 때 전하는 것이랑, 예레미야처럼 체감되는 위협 한 가운데에 살아가면서 전하는 거랑 어느 것이 더 슬플까요? 제가 가르치는 대학부 학생들에게 물어보니, 예레미야의 경우가 더 가슴 아팠을 거라는 대답이 많더군요. 말한 대로 이루어지는 것을 보는 것은 참으로 고통스러웠을 거라고요. 이 예레미야가 바로 그 몫을 맡은 겁니다. 예레미야도 미가와 같이 예루살렘의 멸망을 예언했어요. 하지만 8세기 예언자였던 미가가 예루살렘의 멸망을 목전에서 보지 못한 반면, 예레미야는 사랑하는 공동체가 끔찍하게 파멸되는 현장을 보면서 자신의 예언이 실천되는 것을 목격했죠. 나라가 망하는 한가운데에서 애곡하는 백성들과 함께 망국의 고통을 짊어지고 갔어야 했던 선지자거든요.

더군다나 예레미야는 개인적인 성품도 예민했던 사람이었어요. 시인의 감수성을 가졌나 봐요. 예레미야서 군데군데 그의 슬픔이 절절히 담겨 있습니다. 그 부분만 모아서 가져와 보았어요.

> 슬프고 아프다 내 마음속이 아프고 내 마음이 답답하여 잠잠할 수 없으니 이는 나의 심령이 나팔 소리와 전쟁의 경보를 들음이로다(예레미야 4:29).
>
> 슬프다 나의 근심이여 어떻게 위로를 받을 수 있을까 내 마음이 병들었도다(예레미야 8:18).
>
> 어찌하면 내 머리는 물이 되고 내 눈은 눈물 근원이 될꼬 죽임을 당한 딸 내 백성을 위하여 주야로 울리로다(예레미야 9:1).

정말 시적인 표현이지요. "머리가 물이 되고, 눈이 눈물의 근원"이 되었다니요. 마치 녹아들어가듯이 고통스럽고 눈이 마를 날이 없이 울고 있는 예레미야를 가까이서 보는 듯합니다. 그 애통함이 참으로 절절하죠. 그런데, 이 구절들을 읽다 보면 일인칭 주어 '나'가 어떤 때는 예레미야이고 어떤 때는 여호와이신 것을 발견하게 됩니다. 또 어떤 때는 백성의 애곡으로도 나오고, 계속해서 주체가 바뀌어요. 그래서 아주 주의 깊게 읽지 않으면 대체 누가 슬퍼하는 건지 헷갈릴 만한 구절들이 많죠. 물론 꼼꼼히 차근차근 읽어보면 구별이 가능합니다만, 사실 큰 상관은 없다고 봅니다. 왜냐하면, 결국 망하는 공동체에 대한 애곡이니까요. 요즘 아이들이 잘 쓰는 말 중에 "기승전-망"이런 표현이 있어요. 어떤 일이 시작되어서 불이 일어나듯 승승장구 전개가 되면 결국 영광스런 성취를 기대하게 되죠. 그런데 그 기대치가 최고조에 달했을 때 급작스럽게 원인 모르게 하강하는, 쭉 가다가 절벽에 부딪히는 그런 느낌을 표현한 말이에요. 요즘 10-20대의 절망감을 표현한 시대적 용어입니다만, 정말 이스라엘이야말로 그런 상황이 되어버렸습니다. 여호와께서 선택하여 건지시고(기), 가나안 땅에 정착하여 대안적 공동체요 세상을 향하여 제사장된 공동체로 살 터전을 만들어주셨으며(승), 율법과 선지자를 통해 여호와의 도를 가르치시며 그 도를 공동체 안에서 체현하기를 기다리셨는데(전), 결과는 '망'입니다. 여호와도 애통해하시고, 예레미야도 애통하고, 백성들도 애통할 일이 맞지요. 주어가 누구냐에 신경 쓰기보다는 이만큼 슬프다는 강조에 주목해야 할 거예요.

오죽하면 예레미야는 자기가 태어난 날을 저주하기까지 해요. 그 부분을 보겠습니다. 예레미야 15장 10절 말씀입니다.

> 내게 재앙이로다 나의 어머니여 어머니께서 나를 온 세계에 다투는 자와 싸우는 자를 만날 자로 낳으셨도다 내가 꾸어 주지도 아니하였고 사람이 내게 꾸이지도 아니하였건마는 다 나를 저주하는도다(예레미야 15:10).

내가 특별히 남한테 해를 끼친 적도 없고, 채무를 감당해야할 사람도 아니고, 살아가면서 개인적으로 잘못한 것이 없음에도 불구하고, 내가 만나는 사람들은 모두 자신을 저주한다는 겁니다. 왜요? 듣기 싫은 소리만 하니까요. 그래도 이전까지의 예언자들은 엄하게 이야기는 했지만, 끝에 가서는 반전이 있었죠. "하지만, 너희가 돌이키면~" 이런 식으로 가능성과 선택지를 주었거든요. 미가도 그랬잖아요. 제가 가장 좋아하는 6장 8절 말씀이 8세기 문서 예언자들이 전한 말씀의 요약본이라고 했죠. 이미 여호와께서 보이신 도를 따라 선을 행하고 사랑하는 마음을 가지며 겸손하다면 주께서 돌보시고 구하신다는 희망을 주었습니다. 그런데 예레미야의 예언들을 보면 모든 것이 너무나 절망적입니다. 아무것도 하지 마라, 어차피 망하는 거야, 너희에게는 "망"밖에 없어. 지금 바벨론이 강하게 오고 있는데 굳이 애쓰지 마. 어차피 너희는 거기로 끌려갈 거니까 그냥 바벨론이 시키는 대로 해. 이런 예언을 '맡아' 전하게 되었던 겁니다.

그런데 이런 예레미야의 메시지는 동족에게 매우 격렬한 저항을 초래했습니다. 자칫 잘못하면 매국노처럼 보일 수도 있잖아요. 만약 누군가가 구한말이나 일제강점기에 민족운동을 도모하는 사람들을 향해 "그냥 일본이 우리를 다스리는 것을 받아들여."라고 말했다고 생각해 보세요. 만약 예레미야가 일제강점기 한국 땅에서 저렇게 외쳤다면 제일 먼저 윤봉길 의사의 도시락 폭탄을 맞았을 지도 모를 일입니다. 예레미야의 예언은 마치 '친바벨론'을 하란 말처럼 들렸을 겁니다. 물론 오해죠. 그러나 "이집트에도 붙지 말고 앗수르에도 붙지 말라. 오직 여호와만 의지해라." 이런 예언만 들어봤던 유다 백성들 입장에서는 그야말로 매국노라고 생각했을 거예요. "뭐라고? 바벨론에 저항하지 말고 받아들이라고? 저런 매국노를 보았나!" 결국 예레미야는 감옥에 갇히기도 하고 백성들에 의해서 진흙구덩이에 파묻히기도 했어요. 심지어 바벨론 왕조차 오해를 했죠. 바벨론 왕 입장에서 볼 때는 "어? 저 예언자는 우리 편?" 이렇게 생각할 만 했습니다. "그냥 저항하지 말고 당해" 이런 메시지를 동족 유다 백성을 향해 전하니 같은 편 같잖아요? 하여 나중에 예루살렘을 침공해서 들어올 때 바벨론 왕은 예레미야에게 자유를 줘요. 감옥에서 풀어주고 마음대로 하도록 해주죠. 여기 남아 있을지 바벨론으로 갈지 선택권을 준 겁니다. 그러니까 적국의 왕마저 오해를 할 정도로 예레미야의 예언은 유다에게 가혹했습니다. "지금 할 수 있는 일이라곤 철저하게 망하는 것 밖에 없어." 이것이 예레미야 예언의 핵심이었습니다.

유다를 '일단' 버리시기로 하신 까닭

이쯤 되면, 좀 너무하다는 생각도 듭니다. 아무리 소망이 없어도 그렇지 어찌 "아무 것도 하지 마, 그냥 망해"라는 예언을 할 수 있나요? 하지만 당시 유다가 어떤 모습이었는지를 안다면 "그럴 만도 하다."고 결론내릴 수밖에 없습니다. 예레미야 5장 1-2절 말씀을 읽어볼까요?

> 너희는 예루살렘 거리로 빨리 다니며 그 넓은 거리에서 찾아보고 알라 너희가 만일 정의를 행하며 진리를 구하는 자를 한 사람이라도 찾으면 내가 이 성읍을 용서하리라 그들이 여호와께서 살아 계심을 두고 맹세할지라도 실상은 거짓 맹세니라(예레미야 5:1-2).

바로 이것이 하나님께서 유다를 '일단은' 버리시기로 한 가장 큰 이유에요. 소돔과 고모라가 망할 때요, 아브라함이 하나님께 계속해서 부탁했었잖아요. "의인 50명을 인하여도 버리시겠나이까?" "의인 10명을 인하여도 버리시겠나이까?" 아브라함이 간구할 때에 마지막까지 양보 하시고 양보하시고 또 양보한 숫자가 10명이었거든요. 그럼에도 결국 그 의인 10명이 없어서 소돔은 망했죠. 그런데 본문을 보면 마지막까지 양보하신 게 몇 명인가요? 한 명이에요. "정의를 행하며 진리를 구하는 자"가 한 사람이라도 있으면 그로 인하여 예루살렘을 살려주신다는 겁니다. 에이, 설마요. 이스라엘에 한 사람의 의인도 없었을까요? 일단 예레미야가 있잖아요. 예루살렘 2구역에 사는 훌다도 있고. 벌써 둘인데요? 그렇다면 이 표현은 하나님의 과장법일까요?

저는 "예루살렘 넓은 거리"라는 공간에 대한 묵상을 해보았어요. 여호와께서 예레미야에게 가 보라고 말씀하신 곳은 유다의 수도 예루살렘, 그 중에서는 사람들이 많이 드나드는 넓은 거리 한복판입니다. 설마 예루살렘 구석구석 제 자리에서 율법을 지키면서 자기 일을 하는 사람이 어찌 한 사람도 없겠습니까? 하지만 지금 저 넓은 거리에서 자기를 드러내고 싶어 돌아다니는 사람들을 살펴보라는 말씀이 아닐까요? 잘난 사람들, 부든 권력이든 "뭐 꽤나" 하는 사람들이 더 높아지고자 더 얻고자 더 빼앗으려 분주히 다니는 것을 보라는 말씀일 겁니다. 우리나라로 치면 명동이나 청담동, 여의도 같은 거리일까요? 아, 나 거기 자주 지나다니는데, 하며 속상해하실 필요는 없습니다. 부나 명예, 권력을 얻기 위해 예루살렘 거리를 돌아다니는 사람들 중에는 정의로운 사람이 한 사람도 없다는 것이 핵심 메시지이니까요.

더구나 가증스러운 것은, 이들이 여호와의 도를 안다고 말하면서 돌아다닌다는 겁니다. 입만 떠벌리는 사람들 중에 내가 보기에 정말 한 사람이라도 정의를 행하고 진리를 구하는 자를 찾는다면 내가 용서하겠다. 그 말씀이신 거죠. 정치, 경제, 종교, 교육 어느 분야이든 예루살렘의 넓은 거리를 누빌만한 '자리'를 차지한 사람들 중에서 정의를 행하는 자가 한명이라도 있느냐, 여호와의 진리를 아는 자가 한명이라도 있느냐? 그럼 좋다 내가 그 한 명을 위해서라도 이 성읍을 그대로 두겠다. 이렇게까지 말씀하실 정도면 그야말로 총체적인 부패죠. 아무리 생각해도 수천 년 전 예루살렘 거리를 두고 하시는 말씀만은 아닌 것 같습니다. 늘 우리에게도 적용될 말씀이라고 생각했는데, 대한민국의 2016년 겨울은 그야말로 정치, 경제, 교육, 사회 영역에서 원칙도 정의도 없이 자행된 악행들이 다 드러났지요. 똑똑하고 많이 배운 사람들이 국민 앞에서 명명백백 시비를 가리는 청문회나 국정조사장에서 제일 많이 하는 말이 "기억이 나지 않습니다." "저는 모르는 일입니다"였죠. 세월호 참사 현장에 달려가 민간잠수사로서 아이들을 부모님께 건네기 위해 무리해가며 잠수를 했던 고 김관홍 잠수사는 세월호 특별조사위원회 참고인으로 섰을 때 그런 말을 했습니다. 자신은 다 기억이 나는데, 그 감촉과 그 표정과 그 슬픔이 너무나 생생한데, 어떻게 책임을 맡은 사람들이고 지도자들인 당신들은 기억이 나지를 않느냐고요. "다시는 국가 재난에 국민을 부르지 마십시오." 그는 결국 울화를 견디지 못하고 세상을 떠났습니다. 여호와 하나님의 준엄한 꾸짖음이 어찌 예루살렘 지도자들만을 향해 있을까요?

> 내가 지도자들에게 가서 그들에게 말하리라 그들은 여호와의 길, 자기 하나님의 법을 안다 하였더니 그들도 일제히 멍에를 꺾고 결박을 끊은지라 그러므로 수풀에서 나오는 사자가 그들을 죽이며 사막의 이리가 그들을 멸하며 표범이 성읍들을 엿본즉 그리로 나오는 자마다 찢기리니 이는 그들의 허물이 많고 반역이 심함이니이다(예레미야 5:5-6).

사실 대놓고 악한 행동을 하는 사람들보다 더 참기 어려운 사람들이 위선자죠. 마치 의인인양 선한 사람인양 연기하지만 뒤로는 악을 도모하는 사람들 말입니다. 차라리 솔직하기나 하면 덜 역겹죠. 나? 여호와의 율례 '따위'는 몰라. 그런 것을 지키면서 언제 출세 해? 언제 돈을 벌어? 언제 높아져? 너희들도 억울하면 권력을 가져! 만약 이러면서 뺏고 누르고 죽인다면(물론 그것이 용납되는 것은 아니지만) 적어도 대놓고 싸움이라도 걸어볼 수 있을 겁니다. 하지만 예루살렘 거리를 누비는 지도자들은 스스로 "여호와의 길"을 안다 하고 "하나님의 법"을 지킨다고 떠벌입니다. 허물과 반역이 가득한 상황에서도 말입니다. 이런 것이 '신성모독' 아닐까요? 그러고 보면 이들은 여호와께서 살아계심을 믿지 않는 자들입니다. 행여 CCTV는 사각지대가 있어서 교묘하게 계산하면 들키지 않을는지 모르지만, 무소부재 전지전능하신 여호와께는 사각지대가 없지 않나요. 자기들이 행한 일을 여호와께서 뻔히 아시는데, 어찌 "여호와의 길" "하나님의 법" 운운하면서 몰래몰래 악을 도모하고 실천한다는 말입니까. 이런 지도자들로 가득한 예루살렘의 넓은 거리에 어찌 미래가 있고 소망이 있겠습니까?

그렇다면 당시 예루살렘 안에 사는 백성들은 조금 나았을까요? 적어도 지도자들이 그릇된 길로 가고 있음을 깨닫고 '카할'(회중)로서 바른 소리, 집단행동을 한다면 그나마 소망스러울 텐데요. 하지만 예레미야 5장 12-13절 말씀을 보니, 거기에도 소망이 없습니다.

> 그들이 여호와를 인정하지 아니하며 말하기를 여호와께서는 계시지 아니하니 재앙이 우리에게 임하지 아니할 것이요 우리가 칼과 기근을 보지 아니할 것이며, 선지자들은 바람이라 말씀이 그들의 속에 있지 아니한즉 그같이 그들이 당하리라 하느니라(예레미야 5:12-13).

비단 지도자만의 문제가 아닌 거예요. 마음속에 여호와 신앙이 없이 그저 빈 꽹과리처럼 반복하는 종교지도자들의 신앙 용어도 역겨운데, 백성들은 아예 여호와의 존재를 부정합니다. 있기는 뭐가 있어? 여호와는 계시지 않아. 물론 불신앙입니다만, 여호와 운운 하면서 온갖 비리와 악행을 일삼는 지도자들을 지켜보면서 그런 생각이 들기도 했을 겁니다. 신이 있다면 어떻게 저런 행동을 그냥 두시겠어? 누적된 비관주의가 사회에 만연하여 신에 대한 불신이 가득했던 겁니다. 백성들 중에서 혹여 살만한 위치의 사람들은 어쩌면 그 반대의 의미로 여호와를 부정했을 지도 모르죠. 아니 곳간에 두둑하게 쌓아놓은 재물이 있고, 이 땅의 삶을 내가 조정할 수 있는데, 초월신앙이 무슨 필요가 있겠어? 여호와? 그분이 계신가? 그 어떤 경우였든 백성들은 초월신앙에 의지하는 마음을 버렸다는 겁니다. 그러니 선지자들의 말에 대해서도 비아냥거리게 되는 거죠. 뭐? 칼과 기근이 임할 거라고? 그거 선지자들 말이지? 참, 바람 같은 소리야. 저들 안에 여호와의 말씀이 들어있을 리 없잖아? 여호와라는 신 자체가 없는 게 분명해. 그러니 이 모양이지. 여호와는 오직 '그의 형상'인 인간들이 선하고 정의로운 삶을 살아낼 때 이 땅에 드러나시는 건데, 드러난 '여호와의 형상' 그걸 본 적 없으니 이제는 모두가 신 자체를 부인하게 되는 것이죠.

결국 당시의 유다 사람들의 삶을 요약한 것이 예레미야 5장 31절과 6장 13-14절 말씀입니다.

선지자들은 거짓을 예언하며 제사장들은 자기 권력으로 다스리며 내 백성은 그것을 좋게 여기니 마지막에는 너희가 어찌하려느냐(예레미야 5:31).

이는 그들이 가장 작은 자로부터 큰 자까지 다 탐욕을 부리며 선지자로부터 제사장까지 다 거짓을 행함이라 그들이 내 백성의 상처를 가볍게 여기면서 말하기를 평강하다 평강하다 하나 평강이 없도다(예레미야 6:13-14).

네. 정말 답이 없는 상황이죠. 요즘 아이들 표현으로는 '핵노답'입니다. 핵폭탄급으로 답이 없다는 뜻이래요. 물론 세종대왕님께서 보시면 이 국적 모를 축약어에 깜짝 놀라시겠지만, 젊은 세대와도 소통 가능한 성경공부를 해보고자 하는 마음에 청소년 용어를 써 보았습니다. 정말로 지도자만의 부패함이 아닌 거예요. 공동체 전체가, 큰 자부터 작은 자에 이르기까지 여호와의 규례대로 살아가는 사람들이 없었습니다. 이쯤 되면 여호와께서는 어떤 선택을 하셔야할까요? 이스라엘 백성이 어떤 존재인가요? 약육강식의 도시국가 왕 시스템의 한가운데서 인권조차 보호받지 못하던 '하비루'들을 살뜰하게 건져서 시작했던 여호와의 '대안 공동체'인걸요. 이런 공동체를 포기하실 수는 없으실 텐데. 수백 년 동안 보내어 말씀을 전달했던 예언자들의 외침도 소용없어진 이 마당에 여호와께서는 과연 어떤 선택을 하셨을지.

너희는 다시 길에 서서…

예레미야의 입을 통해 전해진 예언은 이러했습니다.

그들이 가증한 일을 행할 때에 부끄러워하였느냐 아니라 조금도 부끄러워하지 않을 뿐 아니라 얼굴도 붉어지지 않았느니라 그러므로 그들이 엎드러지는 자와 함께 엎드러질 것이라 내가 그들을 벌하리니 그 때에 그들이 거꾸러지리라 여호와의 말씀이니라 여호와께서 이와 같이 말씀하시되 너희는 길에 서서 보며 옛적 길 곧 선한 길이 어디인지 알아보고 그리로 가라 너희 심령이 평강을 얻으리라 하나 그들의 대답이 우리는 그리로 가지 않겠노라 하였으며(예레미야 6:16-17).

이미 예상했지만, 참으로 서글픈 예언입니다. 버리시겠다는 말씀이에요. 예레미야에게도 더 이상은 이들을 위해 기도할 필요가 없다고까지 말씀하십니다. 간구도 소용없다, 이미 결단을 내렸다. 너희들은 결국 다시 길 위에 서게 될 것이라는 말씀입니다. 마치 이스라엘의 선조들이 출애굽 할 때, 약속에 땅으로 바로 보내시지 않고 40년간의 광야생활을 했던 것처럼. '광야'라는 장소는 이스라엘 백성들에게 양가적인 의미를 갖습니다. 우선, 정착할 땅도 없이 떠도는 인생, 불안정하고 안전이 보장되지 못한 고단한 삶의 장소입니다. 그러나 바로 그러한 불안정과 불안전한 상황 때문에 오직 여호와만 의지하게 되는 공간이기도 합니다. 신앙적 절대성과 하나님과의 친밀성이 있었던 상징적 공간이지요. 바로 거기서 이스라엘의 선조들은 이집트적인 삶의 습속을 버리는 훈련을 받았었죠.

바로 그 옛날처럼, 이 공동체가 다시 사는 길은 역설적으로 다시 "길에 서는" 방법뿐입니다. 이것이 여호와의 진단입니다. 즉 다시 뿌리 들려서 "옛길 곧 선한 길이 어디인지 알아보고 그리로 가는 길

뿐"이라고 말씀하고 계신 것이지요. 자, 옛적의 길이 선하다고 말씀하시잖아요. 그럼 우리도 이쯤에서 다시 '기억'해 보아야겠어요. 여호와께서 예레미야의 입을 통해 말씀하시는 "선한 옛적 길"은 어디쯤일까요? 어떤 공동체적인 삶을 말씀하시는 것일까요? 우리는 그 시절의 이름을 알아요. 성경 안에 하나의 텍스트로도 남겨져 있지요. 바로 '사사시대'입니다. 여호와만을 왕으로 모시고 살면서 인간적인 위계 구조를 쌓지 않는 삶! 고대 근동의 다른 공동체들처럼 인간 왕에 의지하지 않는 삶! 그래서 성벽을 열심히 건축하고 세울 것이 아니라 이웃을 서로 돕고 자라게 하는 그런 공동체. 서로 서로 건설해주는 삶을 살았던 것이 바로 사사 시대였지요. 물론 그 시절은 왕이 없어서 저마다 저 좋은 대로 행한 다소 무질서한 시절이었다고 기억하는 사가들도 있습니다만, 그건 왕국 시대의 역사가들 입장에서 바라보았기 때문입니다. 저는 예레미야가 말하는 "옛적 길" 중 가장 최선의 길이 바로 사사 시대라고 믿어요. 왜요? 그때는 권위도 소유도 세습되는 것을 '당연'으로 여기지 않았으니까요. 일상의 삶 가운데서 늘 여호와의 뜻을 물었으니까요. 여호와의 영이 임하는 사람이 다스리는 세상이었으니까요. 상비군이 없어도, 왕이 없어도, 오직 여호와께서 허락하시는 구원 사건을 경험하며 살았으니까요. 그렇게 살았던 것을 기억하고 알아보라는 거죠. 지금은 너무 멀리 왔으니까.

하지만 기억해야 할 옛길에는 '차선의 길'도 있습니다. 사사시대 이후 군주제가 도입된 뒤에도 여전히 '선한 옛길'의 가능성은 존재했습니다. 이스라엘의 왕 제도는 다른 나라의 시스템하고 달랐다고 했습니다. 인간-왕은 신을 대체하는 존재가 아니었잖아요. 이스라엘 백성들과 똑같이 '여호와의 백성'이었죠. 그러니까 이스라엘의 왕은 야훼 왕을 대체하는 것이 아니었습니다. 똑같은 여호와의 백성으로서 다만 공동체적 '대표'의 임무를 수행할 뿐인 거예요. 그러하기에 이들은 '왕의 규례'가 아닌 '여호와의 규례'를 따라야했습니다. 이 차선의 삶을 아름답게 보여주었던 왕들이 다윗, 히스기야, 요시야였죠. 시절이 시절이니만큼 부족연합 단위의 삶이 불가능한 전쟁 시절이라면, 그래 좋다. 군주제로 하려무나. 그러나 왕이라고 잘난 척 말고 사람 위에 군림하려 들지 말고 형제자매된 마음으로 창조주께서 당부하시는 '살리는' 삶을 살아라. 이것이 여호와께서 말씀하신 '옛길'의 모습이었다고 봅니다. 그러나 "므낫세의 길"은 그렇지 않았잖아요. 그 반대였죠. 그러니까 어쩔 수 없이 길가에 다시 서 보라는 말씀이에요. 등 따시고 배부른 상태에서는 도저히 기억을 못하겠다고 하니, 듣지도 않겠다고 하니, 다시 불안한 삶을 사는 수밖에 없다는 것이죠. 다시 광야로 나가는 수밖에, 다시 끌려 나가는 수밖에, 다시 "히브리"가 되는 수밖에 없는 것이라고 이야기 하시는 겁니다.

이런 예언을 받은 예레미야는 도대체 어떤 심정이었을까요? 이미 다 정해졌기 때문에 아무것도 하지 말라고, 심지어 구하려는 기도조차도 소용없다는 예언을 받았다면요. 예레미야는 개인적인 인생사를 놓고 볼 때 진짜 너무 가여운 인물입니다. 일단 그는 평생 독신으로 살았어요. 독신으로 살면 가엾다는 말이 아닙니다. 다만 가산제가 경제적 중심축이었던 이 당시 문명에서 남자는 자신의 가문을 이루는 것이 일종의 필수과제였죠. 그런데 조국의 패망이 코앞인데, 어찌 일상의 삶을 이어갈까요. 예레미야의 고백에 따르면 여호와께서 그렇게 말씀을 주셨다고 합니다. 아내도 만들지 말고 아이들도 낳지 말라고. 생명을 낳아도 그들이 당할 것이라곤 고통뿐이라고. 요즘 청년들이 3포, 5포, 7포, N포 세대라고 이야기를 하지요. 연애, 결혼, 출산을 포기해야 하는 것은 물론, 인간관계나 꿈, 희망조차 포기해야 한다니. 자조적으로 부르는 "헬조선"이라는 말이 마치 예레미야의 시절을 현재로 소환해오는 듯합니다.

어느 누가 자신이 사랑하는 공동체를 향하여 이런 모진 메시지를 전하며 기쁘겠어요? 어쩔 수 없다, 그냥 길 위에 서라, 너희는 망할 거다. 바벨론에게 끌려갈 거다. 저항도 마라. 그냥 잡혀 가라. 예레미야의 이런 외침은 많은 사람들에게 '친바벨론'적 소행으로 읽혔다고 했습니다. 그래서 매국노 취급을 받고 돌팔매질은 물론 감옥에도 끌려갔다고요. 하긴, 일제강점기를 겪었던 우리 입장에서 생각해보면 당시 백성들의 심정도 이해는 갑니다. 아무리 행악하는 모습에 화가 나고 절망스러워도 그렇지, 너희는 망해 봐야 안다니요. 바벨론의 포로가 되는 것이 당연하다는 그런 외침은 마치 우리가 일제에 점령당한 것을 정당화한 친일 인사들을 떠올리게 됩니다. 여호와께서 주시는 고난이라고 해석하며 저항하지 말 것을 말한 사람들도 있었고, 심지어 보다 발달된 문명이라 일제강점기를 통해 우리가 근대화를 더 빨리 이룰 수 있었다는 망발을 한 이들도 있었죠. 안중근 의사, 윤봉길 의사와 같은 저항적 삶을 사셨던 선조들을 기억하는 우리로서는 예레미야와 같은 '류'의 사람들을 쉽게 받아들이기 힘들 것 같습니다.

저와 함께 성경공부를 하는 대학부 학생들도 입을 모아 그래요. 아무 저항도 하지 말라는 예레미야의 말이 너무나 이해가 되지 않는다고. 왜 그랬을 것 같으냐는 저의 질문에 다양한 답이 나왔습니다. "예언이잖아요. 그렇게 하라고 맡기시면 할 수 없죠. 그렇게 말해야지." "일단은 살아야 하잖아요. 바벨론에게 망할 것이 너무 자명한 상황에서 저항했다가는 다 죽게 생겼는데, 그래도 살고 봐야 훗날을 기약할 수 있는 거고." "하긴, 그래야 옛적 선한 길을 기억할 기회라도 있죠."

결국 유다는 왕부터 백성들에 이르기까지 모두 바벨론으로 인해 '길 위에 서야' 했습니다. 선물로 주어진 약속의 땅에서 뿌리 들린 듯 끌려가는 이들은 낯선 두려움으로, 폐허가 된 예루살렘과 유다 땅에 남겨진 사람들은 안전망이 모두 제거된 공간에서 맞닥뜨린 공포로, 모두가 처절하게 울면서, '길 위에 선' 심정이 되었죠. 그제야 예레미야의 간곡한 메시지가 떠올랐을 겁니다.

> 너희가 만일 길과 행위를 참으로 바르게 하여 이웃들 사이에 정의를 행하며 이방인과 고아와 과부를 압제하지 아니하며 무죄한 자의 피를 이곳에서 흘리지 아니하며 다른 신들 뒤를 따라 화를 자초하지 아니하면

내가 너희를 이곳에 살게 하리니 곧 너희 조상에게 영원무궁토록 준 땅에니라(예레미야 7:5-7).

아, 결국 우리가 이 땅을 잃은 것은 정의를 행치 않았기 때문이구나. 여호와께서 우리에게 보이신 옛 길을 따르지 않았음이구나. 예레미야는 "이스라엘이 마음의 할례를 받지 못하여" 이런 일이 일어났다고(9:6) 지적했습니다. 할례라는 것이 원래는 선별된 민족으로서의 상징이었잖아요. 그런데 이런 본래적 의미는 다 잃어버리고 그냥 하나의 문화적 습속이 되어버린 상황이, 이스라엘의 현주소를 가장 상징적으로 표현해준다는 겁니다. 그냥 겉으로 하는 육신의 할례가 무엇이 중요한가, 그것은 하나의 상징이었을 뿐이다. 이런 말입니다. 그러니까 형식적인 율법 따위는 여호와께서 기뻐하시는 것이 아니라는 말씀이죠. 사실 여호와께서는 번제나 희생에 대하여 명령한 바가 없으셨다고 말씀하세요(7:22). 그저 "내 목소리를 듣고" "내가 명령한 모든 길로 걸어가면" 그러면 복을 받는다고 하셨죠(7:23).

이스라엘의 죄는 여호와의 길에서 멀어졌던 겁니다. 심지어 율법의 이름으로 마음대로 자신들의 유익을 위하여 첨삭을 하기도 했어요. 그걸 알고 있던 예레미야는 이렇게 호통을 쳤죠.

우리는 지혜가 있고 우리에게는 여호와의 율법이 있다 말하겠느냐. 참으로 서기관의 거짓 붓이 거짓되게 하였나니(예레미야 8:8).

예레미야 시절에만 있던 일이 아닙니다. 이사야도 이미 지적했던 악행입니다. "불의한 법령을 만들며 불의한 말을 기록하고" "내 백성의 권리를 박탈하며 과부에게 토색하고 고아의 것을 약탈하는 자"에 대한 엄중한 심판(이사야 10:1-2)을 전한 바 있습니다. 누가 감히 율법에 손을 댈 수 있을까요? 바로 율법을 적고 해석하는 서기관들, 고위 종교지도자들이죠. 율법 정신은 약자를 보호하고 그들을 살려내는 데 있는 것인데, 기득권을 가진 자들을 옹호하는 법으로 자꾸 세분화되고 더해진 겁니다. 구전으로 전해진 율법 전승들이 성문화되는 과정에서는 더욱 그런 경향성이 짙었죠. 제사장들이 많아지고 높아지면서 율법에는 제의 관련한 법들도 상당히 많이 들어오게 되었는데요, 그런 것들은 꼼꼼하고 치밀하게 지키면서 정작 여호와의 도를 무시하고 있다는 것이 예언자들의 핵심 메시지였던 겁니다. 이제 율법은 '살리는 도구'가 아니라 '죽이는 덫'이 되어버렸습니다. 작은 죄에 대해 율법이 정한 속죄 제의를 드리지 못하는 가난한 사람들은 이로 인해 더 큰 죄가 쌓여가는 거죠. 이제 '죄인'이란 공동체에 해악을 끼치는 도덕적인 죄를 저지른 사람이 아니라, 서기관과 제사장들이 세분화한 율법을 제대로 지키지 못하는 종교적인 죄를 저지른 사람들을 의미했습니다.

"마음의 할례"를 받으라는 것은 이런 맥락에서 이해해야 할 겁니다. 정말 중요한 것은 눈에 보이는 할례가 아니라는 겁니다. "너희 마음 가죽을 베라"(4:4)는 겁니다. 이방 여러 나라들이 여호와의 규례대로 살겠다는 선택을 하고 그 표징이 되는 할례를 받지 못했음도 안타까운 일이지만, 정작 더 핵심적인 것은 이스라엘이 할례를 하나의 율법주의적 의례로 생각하고 있다는 사실이라고 합니다. 결국 마음의 할례를 받기 위해서는 '이집트의 습속' '바벨론의 습속' 그러니까 '인간-왕 시스템의 습속'을 버리고 여호와의 길로 돌아서는 수밖에 없습니다. 이를 위해서는 할 수 없이 다시 길 위에 서라는 것이죠. 하나님의 거룩한 공동체로, 제사장 나라로 쓰임을 받기 위해서 너희는 어쩔 수 없이 뿌리 들려서 던져지는 삶을 경험해 봐야 한다. 그러니 길 위에 서서 옛적 길에 대해서 다시 한 번 묵상하고 기억하라는 말씀입니다. 그야말로 '여호와의 팀킬(게임용어로 같은 편을 죽이는 행위)'이죠. 가장 가슴 아픈 결단이셨을 겁니다. "내가 내 집을 버리며 내 소유를 내던져 내 마음으로 사랑하는 것을 그 원수의 손에 넘겼다"(12:7)는 표현이 나옵니다. 이제 이스라엘은 여호와로부터 가장 끔찍한 말을 듣습니다. "나는 네 대적이라"(21:13).

이런 이야기를 전하는 예레미야가 만약 바벨론에게 붙어서 고관대작이 되고 재물을 축적하며 승승장구했다면 정말 매국노지요. 그러나 예레미야는 그나마 쓸모 있다고 여겨져서 바벨론으로 끌려간 사람들 축에도 끼지 못하고 '버려진' 자국의 동포들과 남은 생을 함께 했습니다. 예루살렘에서 낮은 사람들과 함께 고난을 나누었어요. 그의 최후는 어떠했을까요? 전해지는 말이 따르면 연이은 이집트의 침입 이후 끌려가는 길 위에서 슬픈 종말을 맞게 되었다고 합니다.

"다시 세워지기 위해서 너희는 어쩔 수 없이 망해야 한다."는 말씀을 우리들 역시 깊게 새겼으면 좋겠어요. 쉬운 말씀은 아니지만, 어쩌면 우리는 그런 상황에 와 있는 것은 아닐까? 오로지 여호와만 붙잡도록 던져져야 하는 것은 아닐까… 나라를 잃어봐야 한다는 말이 아닙니다. 전쟁으로 고생을 해봐야 하겠다는 말도 아닙니다. 그동안 숨 가쁘게 "먹고 살기에만" 바빴던 우리의 급한 인생길이 과연 여호와의 길에서 얼마나 먼지, 걸음을 멈추고 서서 엄중한 잣대인 율법 정신에 비추어 보는 시간이 필요하다는 생각이 들었습니다.

기도

사랑의 하나님, 오늘 예레미야의 무거운 말씀을 들었습니다. 눈물이 마를 날 없고 머리가 온통 물처럼 녹아들어갈 만큼 애통한 예레미야의 말씀이 오직 남유다만을 향한 경고가 아님을 고백합니다. 지금 이 문명의 한 가운데에서 풍족하다, 아무 걱정이 없다고 생각하고 사는 우리들에게 주시는 말씀이 아닌지 새겨보도록 하여 주시옵소서. 행여 저희들이 여호와께서 굳이 개입하실 필요가 없다고 생각하는 흥청망청하고 아무 걱정 없는 삶을 살고 있다면, 이것이 바로 망하기 직전의 징후라는 것을 깨달아, 살아 있는 신앙인으로 저희가 다시 돌이킬 수 있는 기회를 주시옵소서. 예수님의 이름으로 기도합니다. 아멘.

그들의 입은 주께 가까우나 그들의 마음은 머니… 예레미야를 통해 눈물로 호소하시는 그 말씀이 오늘 우리를 향한 말씀이 아닌지, 새기고 또 새기며 살아갑시다.

쉰아홉 번째 만남

남유다의 멸망

열왕기하 23-25장, 역대하 36장

오늘 성경공부는 진행하면서 힘이 많이 빠질 것 같습니다. 유다의 멸망 이야기를 해야 하거든요. 요시야의 아들들과 손자가 약 22년 동안 번갈아 왕위에 오르며 권력쟁탈전을 치렀지만, 정치적인 독립국가로서의 유다는 결국 끝이 나게 됩니다. 총 네 명의 왕이 오고 갔는데, 그 중 세 왕은 요시야의 아들들, 즉 형제간이었어요. 둘은 같은 엄마, 한 명은 다른 엄마에게서 난 이복형제였죠. 그야말로 진흙탕 싸움이었죠. 자기들끼리 싸운 일이라도 한심할 일인데, 외세까지 끌어들인 부끄러운 '패망'의 역사였습니다. 역사는, 부끄러운 일은 다시 반복하지 않기 위해, 자랑스러운 일은 다시 되새기며 현재에도 그런 일들을 이루기 위해, 자꾸 되새겨야 하죠. 오늘의 공부는, 다시 반복하지 않기 위한 되새김이겠죠?

이집트와 바벨론의 '아들'이 된 유다 왕들

비옥한 초승달 지역이라고 불렀던 고대 근동의 패권을 장악한 제국들은 많았습니다. 부상했다가 더 강한 세력에 의해 사라지고, 그 먹고 먹히는 일이 또 반복되고, 지금의 우리가 보기에는 부질없고 덧없는 권력이지만, 제국을 이룬 당대의 야심가들에게는 일생일대의 과업이었겠죠. 이 시기는 바벨론이 가장 강력했어요. 그리고 오랫동안 힘을 유지하면서 전통 제국의 힘을 가지고 있는 애굽이 아직까지는 버틸 만큼 버티고 있는 상황이었죠. 요시야는 이집트 왕 느고와의 전쟁을 벌이다가 죽었는데요. 자세한 정세는 몰라도 요시야가 이집트와 전쟁을 한 것으로 보아 일단 '친親이집트'적 외교정책을 취하지는 않았다는 걸 알 수 있어요. 그래서였겠죠. 요시야가 죽자마자 그 아들인 여호아하스가 왕위를 계승했지만, 그는 이집트 왕 느고에 의해서 끌어내려집니다. 이집트 입장에서는 여호아하스가 마음에 안 들었던 것은 분명해 보입니다. 아버지를 따라 반反이집트적 입장을 고수했는지, 아니면 승전국의 왕으로서 패전국인 유다 내에서 이집트의 입지를 굳히기 위해 '보이기식 정권교체'를 감행한 것이었는지도 모르죠. 결국 여호아하스를 왕위에서 끌어내리고, 엄마는 다르지만 요시야의 아들인 여호야김을 왕위에 앉힙니다. 그 일이 성경에는 어떻게 기록되어있는지 보겠습니다. 열왕기하 23장 32-34절 말씀입니다.

여호아하스가 그의 조상들의 모든 행위대로 여호와 보시기에 악을 행하였더니 바로 느고가 그를 하맛 땅 리블라에 가두어 예루살렘에서 왕이 되지 못하게 하고 또 그 나라로 은 백 달란트와 금 한 달란트를 벌금으로 내게 하고 바로 느고가 요시야의 아들 엘리아김을 그의 아버지 요시야를 대신하여 왕으로 삼고 그의 이름을 고쳐 여호야김이라 하고 여호아하스는 애굽으로 잡아갔더니 그가 거기서 죽으니라(열왕기하 23:32-34).

그러고 보면 왕이나 왕자들의 삶이란 참으로 가엽습니다. 형제들끼리도 '내가 살기 위하여' 죽고 죽이는 일을 일삼아야 하니까요. 그래서 히브리 경전에서는 그토록 '스스로 왕이 되려는 삶'을 경계하고 비난하는 것이겠지요. 하여튼 여호아하스의 마지막도 비참했습니다. 왕의 자리에서 억지로 끌어내려진 그는 이집트로 잡혀가서 거기서 죽었다고 기록되어 있거든요. 여호아하스를 대신하여 왕이 된 이복형제는 엘리야김이죠, 그런데 무슨 이유인지 이집트의 파라오인 느고는 굳이 그 이름을 여호와김으로 바꿉니다. 이름 뜻이 마음에 안 들어서 이집트 식으로 바꾼 것이라면 이해를 해보겠는데, 엘리야김이나 여호야김 모두 히브리적 이름인데다가 뜻으로 보아도 그다지 큰 차이가 없어요. 엘리아김은 "하나님께서 세우신다"는 뜻인데, 이걸 "여호와께서 세우신다"는 뜻으로 바꾼 거잖아요. 경멸적이거나 나쁜 뜻으로 바꾼 건 아니에요. 이집트식 이름으로 개명한 것도 아니구요. 그렇다면 이미 사용하고 있는 멀쩡한 이름을 왜 굳이 바꾼 걸까요?

'이름을 바꾼다'는 상징적인 행위에 주목한다면 이유를 알 것도 같습니다. 이름은 보통 누가 짓나요? 권위를 가진 사람입니다. 태초에도 하나님께서는 인간이 만물에게 이름을 부여하는 것을 지켜보셨죠. 권한을 주신 거예요. 이와 같이 보통 이름을 부여한다는 건 그 대상에 대해 힘을 갖는다는 것, 특히 아버지와 같은 다스림을 행사하는 존재라는 의미입니다. '엘리야김'이란 이름은 아버지 요시야가 준 이름이잖아요. 따라서 이 이름을 바꾼다는 것은 느고가 아버지처럼 군림하겠다는 것이죠. 여기엔 상징적인 메시지가 있는 겁니다. "너희를 복속국가로 만들었으니 이제 유다는 나의 아들 나라다. 너는 나의 통치 권위에 꿇어라. 조공을 바치고 나에게 복종해라. 너의 이름은 이제 엘리아김이 아니야. 너희 아버지가 준 이름을 버리고 여호야김이라고 부르도록 하겠다."

이런 치욕적인 이름을 가지고도 왕이 되고 싶었을까요? 여호야김은 여호아하스와 어머니가 다릅니다. 둘 다 요시야의 아들이지만 이 둘 사이의 왕위교체 배경에는 필시 이복형제 간의 알력도 있었을 거예요. 이집트에 고분고분하지 않은 형을 제거하려고 이집트와 손을 잡았을 지도 모르죠. 구체적인 정황이 성경에 나와 있지 않아 알 수 없지만, 중요한 것은 여호야김은 분명 이집트의 통치 질서에 머리를 굽히고 이집트 파라오가 부여해준 이름을 가지고 11년 동안 유다의 왕좌에 앉아 있었다는 겁니다. 하긴 여호야김 입장에서는 어쩔 수 없는 선택이었을지도 모르죠. 작은 나라 유다는 한 마디로 말하면 풍전등화와 같은 상황 속에서 두 마리 고래 사이에 낀 새우 같은 존재였으니까요. 그나마 목숨이라도 부지하려면 힘있는 고래에게 굽신거려야 하니까요. 아버지 요시야가 이집트와의 전쟁에서 패했으니, 이제 굽신거려야 할 대상은 이집트라고 본 것이죠. 우리도 조선시대 인조 왕 시절에 '삼배구고두례'의 치욕적인 사건이 있었잖아요? 망한 나라의 왕은 이렇게 비굴한 처지에 놓이게 되는 겁니다. 열왕기하 23장 35절 말씀을 보면 그와 유다의 처지가 여실히 드러납니다.

> 여호야김이 은과 금을 바로에게 주니라 그가 바로 느고의 명령대로 그에게 그 돈을 주기 위하여 나라에 부과하되 백성들 각 사람의 힘대로 액수를 정하고 은금을 징수하였더라(열왕기하 23:35).

너무 심했죠. 그나마 히스기야의 경우는 조공을 바쳐야 하는 상황에서 자신의 소유와 성전 치장을 했던 금을 벗겨내면서도 백성들을 수탈하지는 않았는데. 여호야김은 백성들에게서 은금을 징수하였다고 하네요. 자기보다 약한 사람에게서 빼앗아서 자기보다 강한 사람에게 상납하고 내 자리 지키기! 한마디로 양아치와 같은 행동이죠. 더구나 내 백성의 돈을 뺏어 남의 왕에게 상납을 하다니요. 어이가 없습니다. 왕이 왜 존재하는데요? 내 나라 내 백성을 지키자고 있는 것이 왕이지, 제 자리 지키자고 내 백성을 수탈하는 것이 왕인가요? 그처럼 못난 행동을 하면서까지 왕의 자리를 유지하고 싶었을까요? 생각할수록 가슴이 아프고 한심하네요.

이집트가 계속 근동의 패권을 차지하고 있었다면 치사한 왕권이나마 유지할 수도 있었을 텐데, 문제는 애굽은 지는 별이고 바벨론은 뜨는 별이었습니다. 결국 여호야김 11년 째 되는 해에 바벨론이 치러 내려옵니다. 이때 바벨론의 왕이 그 유명한 느부갓네살입니다. 아이고, 끝났구나! 느부갓네살이라고 하면 그의 제국이 얼마나 강력했는지 알 만한 사람은 다 아는 이름이거든요. 느부갓네살 왕을 기억해야 되는 이유는, 이 왕이 이스라엘 후대 사가들에 의해 상당히 중요하게 묵상되었기 때문입니다. 이스라엘에게 느부갓네살은 "채찍"과 같은 왕이었어요. 말 안 듣는 자식에게 사랑의 매를 드신 여호와였음을 고백하면서 이스라엘 사람들은 "매를 때리는 채찍"에 해당한 도구적 역할을 한 사람이 바로 느부갓네살이었다고 회상했거든요. 초등학교 때 성경퀴즈 대회에 나갔다가 넌센스 문제로 이 왕의 이름이 나온 적이 있어요. 아버지와 아들의 나이 차이가 갓 네 살이 나는 왕의 이름을 말하라는 문제였는데, 매사에 다큐멘터리처럼 접근하는 저로서는 도저히 맞출 수 없는 문제였죠. 답은? 예상하시다시피 '느부갓네살'이었습니다. 아니, 말도 안 되는 풀이였죠. '느(너의) 부(아버지와) 갓 네 살 차이'라고 읽다니! 하지만 유다를 망하게 만드는 대표적인 상징이 되는 왕의 이름인 건데, 조금은 유머러스하게 외우시더라도 알아 두어야 할 인물인 것 같아요. 하하, 이제 이 이름을 잊으실 일은 없으시겠죠?

느부갓네살 왕 입장에서는 그동안 '친애굽' 정책을 취했던 여호야김이 예쁠 리가 없었죠. 하여 여호야김은 죽이고 그 아들 여호야긴도 석 달 만에 바벨론으로 잡아가요. 먼저 왕권을 잃었던 여호아하스가 이집트에 끌려가서 거기서 죽었다고 했는데, 안타깝게도 여호야긴 역시 바벨론에 잡혀가게 된 겁니다. 그때가 기원전 597년경인데요, 이때 왕의 엄마, 여호야긴의 아내들, 내시들은 물론 지도층 인사들과 군인들도 다 함께 끌려갑니다. 그 뿐만이 아니었어요. 기능공이라고 할까요? 당시 손재주가 있는 사람들도 모두 함께 끌려갔고 학식 있고 재능 있는 사람들도 다 포로 대열에 속했죠. 한마디로 '쓸 만한 사람'은 다 끌고 간 겁니다. 이때가 1차포로 시기예요.

그러고 나서 다시 여호야긴의 숙부, 그러니까 요시야의 아들 맛다니야를 왕으로 올립니다. 자기들과 손을 잡을 수 있는 왕을 앉히게 되는 거죠. 이 왕도 여호야김처럼 똑같은 일을 당해요. 맛다니야는 아버지 요시야가 지어준 이름이었는데, 느부갓네살 왕은 그를 왕위에 앉히면서 이름을 바꿉니다. 그가 아버지처럼 이름을 짓거나 바꿀 권위를 갖는 거죠. '시드기야'라는 이름을 주는데 이게 참 아이러니합니다. '시드기야'라는 이름의 의미는 "여호와의 의로움" 혹은 "여호와는 정의로우심"이라는 뜻이거든요. 도대체 그 의미를 알고 바꾸어 준건지. 어쩌면 바벨론이 하는 일이 바로 여호와께서 행하시는 정의라는 의미를 담았는지도 모르죠. 그렇다면 그야말로 조롱도 이런 조롱이 없는 겁니다.

"므낫세의 길"을 따르면

사실 뜻으로 보자면 어느 왕의 이름 뜻이 나쁘겠어요? 이름의 뜻대로만 살았다면 지금의 유다가 이 꼴이 될 리는 없었겠죠. 그런데 열왕기나 역대기를 쓴 역사가들은 모두 대부분의 왕들이 "여호와 보시기에 악을 행했다"고 기록하고 있어요. 구체적인 표현으로는 "므낫세의 길"을 따랐다는 표현을 사용해요. 기억나시죠? 므낫세. 55년 동안 예루살렘을 피바다로 만들었던 그 악한 왕 말입니다. 바로 그 선조의 길을 따랐다고 묘사가 된다는 의미는 "여호와 보시기에 악을 행했다"와 동의어가 되는 것이죠. 시드기야도 마찬가지였어요. 이 시드기야가 남유다의 마지막 왕이에요. 결국 이 왕을 마지막으로 유다는 정치 공동체로서는 망하게 되는 것이지요. 시드기야는 정말 끔찍한 최후를 맞이하는데요. 바벨론에 굽실굽실했지만 나름대로 어떻게든 살아보려고 여기 붙고 저기 붙고 반란을 도모하다가 완전히 제대로 당했죠. 그 부분을 성경으로 읽어볼게요. 열왕기하 25장 6-7절 말씀입니다.

그들이 왕을 사로잡아 그를 리블라에 있는 바벨론 왕에게로 끌고 가매 그들이 그를 심문하니라 그들이 시드기야의 아들들을 그의 눈앞에서 죽이고 시드기야의 두 눈을 빼고 놋 사슬로 그를 결박하여 바벨론으로 끌고 갔더라(열왕기하 25:6-7).

예레미야가 그동안 길 위에 서서 다시 옛 길을 기억해야 산다고 했지만, 참… 길 위에 서는 방법 치고는 너무 끔찍하지요. 세 줄 밖에 안 되는 짧은 기록이지만, 읽고 나니 너무 마음이 아픕니다. 처음에는 친바벨론적인 입장을 취하던 시드기야가 이리 저리 정치적 모색을 하다가 애굽하고 손을 잡고선 다른 길을 도모해보려고 했던 모양입니다. 그러다가 결국엔 느부갓네살에 의해서 완전 초토화가 되죠. 이때 이집트의 피해도 막심했어요. 정치적으로 말하면 줄을 잘못 선 것이죠. 대국 이집트도 철저하게 무너지는 상황인데 이스라엘인들 무사하겠어요? 이때 예루살렘이 초토화되고 많은 사람들이 바벨론으로 끌려가게 됩니다. 그런데 강제로 고향 땅에서 뿌리 뽑혀 끌려가는 과정이 굉장히 끔찍해요. 아버지로서 가장 잔인한 경험이 무엇일까요? 필시 자녀의 죽음을 목전에서 보게 되는 것이 아닐까 싶습니다. 패전국의 왕으로서 시드기야는 눈앞에서 아들들이 바벨론의 검에 죽는 광경을 목격하게 됩니다. 하지만 이건 단순히 아버지의 비애만을 의미하지 않았습니다. 승전국가의 왕이 패전국의 왕자들을 죽이는 것은 흔히 있는 일이었습니다. 제국을 통치하는 일종의 전략이죠. 패전국의 왕권이 부활할 가능성을 아예 닫아버리는 것이니까요. 하지만 패전국 유다의 시각에서 이는 참으로 견디기 어려운 치욕이요 좌절이었습니다. 지금 죽임을 당한 왕자들이 누굽니까? 바로 다윗 왕의 후손들이잖아요. 다윗 왕가가 끊기게 되는구나! 그걸 마지막으로 보고서 두 눈을 잃게 된 시드기야, 그의 참담함을 감히 헤아리기 어렵습니다.

결국 시드기야 입장에서는 절망 그 자체의 상황입니다. 그가 마지막으로 본 장면은 말 그대로 유다 공동체의 종말이니까요. 자기의 후손이 끊기고 공동체의 희망이 좌절된 모습을 마지막으로 보고서,

시드기야는 철저한 암흑의 처지에 놓였습니다. 너무 분위기가 암울하고 다운될까봐 미리 알약처럼 희망을 하나만 드리자면, 다윗의 왕가는 완전히 끊어진 것은 아니었어요. 우리가 오늘 살펴본 잔인한 왕권 교체 과정에서만 보더라도 아직 다윗의 계보에서 남은 사람이 하나 있기는 합니다. 누구일까요? 바로 여호야긴입니다. 여호와김의 아들 말이에요. 석 달 간 통치하다가 바벨론으로 끌려간 그 왕이요. 그는 죽지 않았거든요. 마태복음이 예수님의 계보를 '다윗의 혈통'으로 강조하면서 그의 복음서 첫 장을 열 때 등장하는 이름이 바로 여호야긴(마태는 '여고냐'라고 적고 있죠)입니다. 결국은 이 미미한 계보를 타고 나중에 정치적인 공동체로서의 이스라엘의 왕이 아니라 전혀 다른 차원, 하나님 나라의 왕으로서의 예수님이 그 계보에서 나오시게 되는 것이죠.

앞으로도 계속해서 암울한 이야기가 이어질 거라서, 결국 다윗 계보에서 예수께서 탄생하신다는 희망스런 말씀을 잠시 드렸습니다만, 이 시절부터 예수님까지는 가깝지 않은 세월이었습니다. 바벨론에 포로가 되어 끌려간 것은 시작에 불과했어요. 이후 강대국의 속국이 되고 식민상황에 놓이는 등 그야말로 길고 고통스런 날들이 지속되었죠. 그런데 참으로 아이러니하게도 이 공동체의 출발이었던 지점과 유다가 망하여 끌려간 지점이 공통됩니다. 아브라함이 떠난 곳이 갈대아 우르였던 것을 기억하시나요? 성경 말씀을 읽고 나누면 더 재미있을 것 같네요. 열왕기하 25장 8-10절 말씀과, 25장

13-14절 말씀을 먼저 읽어보겠습니다.

바벨론 왕 느부갓네살의 열아홉째 해 오월 칠일에 바벨론 왕의 신복 시위대장 느부사라단이 예루살렘에 이르러 여호와의 성전과 왕궁을 불사르고 예루살렘의 모든 집을 귀인의 집까지 불살랐으며 시위대장에게 속한 갈대아 온 군대가 예루살렘 주위의 성벽을 헐었으며(열왕기하 25:8-10).

갈대아 사람이 또 여호와의 성전의 두 놋 기둥과 받침들과 여호와의 성전의 놋 바다를 깨뜨려 그 놋을 바벨론으로 가져가고 또 가마들과 부삽들과 부집게들과 숟가락들과 섬길 때에 쓰는 모든 놋그릇을 다 가져갔으며(열왕기하 25:13-14).

바벨론에 의해 망하게 되는 것은 지금까지 계속 강조해온 이야기이니까 새로울 것이 없죠. 그런데 이들을 지칭하는 이름말이에요. 예루살렘을 초토화를 시키고 있는 사람들을 묘사하는 이름이 따로 있죠. "갈대아 사람"이라는 말, 본문에서 찾으셨나요? 갈대아 사람들이란 남부 바벨로니아에 거주하고 있는 사람들인데, 주로 우르 지역에 살고 있었어요. 갈대아 우르, 아브라함이 여호와의 계시에 응답하며 떠나왔던 바로 그곳 말이에요. 이스라엘은 아브라함이 우르를 떠나오면서 시작된 공동체잖아요. "우르를 떠남"은 무슨 의미였을까요?

1권에서도 잠시 이야기를 나누었습니다만, 그것은 도시적인 삶,

즉 인간 사이에 위계가 있고, 제사장이나 왕이 마치 신神인 것 마냥 사람들 위에 군림하고, 다수의 사람들을 사람 취급을 하지 않던 그런 삶을 "떠난다"는 의미였죠. 그렇게 살고 싶지 않아서, 여호와께서 약속하신 새 삶을 믿으며 길 위로 나왔던 것이 아브라함이잖아요. 너희를 통해 내가 만들 새 공동체는 수직적이고 위계적인 공동체가 아닐 것이다. 약육강식에 적자생존, 서로 밟고 죽이고 올라서는 그런 삶이 아니다. 수평적이고 관계적인 공동체다. 평화와 나눔이 충만한 그런 공동체가 될 거다. 그래서 사회적 약자들인 '히브리인'조차 기꺼이 환대하고 돕는 그 삶의 선택을 시작하는 이들을 나 여호와는 축복할 거다. 그 약속을 믿고 나온 아브라함이 "기"라면, "승"은 뭘까요? 아마 모세쯤이 "승"일 것 같아요. 출애굽이 진행되기까지 엄청난 기적 사건들을 행하시면서 여호와께서 친히 앞장서서 약속의 땅으로 인도해 주시잖아요. 그리고 사사 시대, 여호와께서 직접 왕이 되셔서 이스라엘을 다스리던 그 시절까지가 "승"이라고 본다면, "전"은 바로 왕들의 시대지요. 악한 왕도 있었지만 선한 왕들에 의해서 여전히 여호와의 규례로 돌아오라고 계속해서 예언자도 보내시며 했던 것이 바로 이 "전"의 시대였다고 생각해요.

그리고 이제 마지막으로 "결"의 시대인 겁니다. 이 "결"의 시대는 어떤가요. 다시 갈대아 사람들에 의해서 초토화가 되고, 다 거기로 끌려가요. 다시 시작점으로 돌아간 것이지요. 이스라엘 민족의 "수미상관"이 여기에 있습니다.

바벨론에 끌려간 사람들의 리스트를 성경에서 보면 웬만큼 쓸 만한 사람들을 죄다 끌고 갔어요. 싹 쓸어가는 역할을 맡았던 부대가 바로 갈대아 부대였다는 거죠.

참으로 어이가 없는 역사입니다. 기껏 떠나온 그 곳에 억지로 끌려가다니요. 제대로 "기승전-망亡"인거예요. 이때가 기원전 587(6)입니다. 기왕 '망'한 김에 그간의 이스라엘 역사에 있어서 정말 중요한 햇수만 다시 짚어 드릴게요. 아브라함이 갈대아 우르를 탈출한 시점을 대략 기원전 2000-1800년경으로 봐요. 그 시절부터 '하비루'라고 불리는 사람들이 고대 근동의 비옥한 지대를 따라 유랑하는 정황들이 기록에 나타나거든요. 그리고 모세가 출애굽을 했던 것이 기원전 1220년경이에요. 이집트 메르넵타 왕의 비문에 그 흔적이 기록되어 있죠. 그리고 약 200년 동안의 사사 시대가 진행되었죠. 그러다가 왕을 세워 군주제를 시작한 것이 기원전 1020년경이에요. 그 왕국이 지속이 되다가 기원전 721년 경 북왕국 이스라엘이 앗수르에 의해 망한 거고, 이제 기원전 587(6)년에 남유다마저 바벨론에 의해 망하게 된 것이지요. "너희들은 제사장 나라가 될 거야. 새로운 형태의 나라를 보여주게 될 거야. 온 민족이 그 모습을 보면서 시온으로 몰려 들 거야." 이런 약속을 굳게 믿고 우르나 이집트와 같은 삶의 자리를 떠나 가나안 땅에서 새로운 대안을 꿈꾸었던 공동체인데, 이러한 공동체가 너무나 허무하게 끝나버리다니. 그야말로 유구무언의 상황입니다.

이러한 멸망을 '하나님의 계획하심'으로 보는 것은 그 당시 사람들이 들으면 충분히 화를 낼 일일 겁니다. 핍박받게 될 수 있는 해석이죠. 그렇지만 긴 안목에서, 신앙의 눈으로 보자면 다시 세워지기 위해, 다시 여호와께로 돌아오기 위해, 어쩔 수 없이 걸어야 하는 "길 위"가 아니었을까 싶어요. 앉은 자리가 편한 상태에선 도저히 찾을 생각도, 기억할 수도 없다는 이들에게 결국은 할 수 없이 "그럼, 길 위에 서라" 하셨던 최후의 명령이신 거죠. 적어도 이스라엘의 역사가들은 자국의 멸망을 그렇게 해석했습니다. 하지만 최후의 명령이라 하여 이것이 이스라엘의 영원한 종말을 의미하는 것은 아니었어요. 길 위에 서서, 폐허 위에서, 낯선 땅에 서서, 옛길, 선한 길을 기억하고 그 길을 선택한다면, 아직은 '끝'이 아니라고 말씀하시는 겁니다. 정치적 공동체로는 끝이 났지만 여호와의 공동체는 끝나지 않았다는 것이죠. 하나님께서는 '사람들을 지키시는 성벽'이시기 때문에 다시 이 공동체는 건설될 수 있다는 희망입니다. 바로 이 시절을 온 몸으로 영으로 함께 겪으며 피를 토하듯 예언했던 예레미야의 메시지가 이런 희망을 담고 있다고, 저는 그렇게 생각해요.

유대인들의 종말론적 기다림

'종말론'은 유대-기독교적 신앙의 핵심적 사상 중 하나인데요. 흔히들 '종말'이라는 말을 들으면 무서워합니다. 지옥, 불, 심판과 처벌, 죽음 등과 같은 무시무시한 단어들과 연관 짓기 때문이죠. 하지만 유대-기독교적 종말론은 어떤 면에서는 가장 큰 희망을 담고 있어요. 마지막 때, 그때가 되면 우리 공동체는 모두가 다시 여호와를 알게 될 것이고, 그 지식으로 인해 아름다운 공동체로 회복될 거라는 희망이 유대-기독교적 종말론의 핵심이기 때문이에요. 그래서 "그때"에의 소망은 지금 이 고난의 시기, 절망스런 고통을 견디는 힘이 되는 겁니다. 이런 종말론적 소망 때문에 신앙인들은 지금 망했다고 절망하지 않아요. 결국 신앙의 눈으로 보면 하나님께서 다시 세우시려는, 다시 건설하시려는 시간을 허락하시는 것이라고 해석하죠. 삶은 결국 해석입니다. 바벨론으로 끌려간 이스라엘 신앙인들의 해석이 그러했어요. 아, 전지전능하신 여호와, 결코 패하지 않으시는 그 하나님께서 우리를 바벨론의 손에 넘기신 것은, 바로 "낯선 길 위에 서서 옛 길을 기억"하기 위한 시간을 허락하시고자 함이구나.

이런 소망은 예루살렘에 남게 된 사람들도 마찬가지였어요. 예레미야도 그 중 하나였죠. 예레미야가 그동안 "저항하지 마라" "그냥 바벨론으로 끌려가라" "어차피 예루살렘은 망한다"고 예언을 한 탓에 유다 백성들은 물론 바벨론 왕조차 그를 '친바벨론'이라고 생각했다고 했지요. 하여 예레미야를 환대했다고요. 원하면 바벨론에 가서 호위호식하며 살게 해주겠노라고 선택의 여지까지 주었습니다.

하지만 예레미야는 폐허가 된 예루살렘에 남습니다. 제사장 여호야다가 자투리 남은 헌금까지 살뜰하게 사용하여 샀던 소중한 성전 제기들까지 몽땅 털려 아무 것도 남지 않은 그 곳에. 도무지 희망이라고는 조그만 가능성조차 보이지 않는 그곳에. 남은 것이라고는 바벨론이 보기에도 형편없고 쓸모없는 '루저들' 뿐이었던 예루살렘에. 그동안 진흙구덩이에도 묻히고 감옥에도 갇히며 고난당했던 시절을 생각한다면, 앞으로는 꽃길만 걸어도 괜찮다고 자위할 수도 있었을 텐데. 하여 모르는 척 바벨론의 초청에 응했을 수도 있을 텐데. 예레미야는 바로 그 폐허 위에 남기로 합니다. "남은 자", 영광스럽게 화려하게 남은 자가 아닙니다. 폐허 위에 남겨진 이의 이름입니다. 하지만 이 "남은 자"는 이스라엘이 다시 회복을 꿈꾸는 종말론적 비전 속에서 참으로 중요한 의미를 지니죠.

다음 시간에는 바로 이스라엘이 품었던 "남은 자 사상"에 대해서 이야기해보려고 해요. 남은 사람들은 어떤 길을 가야 하는지 어떤 선택을 해야 하는지, 또한 무엇을 기억하며 마음의 할례를 새겨야 하나 생각해보는 시간을 가졌으면 좋겠습니다.

기도

사랑의 하나님, 북이스라엘에 이어 남왕국 유다까지 망하게 된 역사를 살펴보았습니다. 너무나 허탈합니다. 망연자실, 기운이 없습니다. 당신께서 오랫동안 이끌어 오셨던 제사장과 같은 나라가 이렇게 허무하게 망하는 것을 어찌 해석해야 할까요. 그러나 당신을 향한 믿음만큼은 끊어지지 않았기에 희망을 품어봅니다. 다시 회복시켜 주실 그날, 여호와의 날을 소망합니다. 저희들의 개인적인 삶을 통해서도, 저희가 속한 공동체 안에서도, 언제나 그렇게 당신의 날을 기대하고 소망하는 신앙인으로서, 이 종말론적 비전을 놓지 않고 살아가게 하여 주시옵소서. 예수님의 이름으로 기도합니다. 아멘.

인생 여정 가운데 막힌 담을 만났을 때, 원치 않는 일을 맞닥뜨렸을 때, 여호와를 아는 지식을 재정비 할 회개의 시간으로 삼아봅시다.

예순 번째 만남

"남겨진 자들"의 소망

요엘 1-3장

슬픔이 긴 여운으로 아직까지 남아 있으시죠? 이스라엘에 이어 유다조차 망하다니요. 그러나 너무 낙심 마세요. 오늘은 이 절망스런 가운데서도, 폐허 위에 서서도, 꿈꾸기를 그치지 않던 사람들 이야기를 하려 하거든요. 뭐라고요? 어디 소망의 여지가 있나요? 왕자들이 죽임을 당하고 왕이 두 눈을 뽑힌 채 끌려간 마당인데… 성전과 왕궁이 폐허가 되었는데, 쓸 만한 사람과 쓸 만한 자원은 다 바벨론으로 가져가고, 예루살렘에 남은 것이라곤 쓸모없는 것, 효용가치 없는 사람들만 남겨졌는데… 이런 마당에 무슨 소망이 있다는 말입니까? 그러게 말이에요. 폐허에 남겨진 이들의 심정은 어떠했을까요? 그들은 폐허 위에서 어떤 깨달음을 얻었을까요?

오늘은 "남겨진 자들의 소망"이라는 제목을 가지고 후기 예언자들의 사상에 대해 공부해보겠습니다.

때가 이르리니

예루살렘의 멸망을 다루면서 예레미야의 슬픔, 눈물 없이는 들을 수 없던 그의 마지막을 지속적으로 언급했었죠. 그런데 그의 행적을 보면 언뜻 이해하기 힘든 의아한 일이 하나 있습니다. 예레미야는 유다가 멸망하기 1년 전에 친척의 밭을 샀습니다. 예루살렘이 폐허가 될 것이라고 예언하던 사람이 땅을 샀다고요? 그러게 말입니다. "살룸의 아들 하나멜에게서 밭을 샀다"는 기록이 있습니다. 예루살렘 패망 바로 직전의 일입니다. 살룸은 훌다의 남편 이름이었죠. 예레미야의 숙부 이름도 살룸인데요, 그래서 예레미야와 훌다가 친인척 관계일 것이라는 추측을 했었죠. 바로 그 살룸의 아들이 하나멜입니다. 도대체 예레미야는 무슨 생각으로 하나멜의 땅을 샀을까요? 쌀 때 사 두었다가 나중에 땅값 오르면 부자가 되려고요? 설마요. 이스라엘 전통에서 땅은 매매의 개념이 아닙니다. 투기의 대상이 아니죠. 다만 기업 무를 친척이라면 자기 친지가 어려운 처지에 있거나 할 때 그의 땅을 대신 살 수 있었습니다. 그래야 그 토지가 같은 부족의 땅에 속하게 될 테니까요. 같은 부족 같은 혈연 집단끼리 주고받는 권리와 책임의 부분이었는데, 예레미야가 집안의 기업을 잇기 위해 숙부 살룸 집으로부터 밭을 매입한 것으로 이해됩니다.

그래도 그렇죠. 이미 예루살렘이 초토화 될 것을 다 알던 예레미야가 이걸 사고 싶었을까요? 그냥 풍문으로 들은 것도 아니고 하나님으로부터 직접 계시를 받아 눈에 자명했던 상황이었는데… 은 17세겔을 주고 굳이 땅을 살 이유가 무엇일까요. 앞으로 곧 닥칠 위기의 시간에 다만 얼마만이라도 현금을 더 가지고 있는 것이 유리할 텐데요. 하지만 예레미야는 이 결정이 자신의 단독 판단이 아니라고 기록합니다. 여호와께서 계시로 명령하셨다는 거예요. 곧 끌려갈 마당에 도대체 왜요? 대체 예레미야에게 무슨 궁극적인 목표가 있었던 걸까요? 그 궁금증을 풀기 위해 예레미야 23장 5-6절 말씀을 먼저 읽어보겠습니다.

> 여호와의 말씀이니라 보라 때가 이르리니 내가 다윗에게 한 의로운 가지를 일으킬 것이라 그가 왕이 되어 지혜롭게 다스리며 세상에서 정의와 공의를 행할 것이며 그의 날에 유다는 구원을 받겠고 이스라엘은 평안히 살 것이며 그의 이름은 여호와 우리의 공의라 일컬음을 받으리라(예레미야 23:5-6).

예레미야는 이미 구원의 날을 약속받은 거예요. 이게 끝이 아니라는 것을 알고, 또 믿고 있었던 것이죠. 결국 이스라엘이 다시 회복될 때가 이를 것이라는 약속, 그걸 믿었기에 예레미야는 돈을 지불하고 약속의 땅을 산 것이 아닐까요? 그러고 보면 예언자들은 참 고달파요. 아무도 그 위기감을 느끼지 못할 때 앞서서 "망한다"고 선포해야 하고, 이제는 망하지 싫어서 뭐든 현금화하려고 난리일 때 땅을 사다니요. 곧 폐허가 될 땅은 사서 무엇하려고? 많은 이웃들이 그의 행동을 기이하게 생각했을 겁니다. 그러나 여호와께서 기업으로 주신 땅을 사면서까지, 예레미야는 희망을 남겨놓습니다. 때가 이를 거다. 지금은 그때가 아니지만 결국 때가 이른다. 그때가 되면 여호와께서 다시 다윗의 가지에서 한 왕을 일으키실 것이다. 궁극적으로 예수님을 의미하는 것임을 우리는 잘 알고 있지요. 하지만 예레미야가 이것을 알았을까요? 우리가 이를 확언하며 판단할 수는 없어요. 하지만 "다윗의 가지"라는 말은 유다 백성들에게는 매우 특별한 의미를 지닙니다. 그때가 언제인지는 모르나 여호와께서 예비하신 "그때"가 되었을 때에, 이 공동체는 다시 하나님의 놀라운 제사장 나라로 재건될 것이다. 그때에는 지혜가 가득하고 모두에게 공의가 베풀어질 것이다. 여호와를 아는 지혜가 없어 망했고 공의가 없어 실패한 유다와 이스라엘이, "그때에"는 다시 구원을 얻을 것이다. 나라가 망한 시점에서는 결코 상상도 할 수 없는 예언이지요.

절망의 끝에서 잡는 희망

예레미야가 이렇게 맨 마지막에 와서야 품게 된 소망스런 메시지는 후기 예언자들에게는 주요한 강조점이었습니다. 참 이상한 사람들이네? 다 망한 마당에 이제 와서 희망의 메시지? 어찌 보면 놀리는 것 같이 느껴질 수도 있습니다. 하지만 생각해 보세요. 바벨론으로 끌려간 사람들도 두려웠겠지만, 폐허가 된 예루살렘에 남겨진 사람들이 가졌을 허탈감과 공포를요. 끌려간 사람들은 적어도 자기들이 살았던 고향의 모습이 어떻게 되었는지는 모르잖아요. 낯선 땅에서 비록 몸과 마음이 힘들었겠지만 그래도 '소망'을 품기에는 오히려 나은 상황이었을 거예요. 그들의 머릿속에 이상화한 고향을 그리며 꿈꾸면 되니까요. 오히려 더 절망적인 사람들은 현실을 계속 보면서 사는 사람들일 겁니다. 예루살렘에 남겨져서 고향의 파괴를 생생히 지켜본 사람들, 파괴된 건물들이 폐허가 된 모습을 매일 직면해야하는 사람들. 이렇게 남겨진 사람들을 위해 예레미야는 같이 남기로 결정하고 그때부터 소망을 이야기하기 시작해요.

그래서 예레미야의 후기 예언도 그렇고, 이사야의 제자들이 바벨론 포로기에 예언한 부분에서도 우리는 소망의 메시지를 발견하게 되는 겁니다. 오늘 살펴볼 요엘에 이르기까지 유다 패망 이후의 후기 예언자들은 공통적으로 소망을 이야기합니다. 그것이 늘 백성들보다 앞서서 준비하시는 여호와의 말씀을 전하는 예언자들의 운명이었으니까요. 지금 울지만, 이게 끝이 아니다. 눈에 보이는 것 너머를 보아라.

남겨진 자, 남은 자라는 표현은 영어로 remnant인데요. 서구권에서는 종종 영화 제목으로 쓰이기도 하는 익숙한 단어죠. 가장 절망적인 상황에서 남겨진 소수의 이야기를 다룰 때 저 표현을 자주 가져옵니다. 램넌트, 후기 예언자들에게 공통으로 나타난 특징이 바로 "남은 자" 사상입니다. 이스라엘 공동체가 말하는 "남은 자"는 누구일까요? 물론 문자적으로는 예루살렘 터전에 남아 회복을 기다리고 있는 자들이 "남은 자들"입니다. 그러나 또한 끌려간 사람들 중에서도 바벨론의 문명의 흡수되지 않고 여호와의 규례를 끝까지 따르던 사람들이 바로 그 "남은 자들"에 포함되어요. 그들이 약 반세기 이후에 예루살렘의 회복을 꿈꾸며 돌아오거든요. 그러니 "남은 자들"이라고 했을 때는 그 해석을 조금 더 넓혀 이해하면 좋겠습니다. 지역적 제한을 넘어 신앙적 의미로요.

사실 성경을 돌아보면 남겨진 자들, 혹은 남은 자들은 이들이 처음은 아니었어요. 구약에서만 보면 "remnant(남겨진 자)"라는 표현이 540여회나 나와요. 우리가 아는 성경 인물 중에서 완전히 폐허 위에 남겨진 최초의 인물은 누구였을까요? 바로 노아가 아닐까 싶습니다. 성경에 그가 느꼈을 참담함이 생략이 되어있어서 그렇지, 홍수의 물이 빠지고 남겨진 공간이 결코 아름다운 공간은 아니었을 겁니다. 많은 생명이 익사한 채로 사방에 널려있었을 텐데, 방주를 열고 나왔을 때 어떤 심정이었을지. 소스라칠 만큼 무섭고 또 외로웠을 거예요. 홀로 남겨진 부담감과 책임감이 컸겠죠. 또 "남겨진 자"라고 생각할 만한 인물이 누구일까요? 엘리야도 그렇습니다. 물리적으로 폐허가 된 상태는 아니었지만 여호와의 말씀을 전하는 선지자들이 아합과 이세벨에 의해서 죽임을 당했잖아요. 얼마나 많은 사람이 죽임을 당했는지 정말 피바다였다고 기록되어 있어요. 오죽했으면 엘리야와 같이 권능의 사람도 시냇가에 숨어 까마귀가 가져다주는 음식을 먹고 살았을까요. 엘리야는 변변치 않은 음식으로 연명을 하면서 골짜기에서 부는 찬바람을 맞으며 무슨 생각을 했을까요? 어쩌면 이렇게 홀로 남아 공포와 외로움을 견디는 것보다 차라리 동료들과 함께 죽는 것이 낫겠다는 생각을 하지는 않았을까요. '남겨진다'는 것은 그만큼 외롭고 고달픈 일입니다. 익숙한 사람들, 내 삶의 의미가 되고 위로가 되고 지지가 되던 사람들이 모두 사라지고 홀로 남겨진다는 것이니까요. 노아의 경우에는 온 생명이 다 사라지고 자신과 그의 가족만 남은 거고, 엘리야와 같은 경우에는 선지자 공동체에서 그만 남겨서 고립되어 살아갔죠. 물리적으로도 신앙적으로도 버티기가 참 힘들었을 겁니다. 그래도 하나님의 약속을 믿으며 견뎠겠죠. 우리는 하나님께서 택하신 제사장 나라이다. 믿음을 지킨다면 결국에는 우리를 회복시켜 줄 것이다. 그 소망이 없었다면 어찌 하루를 살아낼 수 있었을까요.

오늘 우리가 살펴볼 사람들 역시 "남겨진 사람들"입니다. 이들의 상황도 처참하기 그지없습니다. 나라는 망하고 모든 것은 폐허가 되었으며 사람들은 끌려갔습니다. 그렇게 남겨진 사람들입니다. 이런 사람들이 갖는 두려움, 공포, 부담감은 정말로 컸겠죠. 바로 이들에게 거룩한 소망을 품고 회복의 메시지를 전한 것이 후기의 예언자들이 공통으로 가졌던 모습입니다. 남은 자에 대한 비전은 이미 이사야에게도 있던 메시지이기는 해요. 이사야 10장 20-21절 말씀에 나와 있어요.

> 그 날에 이스라엘의 남은 자와 야곱 족속의 피난한 자들이 다시는 자기를 친 자를 의지하지 아니하고 이스라엘의 거룩하신 이 여호와를 진실하게 의지하리니 남은 자 곧 야곱의 남은 자가 능하신 하나님께로 돌아

올 것이라(이사야 10:20-21).

"야곱의 남은 자"는 이스라엘의 남은 자라는 의미입니다. 야곱이라는 이름은 열두 지파를 의미해요. 북왕국 이스라엘과 남왕국 유다를 다 포함하는 이름이죠. "그 날에 이스라엘의 남은 자와 야곱 족속의 피난한 자들이 다시는 자기를 친 자를 의지하지 않을 것"이라 했습니다. 앗수르나 바벨론과 같은 강대국의 힘을 의지하지 않고 여호와를 의지하게 된다는 것이지요. 다른 인간 세상을 의지하지 않고 여호와를 의지하는 신앙을 회복한다는 예언입니다. 히브리어로 "남은 자"의 어원을 따져 보면 '그루터기'라는 의미가 있어요. 건축물을 만드는 사람들은 나무의 몸통 부분만을 쓸모 있다고 생각합니다. 그래서 윗부분만 베어가지요. 그러고 남은 부분이 그루터기입니다. 바벨론도 그랬어요. 쓸모 있는 것은 다 가져가고 나무의 그루터기는 쓸모가 없으니 버린 거잖아요. 그렇게 남겨진 거였죠. "건축자들의 버린 돌"이라는 표현도 같은 맥락에 있습니다. 세상 사람들에 눈에는 쓸모없는 것, 버려진 것, 요즘 아이들이 자조적으로 말하는 "잉여" 더 심하게는 "루저"로 평가받는 존재들. 그래서 남겨져 버림을 받았는데, 사실은 그것이 하나님에게 뿌리를 내린 그루터기로 남아 있는 거죠. 생명력 없어 보이고 미미해 보이지만 그것이 남아 있을 때 어떤 일이 생겨나는지에 대한 예언이 예언자들의 입에서 나오는 거예요. 이사야 6장 9-13절 말씀입니다.

여호와께서 이르시되 가서 이 백성에게 이르기를 너희가 듣기는 들어도 깨닫지 못할 것이요 보기는 보아도 알지 못하리라 하여 이 백성의 마음을 둔하게 하며 그들의 귀가 막히고 그들의 눈이 감기게 하라 염려하건대 그들이 눈으로 보고 귀로 듣고 마음으로 깨닫고 다시 돌아와 고침을 받을까 하노라 하시기로 내가 이르되 주여 어느 때까지니이까 하였더니 주께서 대답하시되 성읍들은 황폐하여 주민이 없으며 가옥들에는 사람이 없고 이 토지는 황폐하게 되며 여호와께서 사람들을 멀리 옮기셔서 이 땅 가운데에 황폐한 곳이 많을 때까지니라 그 중에 십분의 일이 아직 남아 있을지라도 이것도 황폐하게 될 것이나 밤나무와 상수리나무가 베임을 당하여도 그 그루터기는 남아 있는 것 같이 거룩한 씨가 이 땅의 그루터기니라 하시더라(이사야 6:9-13).

'아멘'인 말씀이지요. 원래 난세가 영웅을 만드는 법이고 고난이 사람을 성장시키잖아요. 저는 어렸을 때 이 구절의 초반부가 잘 이해가 안됐어요. 너희가 가서 아무리 얘기해도 내가 귀를 막을 거다, 예언이 실패할 거다, 이런 말을 읽고 있자니 그런 생각이 드는 거예요. 그럴 거면 왜하지? 소용이 없는 일을 왜 시키시는 걸까? 이사야의 말씀은 예루살렘이 망하기 전의 예언임에도 불구하고 이미 예루살렘의 황폐함을 암시합니다. "주여 어느 때까지니이까?" 하고 이사야가 묻자 여호와께서 대답하셨다고 합니다. "성읍들이 황폐하여 주민들이 없고 가옥에도 사람들이 없고 토지가 황폐하게 될 때"까지라고요. 그러나 이 본문은 동시에 소망도 전합니다. "밤나무와 상수리나무가 베임을 당하여도 그 그루터기는 남아 있는 것 같이 거룩한 씨가 이 땅의 그루터기"라고요.

멈추었을 때 비로소 꾸는 꿈

이게 바로 바벨론에 의해 초토화된 폐허의 모습이지요. 거기에 남겨진 사람들, 남아 아무것도 할 수 없는 사람들. 그들이 결국 할 수 있는 것은 둘 중 하나입니다. 절망하고 한탄하며 죽지 않고 남겨져 있는 처지를 저주하는 길, 혹은 하나님을 다시 바라보며 소망을 달라고 부르짖는 것. 문제가 많고 큼에도 불구하고 일상이 지속될 때는 그 문제가 드러나지 않아서 개선과 변화가 어려울 수 있어요. 어떤 면에서는 그 '아무 일 없음'이 저주일 수 있는 거죠. 성찰을 못하고 무엇이 문제인지 모르니까요. 그에 반해 일상이 깨지고 멈출 만큼 위기 상황이 된 것, 그 자체는 정말 두렵고 끔찍한 일이지만 그 '멈춤'이 주는 은혜가 있습니다. 즉, 할 수 있는 일상이 없어요. 삶이 이어지질 않는 거예요. 이런 삶에서는 오히려 초심으로 돌아갈 수가 있지요.

모든 것이 올 스톱된 상황에서 후기 예언자들은 같은 묵상을 했던 거죠. 요엘은 그 부분을 노래한 가장 대표적인 예언자 중 하나입니다. 사실 요엘서의 저작 연대에 대해서는 너무나 여러 가지 견해가 제시되기 때문에 여기서 다 다룰 수는 없는데요, 그 정확한 시기보다는 남겨져 무릎 꿇고 기도하며 기다리는 과정에서 신앙적, 사상적 성숙을 이룬 후, 그러니까 바벨론 포로기 시절을 거친 이후의 저작이라고 보면 될 것 같습니다. 유다 땅에 남겨졌던 사람들과 바벨론에 끌려갔던 사람들 가운데, 이리저리 흩어지고 타국의 신앙이나 습속으로 흡수된 자들이 많았음에도 끝까지 여호와 신앙을 지켜냈던 사람들이 그 오랜 시간을 다 거친 후에 얻은 신앙적 깨달음이라면 더욱 소중한 것이겠죠.

요엘의 이름에는 여호와의 축약형과 하나님을 뜻하는 엘, 그러니까 여호와 하나님의 이름이 압축되어 있어요. 요엘 예언의 중요한 부분은 그가 더 이상 왕이나 제사장들만이 여호와의 영을 받는 존재로 언급하지 않는다는 점입니다. 요엘 2장 28-32절 말씀을 읽어볼까요?

그 후에 내가 내 영을 만민에게 부어 주리니 너희 자녀들이 장래 일을 말할 것이며 너희 늙은이는 꿈을 꾸며 너희 젊은이는 이상을 볼 것이며 그 때에 내가 또 내 영을 남종과 여종에게 부어 줄 것이며 내가 이적을 하늘과 땅에 베풀리니 곧 피와 불과 연기 기둥이라 여호와의 크고 두려운 날이 이르기 전에 해가 어두워지고 달이 핏빛 같이 변하려니와 누구든지 여호와의 이름을 부르는 자는 구원을 얻으리니 이는 나 여호와의 말대로 시온 산과 예루살렘에서 피할 자가 있을 것임이요 남은 자 중에 나 여호와의 부름을 받을 자가 있을 것임이니라(요엘 2:28-32).

여호와의 영을 만민에게 부어주신다는 겁니다. 그동안 '줄탁동시'

라는 표현을 즐겨 소개해 드렸습니다만, 설마 하나님께서 내내 그러지 않으시다가 이제야 '만민'에게 여호와의 영을 부으시겠어요? 사실 하나님께선 태초부터 우리 모두를 부르고 계세요. 다만 일상을 살아내는 일에 분주하여 우리가 미처 여호와를 바라보고 들을 순간을 갖지 못했던 것이죠. 시대적 한계도 있어요. 이스라엘 민족조차도 여호와의 영은 선지자와 사사, 왕이나 지도자와 같이 특별한 사람들에게만 내려진다고 생각했거든요. 인간-왕 시스템이 싫어 그런 사회를 '나와서'도, 그래도 지도자는 뭔가 특별해야 하니 여호와의 영이 한 사람을 선택하여 카리스마를 부여하신다는 발상을 하게 된 것이죠. 그래서 여호와의 영을 받은 사람만이 지도자가 되고, 자신들은 그를 중간자로 삼아 여호와의 가르침을 전해 듣는 것이고요.

하지만 소위 하나님의 영을 받아 소통한다는 왕이나 제사장들이 나라를 '말아먹은' 상황을 겪고 나니, 다시 곱씹게 되는 겁니다. 만물을 지으신 여호와이신데, 여호와의 영이 어찌 소수에게만 내리는 영일까? 어쩌면 이스라엘뿐만이 아닐지도 몰라. 결국 만인이 다 그의 영을 받을 수 있을 거야. 이런 믿음이 요엘의 예언에 담겨 있습니다. 모세도 이스라엘 백성들이 모두 하나님의 영을 받기를 소원하였습니다만(민수기 11:29), 굳이 제사장이 아니어도 괜찮고 뛰어난 지도자가 아니어도 괜찮은 겁니다. 남은 소수가 일으킬 불씨가 제대로 번져 가면, 장래에는 굳이 사사나 예언자, 혹은 왕도 필요 없는 시절이 올 것이라는 비전입니다. 여호와를 아는 지식을 갖는 이는 소수의 랍비나 율법학자로 국한되지 않을 것입니다. "여호와의 날"이 도래하면 남녀노소 모두 하나님의 영을 받게 될 테니까요.

이것은 아주 혁명적인 선포입니다. 더구나 이제 구원을 얻는 이들은 이스라엘만이 아닙니다. "만민"이에요. 이는 굉장히 큰 사상적 발전이에요. 왜냐하면 그동안 이스라엘 공동체는 여호와 하나님을 자신들만의 신이라 여겼거든요. 우리 공동체를 사랑하시는 하나님, 우리를 구원하시기 위해 이방 민족을 철저하게 진멸하시는 하나님이라고 생각하고 믿어 왔잖아요. 그런데 도저히 받아들일 수 없는 일이 발생한 거예요. 이방 나라인 바벨론에 의해 여호와의 공동체가 파괴되고 와해되었잖아요. 이게 어떻게 가능하지? 예루살렘 폐허 위에서, 바벨론 포로생활을 통해, 남겨진 자들이 깨닫게 된 것은 바로 "여호와는 우리만을 위한 배타적인 신이 아니구나."라는 것이었지요. 여호와의 목적은 이스라엘만의 회복이 아니라 전 인류를 향한 우주사적인 하나님의 구원이라는 것을 깨닫기 시작한 것이죠. 자신들의 흩어짐은 바로 이 큰 구원을 위해 의미 있는 사건이라고 해석한 것이구요.

'흩어짐'을 디아스포라diaspora라고 하는데요, 요즘에 글로벌 문화를 배경으로 자주 쓰이는 단어죠. 하지만 그 원류가 되는 사람들이 바로 나라가 망한 뒤에 여기저기 흩어졌던 유대인들이었어요. 흩어져서 삶도 신앙도 정체성이 위협받는 상황에서 자신들이 "남겨진 이유"를 끊임없이 물으며 하나님께 무릎 꿇었겠죠. 그러면서 "아하!"의 깨달음을 얻었을 거예요. 그동안에는 하나님이 그들의 편이라고 생각을 했지만, 실제로는 그들이 하나님의 편이었어야 한다는 것을 이제야 깨달은 거예요. 예언자들의 말을 무시하던 악한 정치가, 높은 사람들이 마음대로 행악을 저지르며 하던 말이 "여호와께서 우리와 함께하시지 아니하느냐"라는 것이었는데, 그것이 틀렸음을 알게 된 겁니다. 자기들은 그동안 자만했던 거예요. 여호와께서는 무조건 이스라엘만을 편드신다고 생각했었는데, 그게 아니라는 것을 망하고 난 뒤에 깨달은 거죠. 오히려 우리가 하나님의 편이 될 때, 우리가 여호와의 뜻을 온전히 알고 깨닫게 될 때, 그리고 그것을 전하는 소수의 남은 자가 될 때, 우리를 통해서 여호와께선 온 세상을 향해 기쁜 소식을 전하는 힘을 주실 것이다. 이런 신앙적 결론에 이르게 된 겁니다.

폐허 같은 일상을 살아가면서도 소망을 그치지 않는 남은 자들이 꺼뜨리지 않으며 소중하게 이어온 불꽃, 그 여호와 공동체의 비전은 이제 이스라엘을 넘어서 만민에게로 번져갈 겁니다. 그 "여호와의 날"을 믿고 앙망하고 그의 "남겨진 소수"로 살아내는 것, 그것이 요엘을 비롯하여 후기 예언자들이 잿더미 위에서 노래한 비전이었습니다. 이것이 남겨진 소수가 끝까지 놓지 않고 품었던 신앙이었습니다.

물론 "시온이 회복될 것"이라는 예언자들의 메시지를 오해하는 사람들도 있었어요. 이것을 정치적인 의미로 받아들여 "나라의 회복"이라고 생각하고 배타적인 민족주의적 운동으로 가져갔던 분파도 있었죠. 예수 시절에 열심당zealots이 그런 부류였습니다. 그렇지만 이는 요엘이 노래한 "여호와의 날"을 오해한 것입니다. 여호와의 영은 이스라엘 사람들에게만 '제한되어' 내리는 영이 아니기 때문입니다. 요엘의 꿈은 만인에게 하나님의 영이 부어지는 것이고, 만민이 여호와의 이름을 부르는 것이었어요. 모든 사람들이 여호와의 도를 알고 구원을 얻는 것이었죠. 다만 이 메시지를 싹틔울 중심지로서 '시온'이라는 이미지는 후기 예언자들이 공통으로 강조한 부분이었습니다. 그렇지만 이건 샘의 근원이요 중심지로서 사용된 이미지이지, 배타적인 시오니즘을 의미한 것은 아니었지요. 이 부분에 대해서는 후에 집중적으로 묵상할 기회가 있을 거예요.

민족적으로도 그렇고, 개개인으로도 그렇습니다. 일상이 잘 유지되다가 아주 극적으로 멈춰지는 순간이 있죠. 폐허와 같은 정도로 공허함만 남아 있는 상황에서 마치 내가 쓰레기가 된 것 같은 느낌을 갖게 될 때 말입니다. 우리가 신앙인이라면 바로 지금이 그루터기 신앙을 가져야 할 때구나, 이렇게 깨달았으면 좋겠어요. 나를 이곳으로 이끄신 하나님의 뜻을 생각하는 거죠. 남겨진 자의 몫은 굉장히 힘들어요. 부담감이 있을 수밖에 없는 노릇입니다. 뿌려진 모든 씨앗이 결실을 맺는 것은 아닙니다. 이 땅의 남은 자로 뿌려(흩어, 디아스포라에 담긴 뜻)졌지만, 타협해 버리거나 결실을 맺지 못하는 이스라엘 자손들도 많았잖아요. 우리도 마찬가지라고 생각합니다. 내적 좌절이 원인이든 외적 억압이 이유이든 우리의 일상이 멈췄을 때, 오히려 그때에 우리는 우리 존재의 뿌리를 깊게 더 깊게 여호와 하나님께 내리고 거룩한 부담감으로 나아가야 할 것입니다. 우리가 이 어려운 꿈을 꾸고 이를 현재로 불러오는 일에 동참할 수 있는 이유는 한가지예요. 우리가 여호와를 부르면 여호와께서 그 영을 우리에게 내려주신다고 약속하셨기 때문입니다. 제사장들이나 똑똑한 사람들에게만 내리는 것이 아니고요. 만민에게 내리시는 여호와의 영입니다. 바로 그 영의 도우심과 함께하심을 힘입어서 또 다시 일어날 수 있는 소망을 품을 수 있어요. 그래서 성경의 메시지는 복음입니다. 기쁜 소식이요.

기도

사랑의 하나님, 감사를 드립니다. 저희들의 일상이 너무 끔찍하게, 두렵게, 공포스럽게 멈춰질 때, 당신의 힘을 알면서도 너무 쉽게 주님을 원망했습니다. 그러나 실은 그 '멈춤'조차도 하나님께서 저희를 너무나 사랑하시어 주신 기회임을 고백하게 하소서. 인간적 노력이나 도모가 멈춘 그 순간이 당신을 바라볼 수 있는 귀한 시간임을 깨닫게 하시고, 저희들의 삶을 당신 안에서 새롭게 건설하는 순간으로 삼게 하소서. 살아가기도, 살아남기도 참으로 버거운 세상입니다. 이런 반생명적인 땅에서 "남겨진 자"로서 살아가는 일이 너무 어렵습니다. 그러나 미래에 대한 소망을 품고 저희들의 존재의 뿌리를 여호와 당신께 깊게 내리려 하오니, 그렇게 시간을 견디며 새로운 싹을 키워내는 그리스도인으로 살 수 있도록 힘을 주시옵소서. 예수님의 이름으로 기도합니다. 아멘.

믿음은 현실 너머를 봅니다. 폐허 위에 남겨져서야 비로소 깨달은 하나님의 뜻을 기억하며, 우리도 늦기 전에 남겨진 자의 소명을 감당합시다.

예순한 번째 만남

보복과 사랑, 니느웨를 향한 두 가지 계시?

나훔 1-3장, 요나 1-4장

지난 만남에서는 "남은 자 사상"을 묵상해 보았습니다. 땅과 나라를 잃고 이리저리 낯설고 고달픈 "길 위에 선" 이스라엘 백성들은 비로소 고난 속에서 옛 길을 기억해냈다고 했죠. 나아가 신앙적으로도 사상적으로도 더욱 성숙해졌지요. 그건 이방인들을 대하는 태도에 있어서도 마찬가지였어요. 오늘 살펴볼 예언자들의 이야기 역시 이런 성숙함을 엿볼 수 있는 에피소드입니다. 문서 예언자들은 보통 이스라엘 공동체를 향해 예언을 했어요. 그런데 오늘 공부할 두 예언자는 이 면에서 조금 남달랐습니다. 유독 남의 나라, 그것도 앗수르의 수도인 니느웨에 대한 예언이 주를 이루고 있거든요. 더욱 흥미로운 것은 이 둘이 상당히 다른 시선을 가지고 있었다는 점입니다.

물론 다른 예언자들이 이방 나라에 대한 예언을 전혀 언급하지 않은 것은 아니에요. 그렇지만 그들의 중요한 메시지의 강조점은 주로 이스라엘, 예루살렘, 즉 본인들의 공동체에 있었죠. 그런데 신기하게도 나훔과 요나는 앗수르의 수도 니느웨를 향한 예언을 주로 전했습니다. 니느웨는 그야말로 이스라엘 공동체에게는 특히나 무서운 이름이잖아요. 앗수르에 의해서 북왕국이 멸망했으니까요. 그리고 남유다도 앗수르의 침략과 위협으로 고통을 만만치 않게 당했거든요. 물론 유다는 바벨론에 의해 망하고 바벨론에게 끌려갔지만, 그 이전에 무서웠던 존재가 바로 앗수르였어요. 그러니 앗수르에 대해서 좋은 감정을 가지고 있을 리가 없죠. 더구나 자신들의 신인 여호와께서 앗수르를 생각하신다는 자체가 기분 나쁘고 분할 일이었습니다. 사실 증오보다 더 무서운 것이 무관심이라고 하잖아요. 앗수르 '따위'는 여호와의 관심 밖의 존재라고 생각했는데, 그런 점에서 앗수르의 수도 니느웨를 향해 여호와의 메시지를 전한다는 자체가 이스라엘 공동체에게는 낯선 일이었을 겁니다.

나훔의 예언, 인간 권력의 허무함을 노래하다

첫 번째 예언자는 나훔인데요. 그는 고향이 엘고스라는 것 말고는 그에 대해서 알 수 있는 정보가 없어요. 보통 문서 예언자들은 어느 왕 시절에 자신이 소명을 받았고 얼마동안 예언을 했다는 정보를 맨 첫 장 서두에서 밝히잖아요. 그런데 나훔은 "엘고 사람 나훔의 묵시의 글"(1:1)이라고만 밝혀요. 나훔서의 주된 메시지가 니느웨의 멸망이라는 점에서 니느웨가 멸망하기 이전에 쓰였다고 추측할 수 있습니다. 그렇다면 기원전 612년 이전의 예언이겠네요. 앗수르가 바벨론에 의해 망하는 때가 그 시기거든요. 앗수르는 남유다보다 먼저 바벨론에게 망했어요. 앗수르가 이집트의 수도 테베를 초토화하던 때인 663년을 기억하는 사람, 그래서 그런 강력한 앗수르가 망할 거라고는 상상조차 할 수 없었던 시절의 사람이 나훔이었다면, 이것은 매우 대단한 예언입니다. 끔찍하게 이스라엘을 괴롭혔던 초대강국 앗수르, 고대 근동을 으르르 떨게 하면서 결코 흔들리지 않을 것만 같던 제국 앗수르와 그 수도 니느웨를 향해 담대하게, 그것도 저주를 예언한 겁니다. 그 사자와도 같은 앗수르가 망하다니요. 아마 앗수르 전성기를 살았던 사람들은 비웃었을 지도 모릅니다. 그럼 나훔은 왜, 앗수르의 멸망은 생각조차 못할 그런 시절에 서슬 시퍼런 저주의 예언을 한 것일까요?

나훔의 예언을 흔히들 '보복의 시'라고 합니다. 곧 살펴보겠지만 나훔은 무시무시한 저주의 말들을 쏟아냅니다. 고대 근동에 그동안 수많은 강대국들이 일어나고 또 사라졌지만, 그 가운데에서도 이집트의 존재감은 대단했습니다. 아마 고대 근동인들치고 이집트가 망한다는 것은 생각도 못해 보았을 거예요. 그런데 그 이집트가 앗수르에 의해서 초토화되는 걸 목격한 거죠. 아, 이제는 앗수르의 시대구나! 이렇게 생각들을 했을 텐데, 그런 앗수르가 불과 반세기만에 바벨론에 의해서 망해버렸죠. 사실 학자들은 나훔의 예언이 앗수르의 멸망 이전인지 이후인지에 대해 여전히 논쟁들이 많아요. 만약 이후의 저술이라면 살짝 김이 새기는 합니다. 긴장감이 덜하니까요. 이전의 서술이라면 그야말로 "나훔은 오늘만 살고 말래나 봐.(요즘 청소년들의 표현입니다. 보나마나 불이익을 초래할 일에 용기를 보이는 사람을 향해서 하는 말이에요.)" 하고 놀랐을 겁니다. 하지만 이전이든 이후든 나훔의 언어들은 듣는 것만으로도 통쾌할 수 있습니다. 형제 나라 이스라엘을 멸망에 이르게 하고 자기들에게도 위협이 되었던 적국이 망한다니, 그것 참 고소한 일 아니겠어요? 일단 나훔서의 예언을 직접 들어보죠. 나훔 1장 1-3절 말씀입니다.

> 니느웨에 대한 경고 곧 엘고스 사람 나훔의 묵시의 글이라 여호와는 질투하시며 보복하시는 하나님이시니라 여호와는 보복하시며 진노하시되 자기를 거스르는 자에게 여호와는 보복하시며 자기를 대적하는 자에게 진노를 품으시며 여호와는 노하기를 더디하시며 권능이 크시며 벌 받을 자를 결코 내버려두지 아니하시느니라 여호와의 길은 회오리바람과 광풍에 있고 구름은 그의 발의 티끌이로다(나훔 1:1-3).

이 말을 한마디로 하면, "니느웨 너는 끝났다." 이 이야기이죠. 너희가 괴롭힌 것은 우리의 하나님을 업신여긴 것이니 여호와께서 가만히 계시지 않을 것이다. 이런 내용의 예언입니다. 그래서 '보복의 시'라는 별칭답게 짧은 글(총 3장)이지만 모든 장을 저주의 내용으로 꽉 채우고 있어요. 더 강도가 쎈 말씀을 볼까요? 나훔 2장 8-10절 말씀입니다.

니느웨는 예로부터 물이 모인 못 같더니 이제 모두 도망하니 서라 서라 하나 돌아보는 자가 없도다 은을 노략하라 금을 노략하라 그 저축한 것이 무한하고 아름다운 기구가 풍부함이니라 니느웨가 공허하였고 황폐하였도다 주민이 낙담하여 그 무릎이 서로 부딪히며 모든 허리가 아프게 되며 모든 낯이 빛을 잃도다(나훔 2:8-10).

정말 사실적인 묘사이지요? "물이 모인 못 같다"는 표현이 있는데 이건 무슨 뜻일까요? 예나 지금이나 치수는 민생과 정치적 안정을 위해 매우 중요한 부분입니다. 더구나 근동의 지역은 강수량이 골고루 계절별로 분포된 곳이 아니었어요. 그래서 도시마다 저수 시설을 매우 중요하게 여기고 대대적인 건축 사업을 실시하곤 했죠. 니느웨가 "물이 모인 못과 같았다"는 것은 물이 넉넉하게 저축되어 있어서 언제나 생명의 풍족함이 보장된다는 의미라고 생각합니다. 다시 말해 "물이 모인 못 같더니"라는 표현은 도시의 풍요로움과 같은 뜻입니다. 그 뒤에 구절에도 보면 "저축한 것이 무한하다"는 말이 나오잖아요. 도무지 결핍이라는 단어와는 거리가 먼 것 같은 공간 니느웨, 그런데 그런 요새와 같던 곳이 침략당할 거라는 경고입니다.

은과 금이 노략당하고 저축한 무한한 것들을 공허할 만큼 빼앗기리라고 하는데, 무엇보다 그 묘사가 처절합니다. 광포한 노략질에 놀라 니느웨 사람들이 도망하는 거예요. 뒤도 돌아보지 않고 긴박하게 도망가는 상황이 그려지고 있어요. 이 본문을 읽다보면 어느

듯 머릿속에서 상상이 되곤 합니다. 무릎은 언제 좌우가 부딪히죠? 덜덜 떨릴 때이죠. 보통 너무 달려서 힘들거나 두려울 때 저절로 그렇게 됩니다. 공포감을 정말 적나라하게 묘사한 거예요. 모든 허리가 아프게 된다는데, 이는 또 무슨 상황일까요? 얼른 생각하니 허리는 숙일 때 아픈 법인데, 계속해서 굽실굽실하며 허리를 굽히고 다녀서 허리가 아프게 된 것이 아닐까요? 잡혔다면 강제로 허리를 굽혀야했을 것이구요. 얼굴이 완전히 흙빛이 되는 상황이라면 어떤 정황일지, 역시 대략 짐작이 갑니다. 당시 니느웨는 모든 사람들에게 부귀와 권능과 힘의 상징이었으니 그곳이 이렇게 될 것이라는 것을 누가 상상을 했겠어요? 그런데 이런 상황을 예언하다니… 만약 이것이 니느웨가 강성하던 당시의 예언이었다면 이 말씀을 주님께로부터 들은 나훔의 입장에선 너무나 통쾌했을 것 같아요. 이스라엘의 멸망을 예언하는 것도 아니고, 오랫동안 그들을 괴롭혔던 니느웨의 멸망을 예언하라는 것이니까요. 예언을 하면서 본인도 전할 맛이 난다는 생각이 들었겠죠. 이렇게 생각하니 이전의 예언자들보다는 좀 나은 상황이었다 싶습니다. 적어도 예레미야처럼 자국의 멸망을 선포하는 상황은 아니니까요. 나훔의 기분을 반영하듯, 그의 표현들은 그야말로 리얼하고 실감납니다. 저주에 가깝게 점점 더 심해지는 나훔의 예언을 나훔 3장 1-3절 말씀을 통해 살펴보겠습니다.

화 있을진저 피의 성이여 그 안에는 거짓이 가득하고 포악이 가득하며 탈취가 떠나지 아니하는도다 휙휙 하는 채찍 소리, 윙윙 하는 병거 바퀴

소리, 뛰는 말, 달리는 병거, 충돌하는 기병, 번쩍이는 칼, 번개 같은 창, 죽임 당한 자의 떼, 주검의 큰 무더기, 무수한 시체여 사람이 그 시체에 걸려 넘어지니(나훔 3:1-3).

휙휙, 윙윙… 의성어를 많이 사용한 이 표현들은 낭독하는 것만으로도 위협감을 조성합니다. 예언을 하는 나훔도 아마 통쾌하게 이야기했을 것 같은데, 이 예언을 듣는 이스라엘 사람들은 박수치며 들었을 것 같아요. 그동안 예언자들이 했던 말들은 자기들을 향한 말이었으니 듣기 거북했을 텐데, 나훔의 예언은 정말 환영받을 만하죠. 물론 자기들도 조만간 당할 일이라서 마냥 즐거울 수는 없었겠지만, 그동안 그들을 괴롭혔던 니느웨가 그렇게 된다는 것을 들으니 일단은 기쁠 일입니다. 정말 나훔서는 처음부터 끝까지 이렇게 저주를 하다가 끝나요. 이스라엘 사람들에겐 충분히 신날 수 있는 예언의 메시지였죠.

하지만 나훔의 예언이 "쌤통이다"라는 1차원적인 의미만 담고 있을까요? 그랬다면 굳이 성경에 포함시켜 그 의미를 묵상하려 하지 않았을 지도 모릅니다. 나훔의 메시지는 인간에 의해 세워진 권력과 힘의 허무함을 이야기하고 있어요. 결국 이걸 보며 타산지석을 삼으라는 이야기겠죠. 유다 입장에서 이를 적용해본다면 의지할 곳은 이집트, 바벨론, 앗수르 어느 곳도 아닌 오직 여호와라는 의미가 함축되어 있는 것입니다. 물론 나훔의 메시지 자체에는 "여호와를 의지하라"는 말씀이 드러나 명시되어 있지는 않아요. 정말 처음부터 끝까지 니느웨를 향한 보복의 내용이 이어집니다. 그러고 보면 이렇게 비유적으로 말을 해도 찰떡 같이 알아듣는 신앙이 필요할 것 같아요. 인간이 세운 권력으로 죽이는 입장에 있는 사람들은 결국 똑같이 인간의 힘에 의해 죽임을 당할 것이라는 엄중한 경고의 메시지인데, 이를 그저 우리 원수 니느웨의 멸망을 예언한다고만 받아들이면 곤란하니까요.

요나의 예언, 그들도 내가 아끼는 생명이다

그런데 재밌으면서도 생각해보아야 하는 것이 무엇이냐면, 똑같은 니느웨에 대한 예언인데, 요나의 예언은 나훔의 예언과는 다르다는 것이죠. 다름을 넘어 대조적이기까지 해요. 어떻게 대조적인지 일단 함께 보겠습니다. 사실 요나와 나훔이 동시대 인물은 아니라고 봅니다. 요나의 시대에 대해 유추해보자면, 일단 성경에는 요나가 여로보암 2세의 통치기간에 활동했던 인물로 묘사되어 있어요. 그렇게 보면 나훔보다 살짝 이전의 인물이죠. 그럼에도 불구하고 학자들 이야기는 요나서 자체가 쓰인 것은 훨씬 뒤의 일일 것이라고 말을 해요. 왜냐하면 요나서에 쓰인 히브리어가 굉장히 후대의 히브리어에요. 우리도 한글의 형태나 표현을 보면 그것이 몇 세기에 쓰인 것인지 알 수 있잖아요. 조선 중기의 표현인지 19세기 문체인지 분석이 가능하죠. 히브리어도 마찬가지예요. 그래서 학자들은 요나의 글이 나훔보다 훨씬 더 뒤에 쓰인 것이라고 이야기를 하는 거죠. 어떤 학자들은 심지어 바벨론 시대도 아니고, 바벨론이 페르시아 왕국에게 망한 뒤의 저작이라고 보기도 해요.

페르시아 왕국 시기라고 추측할 만큼 연대가 뒤로 물러나는 마당에 시기적인 부분은 크게 중점을 두지 않으려 해요. 다만 중요한 부분은 이 예언도 니느웨에 대한 예언이었다는 것이죠. 요나가 받은 예언의 내용은 무엇일까요? 주일학교를 열심히 다니신 분들은 대부분 다 아실 겁니다. 그의 예언은 니느웨로 가서 멸망을 선포해야 하는 것이었습니다. 이 점에서는 나훔의 예언과 다를 바 없지요. 그들의 악이 너무 커서 40일 이내에 여호와께서 이 성읍을 폐허가 되도록 할 것이라고 전하는 것이 요나의 임무였습니다.

그런데 요나는 이 예언을 받고 화가 나서 계속해서 거절합니다. 급기야 니느웨로 가지 않고 다시스로 가는 배를 타기까지 하죠. 요나는 왜 예언 전하기를 거부했을까요? 두려워서? 자신의 예언 때문에 죽임을 당할까봐? 물론 두려움도 있었겠지만, 그런 두려움 때문에 예언을 그친다면 그건 예언자의 자세가 아니지요. 오히려 요나는 여호와께서 '헤세드의 하나님'이라는 것을 알았기 때문에 화를 냈다고 생각해요. 폐허로 만드실 거라면 뭐하러 요나를 보내서 미리 경고를 하시겠어요? 요나는 예언자의 사명을 알고 있었던 겁니다. '망한다'는 경고는 늘 자신의 공동체인 이스라엘을 향한 여호와의 관심의 표현이었어요. 그리고 그 경고는 정말로 망하게 하려고 하신 말씀이 아니라 이스라엘을 돌이켜 살리시려고 했던 말씀인 것도 알거든요. 결국 니느웨에 가서 "너희의 악 때문에 40일 내에 망한다"는 경고의 메시지를 전하라는 것은 니느웨로 하여금 돌이킬 기회를 주시려는 것이었죠. 여호와의 헤세드, 그것이 니느웨를 향하는 것 같아 요나는 기분이 상했습니다. 이 메시지를 전하고 싶지 않았던 거예요. 이방 나라, 그것도 이스라엘의 적국을 향해 살리시려는 관심이 있다는 것을 알게 되자 요나는 니느웨로 가서 말씀을 전하고 싶지 않았던 거예요.

어떤 면에서는 나훔보다도 심보가 못되어 보일 수도 있죠. 나훔은 차라리 예언으로 말을 전하기라도 하는데, 요나는 말을 전하는 것이 좋다는 것을 알고도 그것을 하고 싶어 하지 않는 것이니까요. 혹여 니느웨 사람들이 그의 예언을 듣고 회개라도 하는 날엔 그들을 오랫동안 괴롭혀 오던 그 민족이 구원을 받을 수도 있으니까요. 요나도 사실 마음씨에 있어서는 나훔 못지않았을 겁니다. 그만큼 이스라엘 공동체에게 앗수르와 그 제국의 수도 니느웨가 가진 상징적인 의미는 아주 이가 갈리는 이름이었죠. 하물며 그런 곳에 회개의 가능성을 줄 수는 없다는 것이 요나의 결론이었습니다. 그래서 보내신 곳이 아니라 차라리 도망가고 혼나고 말겠다는 생각으로 반대 방향으로 도망을 간 겁니다.

그 다음 이야기는 잘 아시죠? 어렸을 적 성경학교에서 그림이나 만화로 즐겨 보던 장면 말입니다. 고래 뱃속에 들어가 3일간의 회개 끝에 결국은 니느웨로 돌아가게 되지요. 하지만 우리가 미워하는 존재는 망해야 한다는 인간적인 마음이 있는 것처럼, 요나도 같은 마음을 접을 수 없었습니다. 고래 뱃속에서 고생하는 동안 마지못해

가겠다고는 했지만 요나는 여전히 기꺼워 보이지 않습니다. 요나의 예언을 일단 들어보지요. 요나 3장 3-5절 말씀입니다.

요나가 여호와의 말씀대로 일어나서 니느웨로 가니라 니느웨는 사흘 동안 걸을 만큼 하나님 앞에 큰 성읍이더라 요나가 그 성읍에 들어가서 하루 동안 다니며 외쳐 이르되 사십 일이 지나면 니느웨가 무너지리라 하였더니 니느웨 사람들이 하나님을 믿고 금식을 선포하고 높고 낮은 자를 막론하고 굵은 베 옷을 입은지라(요나 3:3-5).

사흘을 걸어야 다 걸을 수 있는 성읍인데 하루 동안 돌아다니며 말씀을 전했다고 되어 있어요. 열심히 한 것도 아니에요. 하루만 전했어요. 목소리도 아마 개미처럼 작았을 겁니다. 요나는 싫었을 테니까요. 하나님 말씀의 힘을 알기에 행여 그들이 하나님의 말씀을 믿을까 봐 걱정이 되었던 겁니다. 아, 그런데 어떡하면 좋아요. 요나가 걱정했던 일이 현실로 벌어졌어요. 정말로 니느웨 사람들이 즉시 회개를 한 거죠. 이 황당한 상황을 말씀으로 보겠습니다. 요나 3장 5-6절, 7-8절 말씀입니다.

니느웨 사람들이 하나님을 믿고 금식을 선포하고 높고 낮은 자를 막론하고 굵은 베 옷을 입은지라 그 일이 니느웨 왕에게 들리매 왕이 보좌에서 일어나 왕복을 벗고 굵은 베 옷을 입고 재 위에 앉으니라(요나 3:5-6).

왕과 그의 대신들이 조서를 내려 니느웨에 선포하여 이르되 사람이나 짐승이나 소 떼나 양 떼나 아무것도 입에 대지 말지니 곧 먹지도 말 것이요 물도 마시지 말 것이며 사람이든지 짐승이든지 다 굵은 베 옷을 입을 것이요 힘써 하나님께 부르짖을 것이며 각기 악한 길과 손으로 행한 강포에서 떠날 것이라(요나 3:7-8).

조금 속된 말로 요나로서는 미칠 노릇이죠. 망해야 마땅한 사람들이 곧 흥하게 생겼으니 싫을 만도 합니다. 어쩌면 이 그림은 그동안 이스라엘의 모든 예언자들이 자신의 공동체를 향해 늘 원하고 그렸던 모습이었을 겁니다. 여호와의 말씀이 선포되었을 때에, 왕부터 백성들(거기다 소, 돼지 짐승)까지 모두가 회개하고 돌이키는 모습 말입니다. 모든 생명들이 재 위에 앉았다는 것은 겸허하게 그들의 행악함을 자복하며 회개하고 있다는 말이거든요. 베옷을 입고 금식하기 위해서 그동안 반복되던 일상을 스스로 멈추었다는 의미입니다. 이는 그동안 미처 깨닫지 못하고 관행처럼 행했던 악한 길과 손으로 행한 강포에서 떠났다는 의미입니다. 이스라엘은 여호와의 심판이 내리고 남은 폐허 위의 잿더미에서 겨우 후회하고 반성했는데, 이들은 예언을 듣자마자 스스로 자기들의 일상을 멈추고 금식하고 기도하면서 그동안의 죄악을 그친 겁니다. 이는 그냥 잠시 겉으로만 회개하고 다음 날 다시 행악을 저지르는 일상으로 돌아가겠다는 것이 아닙니다. 회개란 진정한 돌이킴이거든요.

저는 구약성경 학자가 아니라서 논쟁을 할 만큼의 상세 지식을 갖고 있지 않습니다만, 알고 있는 지식의 범위 내에서 요나서가 한참 뒤에 쓰여졌다는 입장에 동의하고 있습니다. 왜냐하면 역사적으로 니느웨는 계속해서 포악했거든요. 니느웨가 이렇게 반응한 것이 만약 역사적 사실이었다면 앗수르는 망하지 않았을 테니까요. 오히려 요나의 메시지는 이미 앗수르 제국의 힘이 스러지고 니느웨가 망한 것을 아는 사람들에게 들려졌을 거라고 봅니다. 적국의 회개에 대한 이야기이지만 오히려 이 이야기가 대상으로 삼은 청중은 이스라엘 공동체였을 것이라는 말이죠. 우리가 적국이라고 생각되는 나라조차도 여호와께서는 사랑하시고 그의 관심 가운데 두신다. 그러니 예언의 메시지를 우리와 같이 전달받기 원하시는 것이 아니겠는가? 그들 역시 회개하고 돌이킨다면 용서하고 회복시키시는 분이 여호와이시다.

만인을 구원하시는 하나님의 보편적 사랑에 대한 이해가 유대교 공동체에 등장한 것은 페르시아 시대, 그러니까 훨씬 후대에 생긴 것이에요. 누구든 여호와를 부르기만 하면 구원이 임하리라는 사상이 요나서의 핵심 메시지입니다. 비록 구체적인 대상은 니느웨를 향한 예언으로 그려져 있지만, 이 내용이 쓰인 것이 이미 니느웨가 망한 뒤라면, 이 예언을 역사적으로 듣는 것보다 궁극적인 메시지에 집중하는 것이 필요합니다. 니느웨는 약한 나라를 폭력적으로 침략하는 악행을 그친 적이 없어요. 이스라엘도 결국 앗수르에 의해서 망했잖아요. 니느웨가 돌이켰다면 이런 일은 더 이상 일어나지 않았겠죠.

요나서가 상당히 후대의 저작일 것이라는 저의 생각은 요나의 신앙 고백 때문이기도 해요. 결국에는 이방인까지도 사랑하시는 하나님의 헤세드를 인정하는 것 말입니다. 요나서에서 니느웨는 이전의 죄를 돌이켰고, 여호와께서는 헤세드를 베푸십니다. 그래서 그들을 망하게 하겠다는 생각을 거두세요. 그러자 요나는 속상해서 투덜거리죠. 요나 4장 1-3절 말씀입니다.

> 요나가 매우 싫어하고 성내며 여호와께 기도하여 이르되 여호와여 내가 고국에 있을 때에 이러하겠다고 말씀하지 아니하였나이까 그러므로 내가 빨리 다시스로 도망하였사오니 주께서는 은혜로우시며 자비로우시며 노하기를 더디하시며 인애가 크시사 뜻을 돌이켜 재앙을 내리지 아니하시는 하나님이신 줄을 내가 알았음이니이다 여호와여 원하건대 이제 내 생명을 거두어 가소서 사는 것보다 죽는 것이 내게 나음이니이다 하니(요나 4:1-3).

화가 단단히 났지요. "제가 이럴 것 같아서, 이럴 줄 알고 안 오려고 했잖아요. 그런데 이런 일이 생기잖아요." 이렇게 투덜대고는 더 이상 살고 싶지 않으니 자신의 생명을 거두어 가라고 대들기까지 합니다. 너무 속상했던 거예요. 정말 망했으면 좋겠다고 생각하는 사람들이 저렇게 구원을 받을 수 있다는 것이 말이 안 된다고 여긴 거죠. 얼마나 화가 났으면 자기 생명을 거두시라는 극단적인 말까지

했겠어요. 그런데 그 상황에서 하나님께서는 요나에게 큰 교훈을 주셨습니다. 소위 "박넝쿨의 교훈"이라고들 부르죠. "도대체 저 밉살스런 니느웨의 꼴이 어떨지 보자" 하며 높은 언덕에서 지켜보고 있던 요나는 더위에 곤욕을 치릅니다. 그 지역 날씨가 대낮에는 아주 뜨겁거든요. 그런데 어디선가 갑자기 씨앗이 하나 떨어지더니 큰 박넝쿨로 자라 그늘을 만들어 주는 거예요. 이게 웬 떡이냐 싶었죠. 하여 그늘에서 시원하게 쉬고 있는데, 단 하루 만에 벌레가 꼬이더니 박 넝쿨을 다 갉아먹어 버린 거예요. 이에 요나가 화가 났죠. 기왕이면 그늘을 계속 주시지, 줬다 뺏는 것이 얼마나 치사한 일인데, 왜 박넝쿨을 없애시냐고 투덜거렸죠. 이에 여호와께서 요나에게 하신 말씀이 4장 10-11절입니다.

여호와께서 이르시되 네가 수고도 아니하였고 재배도 아니하였고 하룻밤에 났다가 하룻밤에 말라 버린 이 박넝쿨을 아꼈거든 하물며 이 큰 성읍 니느웨에는 좌우를 분변하지 못하는 자가 십이만여 명이요 가축도 많이 있나니 내가 어찌 아끼지 아니하겠느냐 하시니라(요나 4:10-11).

아차, 요나가 이걸 배운 거예요. 실은 요나만 이걸 배운 것이 아니라 요나의 이야기를 듣고 있는 이스라엘도 배우는 거죠. 그 동안에는 우리만 잘 살고 우리만 구원해주시고 우리 적국은 쫄딱 망해야 하는 것이 여호와의 살아계심을 증거하는 것이라 생각했는데, 그렇지 않은 것이죠. 창조주 하나님은 생명을 주신 분이거든요. 그런 여호와께서 왜 우리만 배타적으로 사랑하시고 아끼시겠어요? 모든 생명을 아끼지 않을 리가 없는 거죠. 여호와의 이름을 진심으로 부른다면, 여호와를 아는 지식을 갖는다면, 여호와의 도를 따라 살겠다고 마음을 먹는다면, 이스라엘만이 구원의 대상이 아니라는 것을 깨달은 것이죠. 박 넝쿨 하나로도 분통을 터트리다가 요나는 깨닫게 된 겁니다. 니느웨 성읍에는 좌우를 분별하지 못하는 자가 십이만여 명이고 죄 없는 가축들도 잔뜩 있는 공간이라는 것을요. 이를 아끼시는 하나님의 사랑은 너무나 당연한 것이었어요. 그들에게도 돌이킬 가능성, 그분을 알 가능성, 그분의 법도대로 살 가능성을 열어두시고 싶으신 하나님의 심정을 그제야 이해한 겁니다.

묻고 싶네요. 나훔과 요나, 니느웨라는 같은 도성을 향하여 한 사람은 서슬 시퍼런 저주를, 다른 한 사람은 돌이킴과 죄의 용서를 예언했죠. 누가 맞는 걸까요? 어느 계시가 옳은 걸까요? 물론 역사적으로는 나훔의 예언이 사실에 더 근접하죠. 니느웨는 죄를 회개한 적이 없고 폭력적 침략을 돌이킨 적은 더더욱 없었으니까요. 하지만 저는 나훔이 먼저인지, 요나가 먼저인지, 누가 맞는 예언을 했고, 니느웨는 어떻게 되었는지 이런 부분에 대한 사실 관계는 크게 중요하지 않다고 생각해요. 우리만의 여호와라고 생각하며 배타적인 신앙을 가졌던 이스라엘 공동체가 사상적으로 성숙하게 되었다는 점이 중요합니다. 비록 저주를 퍼부었을지언정, 나훔의 예언도 이방 나라인 앗수르를 향한 예언이 주된 것이었으니까요. 도대체 남의 나라에 대한 이야기를 주로 전하는 예언서를 왜 굳이 쓰게 된 것일까요? 여호와가 우리들만의 여호와가 아니라는 사실을 알게 된 거예요. 여호와께서는 그의 이름을 부르는 모든 사람을 사랑하시고, 생명의 근원이시고, 돌이킨다면 헤세드를 베푸신다는 만인의 주라는 사실을 안 거죠. 그래서 이제 이스라엘만의 하나님이 아니라 만군의 여호와, 온 우주의 창조자라는 넓고 큰 여호와 이해를 하게 되었다는 것이 중요한 메시지인 것 같습니다.

기도

사랑의 하나님, 저희는 저희들의 그릇 만큼으로만 하나님을 제한하고 좁혀 해석할 때가 많은 것 같습니다. 그러나 인간의 상상이나 언어보다 항상 더 크시고 무한히 넓으신 주님, 행여 저희들의 편협함으로 당신의 무한하신 사랑을 좁히지 않도록 늘 일깨워 주소서. 만인을 사랑하시는 여호와 하나님의 크고 넓으심을 묵상하며, 당신을 사랑하는 저희들의 신앙이 타인을 정죄하거나 생명을 억누르는 잣대로 사용되지 않도록 도와주시옵소서. 저들은 구원을 얻지 못할 거야. 우리가 이렇게 단정했던 자들이 여호와로 인하여 구원의 기쁨을 얻을 때에 함께 기뻐할 수 있는 사랑의 마음을 허락하소서. 한 생명도 배제하는 생명이 없으신 당신의 사랑을 찬양하게 하소서. 예수님의 이름으로 기도합니다. 아멘.

나훔과 요나의 예언은 상반되어 보이지만, 배타적 민족애로 제한될 수 없는 하나님의 헤세드를 노래한다는 점에서 공통됩니다. 행여 우리의 신앙적 이기심이 이웃을 향한 하나님의 사랑을 가로막지 않는지 돌이켜봅시다.

그리 아니하실지라도

다니엘 1-6장, 하박국 3장

어느덧 구약에서 거의 마지막 이야기를 하고 있네요. 1권, 2권부터 함께 해온 독자시라면 참 긴 여정이었어요. 결국 망하게 된 공동체의 이야기를 배우겠다고 이 길고 긴 공부를 했나 "자괴감이 드실"(앗, 죄송합니다. 2016년 말의 '슬픈' 유행어였죠.)지도 모르겠습니다. 하지만 우리에게는 '종말론적 희망'이 있으니 "그 날" "여호와의 날"을 기대하며 남은 묵상을 꿋꿋하게 이어가기로 해요.

오늘은 바벨론으로 끌려간 사람들에 대한 이야기를 해보고자 해요. 바로 "다니엘과 세 친구"입니다. 사실 "다니엘과 세 친구"라고 일종의 한 패키지처럼 늘 세 친구들을 묶어서 기억했는데, 오늘만큼은 한 사람 한 사람 이름을 불러보고 싶습니다. 혹시 그 세 친구의 이름을 아시나요? 첫 번째 친구는 하나냐입니다. "여호와는 은혜로우시다"라는 뜻을 가지고 있어요. 두 번째 친구는 미사엘, "누가 하나님께 속했는가"라는 뜻이고요, 마지막 세 번째 친구는 아사랴, "여호와께서 도우신다"는 뜻입니다. 그런데 슬프게도 이 소년들은 바벨론으로 끌려가자마자 다른 이름을 부여받습니다. 마치 일제강점기의 창씨개명과 같은 거죠. 여호와와 관련된 이름을 가졌던 이름이 바벨론으로 끌려가 모두 바뀌게 되요. 벨드사살, 사드락, 메삭, 아벳느고 그 이름들은 모두 바벨론의 이방신들과 관련이 되어 있어요. 새 이름을 부여한 사람은 물론 바벨론의 왕이었죠. 이름은 참으로 중요한 정체성의 일부인데요, 이렇게 바벨론의 이름을 부여받은 다니엘과 하나냐, 미사엘, 아사랴는 어떤 삶을 살아갔을까요?

후에, 비교하여 보소서

강제로 낯선 바벨론 땅으로 끌려갔다는 것 자체가 슬프고 고통스러운 일인 것은 사실입니다. 하지만 다니엘과 하나냐, 미사엘, 그리고 아사랴의 경우에는 그나마 이스라엘의 다른 포로들에 비해 기회가 좋았어요. 그들이 어떤 처지에 있었는지 말씀을 통해 보겠습니다. 다니엘 1장 3-5절 말씀입니다.

왕이 환관장 아스부나스에게 말하여 이스라엘 자손 중에서 왕족과 귀족 몇 사람 곧 흠이 없고 용모가 아름다우며 모든 지혜를 통찰하며 지식에 통달하며 학문에 익숙하여 왕궁에 설 만한 소년을 데려오게 하였고 그들에게 갈대아 사람의 학문과 언어를 가르치게 하였고 또 왕이 지정하여 그들에게 왕의 음식과 그가 마시는 포도주에서 날마다 쓸 것을 주어 삼 년을 기르게 하였으니 그 후에 그들은 왕 앞에 서게 될 것이더라(다니엘 1:3-5).

일단 잡혀간 사람들 중에서는 나름대로 좋은 기회를 얻은 젊은이들이었죠. 청년실업률이 사상최대라는 대한민국에서는 자조적으로 "착취당할 기회라고 주어져봤음 좋겠다"고 한숨 쉬는 청년들이 많아요. 자기 나라에서 살면서도 이런 상황인데, 타국에 포로로 끌려가서 왕 앞에 설 수 있는 기회가 제공된 것이라면 그야말로 '로또 맞은' 인생입니다. 느부갓네살 왕은 학문을 굉장히 좋아했던 것 같아요. 총명하고 학식 있으며 용모도 아름다운 소년들(신라시대 화랑의 문과 버전처럼 느껴지네요)과 이야기하는 것을 즐겼나 봅니다. 그래서 환관장에게 명령을 한 거예요. 포로들 중에서 귀족 혹은 왕족 출신의 외모가 수려하고 학문이 뛰어났던 소년들을 뽑아 바벨론의 언어와 학문을 익히도록 하여 왕과 대화할 수 있도록 준비시키라고요. 그 교육기간이 3년이나 되었다니, 왕 앞에 서는 일이 만만한 일은 아닌 듯합니다.

그동안 어찌 학문만 익히겠어요? 왕을 대면할 소년들이라면 추레해 보이면 안 되는 법이죠. 하여 이 소년들에게는 특별히 왕의 음식이 내려졌습니다. 왕의 음식이라니 그야말로 산해진미였겠지요. 좋은 음식을 풍족하게 먹으며 공부하고 3년을 준비시켜 데려오도록 한 거죠. 바로 이런 기회가 네 친구에게 주어진 겁니다. 이건 정말 굉장한 특혜입니다. 그들이 시키는 대로 잘 따르면 남의 나라에서도 승승장구할 가능성이 있으니까요.

이런 자리에 뽑힌다면 어떤 기분일까요? 대우를 받으니 일단은 좋겠죠. 감사한 마음도 들겠고요. 하지만 이들에게는 한 가지 걸리는 것이 있었습니다. 바로 왕의 음식이에요. 이스라엘에서 내려진 왕의 음식이라면 유대교 율법의 음식 규례에 어긋나지 않으니까 그야말로 영광으로 여기며 감사히 먹었겠죠. 그러나 이곳은 바벨론입니다. 이스라엘 민족이 먹지 않는 음식이 정결법에 따라 구분이 되어 있을 리가 없어요. 그래서 여호와의 규례를 따르는 이들의 입장에선 그것을 먹으면 규례를 어기는 것이 될 수 있는 거예요. 바벨론 왕이 준 이름은 그들의 동의 여부와 관계없이 부여되는 것이지만, 음식은 스스로 먹는 거잖아요. 자신들의 신앙적 결단이 요구되는 상황이었던 겁니다.

물론 신약의 가르침에 따르면, 입으로 들어가는 것이 우리를 더럽게 하는 것은 아니죠. 하지만 네 명의 유대인 소년들은 어려서부터 받은 신앙과 양심을 저버릴 수 없었을 겁니다. 자신들의 신앙을 져버리면서까지 타국에서 출세할 수 없다고 생각했을 거예요. 그래서 네 친구는 한 명도 빠짐없이 왕의 음식을 먹지 않기로 결정합니다. 그러나 이는 쉬운 결정이 아니었지요. 왕이 내려준 음식, 그것을 거절했을 때 어떤 처벌이 내려질지 알 수 없는 것이니까요. 괘씸죄로 단칼에 사라질 지도 모를 일이죠. 그럼에도 자신들의 신앙 원칙을 지켜내려 했다는 것은 참으로 용감하고 순전한 선택이었지요.

그런데 제가 여기서 더 감탄한 부분이 있었는데요. 이 소년들의 순전한 신앙도 아름다웠지만, 안 먹기로 결정을 하되 그것을 거절하는 방식의 현명함이 돋보였다는 것입니다. 이들은 몇 살쯤 되었을까요? 요즘 대한민국에서 가장 무서운 연령이 중2라고 하던데, 소년들의 단순함과 용감함, 과격한 신앙이 자칫 너무 호전적인 방법의 거절로 이어질 수도 있었을 겁니다. 가장 안 다듬어진 혈기왕성한 나이니까요. "우리는 이 사악한 인간-왕 시스템을 받아들일 수 없어요. 우리는 바벨론이 싫어요. 차라리 죽이십시오!" 이런 비장함으로 응수한 것은 아닌가, 걱정이 될 만도 한데요. 그러나 이들은 매우 지혜로운 방식으로 거절을 함과 동시에 대안마저도 제시하여 왕의 환관장을 설득합니다. 다니엘 1장 12-13절 말씀을 읽어 볼까요?

청하오니 당신의 종들을 열흘 동안 시험하여 채식을 주어 먹게 하고 물을 주어 마시게 한 후에 당신 앞에서 우리의 얼굴과 왕의 음식을 먹는 소년들의 얼굴을 비교하여 보아서 당신이 보는 대로 종들에게 행하소서 하매(다니엘 1:12-13).

매우 공손하고, 또한 매우 합리적인 제안을 하는 거죠. 3년 동안 음식을 제공하는 이유가 왕 앞에서 추레해 보이지 않도록 하기 위함인 것이잖아요. 열흘 동안 우리 식으로 먹을 테니 우리들과 왕의 음식을 먹은 다른 청년들을 비교해보라는 것입니다. 그래서 전혀 건강이나 외모적으로 문제가 없으면, 우리는 우리 방식대로 섭생을 진행할 수 있도록 해달라고 간청한 것이죠. 참 지혜로운 제안입니다. 과도한 용감함을 보이거나, 분위기에 눌려 왕의 음식을 선택한 것도 아니고, 아주 합리적인 대안을 내어놓은 것이니까요. 이런 제안이 가능했던 것은 네 소년들이 그동안 삶의 경험에 비추어 자신이 있었기 때문일 거예요. 여태껏 여호와의 규례대로 먹고 살아왔음에도 불구하고 지치거나 몸이 약해지지도 않았고, 심지어 용모가 아름다워 바벨론 왕의 눈에도 든 것이니까요. 왕의 음식을 먹기 전에도 이 용모를 가지고 있었으니 자신이 있는 거죠. 그래서 자신이 있었다고 봅니다. 환관장 입장에선 굳이 싸울 일이 아닌 거죠. 왕의 음식을 먹이려던 본 목적은 이들을 건강하고 아름답게 유지시키는 것이었으니까요. 까짓것 열흘 정도 행색이 초라해진다 해도 큰 문제는 없으니까요. 얼굴을 상한다면 그때부터 왕의 음식을 먹여도 되는 일입니다. 3년이라는 충분한 시간이 있으니. 그래서 그들이 제안한 대로 열흘을 허락합니다. 그런데 열흘 후에 보니 다른 어떤 소년들보다도 "윤택하고 아름다웠다"는 것 아닙니까? 하여 환관장은 3년 동안 네 소년이 유대 음식법의 규례대로 먹도록 해 준 거예요.

지켜야 할 부분은 지키며 타향살이를 받아들인 네 소년의 지혜에 감탄을 하게 됩니다. 그러면서 소년들은 여러 가지 학문 활동을 성실하게 수행했어요. 우리가 왜 적국의 언어를 배워? 이들의 문화나 학문을 배울 이유가 없어. 이렇게 거부하지 않았어요. 한자성어에도 있죠. 지피지기면 백전백승이라고요. 물론 바벨론을 물리칠 힘을 기르고자 바벨론의 언어와 문물을 배운 것은 아니겠지만, 처한 위치에서 최선을 다해 힘을 기르는 모습은 슬기로운 선택이었다고 생각합니다. 그럼에도 유대인으로서 지켜야 할 것들은 지키며 살았으니까요. 하나님께서는 이 네 소년들에게 "학문을 주시고 모든 서적을 깨닫게 하시고 지혜를 주셨다"(1:17)고 합니다.

그리고 3년이 지났어요. 드디어 다른 소년들과 함께 왕 앞에 서게 되죠. 그런데 그 지혜가 얼마나 총명하고 뛰어났던지, "온 나라의 박수와 술객보다 십 배나 나았다"고 되어 있어요(1:20). 다니엘은 이에 더하여 환상과 꿈을 깨달아 풀이하는 능력까지 가지게 되었죠. 여기서 '박수'는 영들과 교통하며 종교적인 행위를 하는 무당을 의미해요. 왜 우리나라에도 남자무당을 '박수무당'이라고 부르지요. 이 당시에는 이런 이들이 지식인에 속했어요. 실은 고대 사회에서 샤먼은 늘 지배자의 위치에 있거나 존경받는 지식인이었어요. 우리나라의 경우 유교적 가치관이 자리 잡으면서 천시하게 되고 그저 민간신앙의 일부로 축소되어버렸지만요. 보통 한 나라나 부족의 샤먼은 그 공동체의 정체성을 유지하기 위한 구전 민담이나 공동체적 기억을 구술로 기억하는 지혜전수자였죠. 물론 제의를 집전하는 종교지도자이기도 하구요. 따라서 그들의 지적인 능력이 대단했습니다. 그런데 유다에서 온 네 소년들이 바벨론에 모여 있는 수많은 박수들보다도 열 배는 뛰어난 총명함을 보였다는 겁니다.

하하, 그래서인지 요즘 '어머니 기도회' 같은 곳을 가보면 그런 제목들을 많이 봅니다. "내 아이, 다니엘 만들기." "다니엘 학습법" "다니엘을 키우는 기도" 등등. 어머니들 마음이 다 비슷한가 봐요. "우리 아이를 다니엘과 같이 되게 하옵소서." 하는 간절함에 있어서는 동서고금의 모든 어머니들이 한 마음인가 봅니다. 내 아이를 엄친아(엄마친구아들의 약자. 뭐든 뛰어나다고 비교대상으로 언급되는 아이)로 만들기 위해서라면 뭐든 하는 열혈 학부모들이 가득한 우리 사회에서는 부러워할 만도 한 소년들이죠. 워낙 이렇게 뛰어나니까 왕이 가까이하기를 즐겨 했겠죠. 그들과 이야기를 나누면 재밌으니까. 왕은 소년들의 지혜에 너무 만족했었나 봐요. 그들과 가까이하며 담소하는 정도가 아니라 아예 관직까지 하사합니다. 하나냐와 미사엘, 그리고 아사랴에게는 수장의 자리를 주어 지방을 다스리도록 해 주었어요. 그리고 다니엘은 왕궁에서 다스리는 관리로 삼았죠. 다니엘이 얼마나 오랜 동안 왕의 측근으로 관직에 있었는지는 정확히 추측하기 힘들어요. 성경본문에는 고레스 왕 원년까지라고 하는데, 그럼 그야말로 반세기거든요. 물론 소년 시절에 끌려갔으니 장수했고 능력이 있었으면 가능했을 일이긴 합니다.

신앙의 원칙을 지켜내는 삶

하지만 다니엘서에서 주목해야 하는 것은 다니엘의 재임기간보다는, 유다의 네 소년들이 타국의 관리로서, 그것도 여호와를 모르는 이방 습속이 자행되던 공간에서 어떻게 자신들의 신앙 양심을 지켜냈는가 하는 것입니다. 느부갓네살 왕 시절에 하나냐와 미사엘, 아사랴에게 닥쳤던 위기를 먼저 말해보죠. 성경에는 사드락, 메삭, 아벳느고로 표기되어 있어요. 말씀드렸듯이 다 이방신들의 이름이 들어간 바벨론식 이름이었죠. 이렇게 살라는 의미가 담겨 있었을 텐데. 더구나 느부갓네살 왕의 생각에는 자기가 너무 많은 것을 베풀었잖아요. 그래서 이 친구들이 자신의 말이라면 뭐든 들어줄 것이라고 기대했을 법 합니다. 너무나 유창하게 바벨론 언어를 말하고 문화나 지식 면에서 너무나 '바벨론적'인 사람들이니까, 하고 잠시 방심했던 것 같습니다.

바벨론은 다신론적인 신관을 가진 국가입니다. 다다익선이라고 부와 권세를 가져다준다면 많은 우상을 섬길 수 있었죠. 하여 금으로 우상을 만들어서 각 지방에 두고 절을 하도록 하는 의식이 성행했어요. 하지만 아무리 이방신들의 이름 뜻이 담긴 새 이름을 받았다고 해서, 여호와의 규례대로 살기로 결심한 유다 소년들이 그 우상 앞에 절을 했겠어요? 이런 사실을 알고 있던 바벨론의 관료들은 느부갓네살 왕을 부추깁니다. 일종의 시기심이죠. 아니, 굴러온 돌이 박힌 돌을 빼네? 자기들이 뭔데 주요 관직을 차지하고 왕의 사랑을 받아? 이런 심보였겠죠. 유다의 소년들이 우상에게 절을 하지 않는다는 것을 이미 간파한 관료들은 느부갓네살에게 자신의 명령으로 주조한 금신상에 모든 백성들이 절을 하라는 조서를 내리라고 합니다. 실은 이미 있었던 규정이었는데, 그것을 재차 강조하라는 겁니다. 덫을 놓는 거죠. 잡고자 하는 인물들은 너무나 뻔합니다.

당연히, 사드락과 메삭, 아벳느고(하나냐와 미사엘, 아사랴의 바벨론 이름)는 그 금신상들에게 절을 하지 않았습니다. 이에 느부갓네살이 화가

난 거예요. 자신이 그렇게나 혜택을 베풀었는데 이정도가 뭐라고 거부하는 거지? 원래 사랑을 많이 베풀수록 기대가 큰 법이고 이에 비례해서 실망감도 커지는 법이죠. 더구나 곧바로 처벌을 한 것도 아니에요. 이제라도 돌이키라고 재차 기회를 주었습니다. 그런데도 거절을 하는 세 친구의 대답이 이러합니다. 다니엘서 3장 16-18절 말씀입니다.

> 사드락과 메삭과 아벳느고가 왕에게 대답하여 이르되 느부갓네살이여 우리가 이 일에 대하여 왕에게 대답할 필요가 없나이다 왕이여 우리가 섬기는 하나님이 계시다면 우리를 맹렬히 타는 풀무불 가운데에서 능히 건져내시겠고 왕의 손에서도 건져내시리이다 그렇게 하지 아니하실지라도 왕이여 우리가 왕의 신들을 섬기지도 아니하고 왕이 세우신 금 신상에게 절하지도 아니할 줄을 아옵소서(다니엘 3:16-18).

정말 멋있는 대답이지요. 특히나 "그리 아니하실지라도"라는 표현이 가장 감동적입니다. 그래서 오늘의 제목을 "그리 아니하실지라도"라고 붙였어요. 사실 우리가 입으로는 이렇게 신앙 고백을 하면서도 속으로는 아주 조금이라도 건져 주시길 바라는 마음이 있죠. 마치 유교 문화권에서 성장한 한국인들이 일단 한 번은 거절을 하는 것이 예의인양 생각하는 것처럼 말입니다. 한 번 '예의상' 사양한 것인데, "그래요. 정 그러시다면 할 수 없죠." 이러면서 돌아서면 참 어이없을 거예요. 하지만 이 유대 소년들이 말한 "그리 아니하실지라도"는 한 번 해보는 말이 아닙니다. 절체절명의 상황이었으니까요. 더 이상의 타협점이 없는 양자택일의 상황입니다. 다른 대안이 없어요. 음식규정과는 다른 문제였죠. 절을 하면 살고, 하지 않으면 죽는 것이니까요. 여호와는 강하고 크신 분이기 때문에 그분이 살리실 수 있는 분이라는 것은 결코 의심하지 않는 소년들이었기에 여호와의 개입을 바라고 믿지만, 그럼에도 불구하고 그분의 뜻은 인간의 계획보다 크기 때문에 혹시 그리 아니하실지라도 감사하겠노라는 신앙고백입니다. 그것은 우리 개개인의 생사 문제를 넘어서는 큰 뜻 안에서 진행되는 일이라는, 흔들리지 않는 큰 믿음이 없다면 할 수 없는 신앙 고백입니다.

이런 태도에 욱하고 순간 화가 치밀어 오른 느부갓네살은 평소보다 7배나 더 뜨겁게 달군 풀무불을 준비하라고 명합니다. 물론 그 당시에 온도계가 있는 것도 아니고 어떻게 하면 평소보다 일곱 배가 뜨거워지는지는 모를 일입니다. 성경에서 7이라는 숫자가 가진 상징성에 비추어 본다면 "뜨거울 수 있는 만큼 뜨겁게" 만들었다는 의미이지 싶습니다. 7은 완전수거든요. 이건 동양권에서도 그래요. 보통 숫자 3을 하늘의 수라 하고 사방을 의미하는 숫자 4를 땅의 수라고 합니다. 이 두 상징적 수를 합친 것이 7이잖아요. 하늘과 땅 사이에 존재하는 그 모든 것을 의미하기에 '완전' 혹은 '전부'를 상징한다고 하죠. 그리 본다면 '일곱 배'라는 말은 느부갓네살의 분노를 표현하는 지표일 거예요.

풀무불이 얼마나 뜨거웠는지, 세 명의 유대 소년들을 끌고 그저 근처로 접근했던 사람은 순식간에 타 죽었습니다. 너무 뜨거운 불은 가까이만 가도 화상을 입잖아요. 그저 접근만 했던 사람들마저 그 화력에 죽을 정도로 뜨거운 불 속에 세 사람을 집어넣은 것이죠. 그런데 이상하게도 분명 집어넣은 사람은 셋인데, 밖에서 보니까 네 사람의 형체가 보이는 거예요. 그래서 왕이 물어봐요. 분명 셋을 넣었는데 어째서 넷인가. 함께 그 모습을 본 사람들이 말합니다. 넷째의 모양은 마치 신의 형상도 같다고. 저희는 성경을 통해 이미 그 존재를 알고 있죠. 그곳에 여호와께서 함께하신 거예요. 하나냐와 미사엘, 아사랴, 원래 그들의 이름처럼. 비록 사드락, 메삭, 아벳느고라고 불렸지만 여호와를 향한 사랑과 신뢰를 저버린 적 없는 그들이기에 여호와께서 은혜를 베푸시고 도와주신 겁니다. "여호와는 은혜로우시다." "누가 하나님께 속하였는가." "여호와께서 도우신다." 이 소년들의 원래 이름처럼 그분께 속한 그들을 보호하신 거죠. 그래서 소년들은 화상 하나 입지 않고 살아서 나오게 됩니다.

다니엘도 이에 필적하는 위기 상황이 있었지요. 다른 왕 때였어요. 설마 이런 일을 겪고도 느부갓네살이 같은 실수를 반복했겠어요? 다니엘은 반백년이나 고위 관직에 있었다고 했죠. 성경에는 다리오 왕의 시절에 일어난 일이라고 기록되어 있습니다. 하지만 이 '다리오' 왕이 누구인지는 역사적으로는 확실치 않아요. 성경본문에는 "메대 사람 다리오"(5:31)라고만 나와 있어요. 역사적으로 보자면 바벨론은 페르시아에 의해 망하거든요. 페르시아 왕의 이름 중에 '다리오'가 있기는 한데, 성경에서 언급된 다리오와 동일 인물이라고 보기는 어려워요. 일단 성경적 묘사에 따르면 다리오는 바벨론을 정복하고 강력한 제국을 성립한 초대왕이어야 하는데, 페르시아의 초대왕은 고레스거든요. 더구나 페르시아의 다리오 1세가 다스린 시기는 주전 522-486년이에요. 다니엘이 아무리 장수를 했더라도 과연 그 때까지 정정하게 총리의 역할을 수행할 수 있었을지, 더구나 한 나라가 더 강한 나라에 의해 망하게 되는 격변기에 패전국의 고관을 또 다시 새로운 왕권의 고위 관직에 올릴 수 있을지, 여러모로 의문이 많이 생깁니다. 물론 분할통치하는 것이 커다란 제국의 통치 전략인 것으로 미루어, 바벨론 지역을 다스릴 총리로 똑똑하고 유능하면서 그곳 출신이 아니라서 바벨론에 대한 애국심이 덜할 인물을 고른 것이라면, 또 납득이 가기는 해요. 다니엘만큼 적합한 인물이 또 없었을 테니까요. 하하, 이런 이야기는 관심 없으시죠? 저도 모르게 성경묵상을 하다가 역사 특강이 되어 버렸네요.

분명한 것은 누구의 시절이었든 다니엘은 여전히 자신의 여호와 신앙에 있어 타협이 없었다는 것이죠. 우리가 기억하고 묵상해야 하는 메시지도 여기에 있고요. 다니엘을 시기하는 이들은 바벨론에만 있지 않았어요. 유다라는 작은 나라에서 포로로 끌려온 주제에 바벨론의 고위 관직으로 지냈다는 것도 고까운데, 나라가 바뀌었는데도 총리직을 수행하고 있는 다니엘이 얼마나 눈엣가시였겠어요? 하여 다니엘을 시기하던 사람들은 그를 끌어내릴 방법을 구상합니다. 어떻게 하면 저 사람을 끌어내릴까? 이런 시선으로 사람을 관찰하고 감시한다는 것은 참으로 무시무시한 일입니다. 어디 흠 잡을 데가 없나 매의 눈으로 살피던 이들은 다니엘이 하루도 쉬지 않고 기도하는 모습을 보게 됩니다. 아하! 저거다. 그래서 이들은 여호와와 관련된 문제로 덫을 놓습니다. 우선 다리오 왕을 흔들기 시작합니다. "왕이시여. 당신이야 말로 위대한 신의 현현입니다. 그러하니 당신 이외의 존재에게 꿇어 엎드리고 간구하는 자가 있다면 그건 반역이요 신성모독인 겁니다. 앞으로 그런 자가 있다면 사자굴에 쳐 넣겠다는 조서를 내려 왕의 위엄을 보여주세요." 자고로 높아진 사람에게 가장 위험한 유혹이 '교만'이죠. 어찌 사람이 신이 되겠어요? 하지만 왕을 신과 동일시하는 전통이 오래되었던 고대 근동인지라, 다리오 대왕은 자신의 권위를 신적 권위로 높이 세우기 위해서 주변 사람들의 말을 받아들입니다. 왕의 금장을 찍어 금령을 내리죠. 절대 예외도 없고 철회도 없는 엄중한 명령입니다. "누구든지 왕 이외의 어떤 신에게나 사람에게 무엇을 구하면 사자굴에 던져 넣기로 한다." 이 금령을 읽은 다니엘의 마음은 어땠을까요? 다니엘 6장 10절 말씀입니다.

다니엘이 이 조서에 왕의 도장이 찍힌 것을 알고도 자기 집에 돌아가서는 윗방에 올라가 예루살렘으로 향한 창문을 열고 전에 하던 대로 하루 세 번씩 무릎을 꿇고 기도하며 그의 하나님께 감사하였더라(다니엘 6:10).

전 여기서 키워드는 "전에 하던 대로"라고 생각해요. 왕의 조서, 그것은 두렵지 않은 거예요. 그 마음에 더 큰 왕을 모시고 있으니까요. 그렇기에 단순하게 흔들림 없이 자신의 일상을 살아간 거죠. 어쩔 수 없이 규정에 의해 잡혀갔겠죠, 그리고 그 과정은 우리가 아는 대로입니다. 다니엘은 사자굴에 던져집니다. 그런데 재미있는 것은 이 왕이 다니엘과 얼마나 친했으면, 다니엘의 하나님 여호와를 조금 알아요. 안타까움을 가득 담아 그런 말을 하거든요. "네가 항상 섬기는 너의 하나님이 너를 구원하시리라"(6:16). 아이고, 그러고 보면 왕의 자리도 쉽지는 않아요. 믿고 사랑하는 신하, 그래서 어떻게든 살려보고 싶은 이를 자신이 내린 조서 때문에 죽을 구덩이에 밀어 넣어야 하다니요. 그러고 난 뒤의 왕의 행동이 참으로 인상적입니다. 밤잠인들 제대로 잤을까요? 다음날 새벽같이 달려가 동굴에서 말을 하죠. "살아계시는 하나님의 종 다니엘아, 네가 항상 섬기는 네 하나님이 사자들에게서 능히 너를 구원하셨느냐?" 세상에, 이쯤 되면 다리오 대왕의 신앙이 궁금해집니다. 이런 디테일한 질문이 어디 또 있을까요? 하나님을 "살아계시는 하나님"으로 고백하고 또 그의 종 된 다니엘임을 인정하잖아요. 다니엘의 대답도 걸작입니다. "나의 하나님이 이미 그의 천사를 보내어 사자들의 입을 봉하셨으므로 사자들이 나를 상해하지 못하였사오니 이는 나의 무죄함이 그 앞에 명백함이오며 또 왕이여 나는 왕에게도 해를 끼치지 아니하였나이다"(6:22). 하하, 이쯤 되면 누가 짜고 기획한 사건인지 모를 일입니다. 왕과 그를 시기하여 모함했던 주변의 관료들은 모두 손 끝 하나 다치지 않고 살아나온 다니엘을 보게 됩니다. 이에 왕이 조서를 새로 만들죠. 그 조서의 내용이 이러합니다.

내가 이제 조서를 내리노라 내 나라 관할 아래에 있는 사람들은 다 다니엘의 하나님 앞에서 떨며 두려워할지니 그는 살아 계시는 하나님이시요 영원히 변하지 않으실 이시며 그의 나라는 멸망하지 아니할 것이요 그의 권세는 무궁할 것이며 그는 구원도 하시며 건져내기도 하시며 하늘에서든지 땅에서든지 이적과 기사를 행하시는 이로서 다니엘을 구원하여 사자의 입에서 벗어나게 하셨음이라 하였더라(다니엘 6:26-27).

반전도 이런 반전이 없죠. 조서가 하루아침에 뒤바뀌었어요. 역사적으로 이 왕이 어느 왕인지는 모르겠지만, 제국의 왕이 자신의 명령에 복종하지 않은 패국의 한 사람을 위해 그의 하나님을 찬양하는 조서를 내린 거예요. 도대체 이것이 사실이냐? 이 문제에 대해서는 학자들의 경우, 다니엘서를 역사적으로 접근하기보다는 문학적으로 받아들입니다. 마치 신분제의 위계가 공고하던 시절에 평등한 나라를 꿈꾸었던 《홍길동전》처럼, 여기저기 흩어져 지내면서 강대국의 횡포에 힘겨워하는 이스라엘인에게 희망을 불어넣어주는 작품이라는 거죠. 우리들도 왜 현실적으로는 불가능한 것을 알면서도 드라마 상에서 펼쳐지는 낭만적이고 아름다운 장면들에 마음을 빼앗기며 잠시나마 행복해할 때가 있잖아요? 혹은 나도 언젠가 저럴 수 있는 날이 오려나, 막연한 기대도 해 보게 되구요. 문학 작품의 역할이 그런 것이지요. 나라 잃고 힘겨운 이스라엘 사람들에게는 "다니엘과 세 친구들"의 이야기가 이렇게 꿈과 희망, 용기와 신앙을 불러 넣어 주었다는 거죠. 다니엘서는 구약성경에서는 유일하게 '묵시문학'으로 분류가 되요. 메시지의 내용은 종말을 그리되 그 글쓰기는 계시적인 내용을 상징적으로 암시하는 것이 특징이죠. 주로 핍박과 환란이 심한 시기에 직접적인 피해를 입지 않기 위해서 내부자들끼리만 해석 가능한 상징을 사용하여 메시지를 전달하는 겁니다.

'묵시문학'의 이런 특징을 이해한다면, 역사적으로 정말 여호와 하나님 신앙을 공표한 페르시아 왕이 있었나? 이런 것들을 찾아보는 일에 주목하지는 않아도 될 겁니다. 제가 이해하는 한 다니엘서를 읽는 방식은 조금 달라야 합니다. 공동체적 존속이 거의 불가능하고 개개의 생명도 위협받고 있는 상황에서, 유다의 백성들은 다니엘과 같은 인물을 일종의 '역할모델'로 삼고 있는 것입니다. 왕 다음으로 높은 지위를 가졌다 할지라도 그 지위를 유지하는데 연연하지 않고, 언제나 여호와 신앙을 삶의 최우선으로 여기며 담담하게 신앙적 행위를 그치지 않는 삶. 그 가운데 역사하시는 하나님을 보며 독자들은 그 결과가 무엇이든 "아멘" 하는 신앙의 자세를 재차 다짐하는 겁니다. 그리 담담하게 신앙을 지키며 살다보면 언젠가는 저런 날이 오지 않을까? 이방 나라의 왕이 여호와의 권능을 직접 눈으로 목격하고 여호와를 찬양하는 조서를 내리는 날이….

다니엘은 직접적으로 표현하지는 않았지만 그 역시 여호와께서 사자 굴에서 자신을 구하시지 않으시더라도, 즉 "그리 아니하실지라도" 여호와를 믿고 같은 길을 선택했을 겁니다. 여호와께서 종국에는 승리하실 것을 믿기 때문이죠. 이것이 바로 "여호와의 날"에 대한 종말론적 신앙입니다. 그 믿음으로 전에 하던 대로 그의 일상을 살아간 것이죠. 사실 이러한 마음은 다니엘과 하나냐와 미사엘, 아사랴, 거기 끌려가 신앙을 지켰던 신앙의 남은 자들이 가지고 있었던 마음인데요. 바로 이 마음이 정치적 단위로서의 이스라엘과 유다가 이미 존재하지 않는 상황에서도 이들을 하나의 공동체로 버텨내게 한 힘이었다고 생각합니다.

소산이 없어도 기뻐 노래하는 이유

"그리 아니하실지라도" 이 놀라운 신앙고백을 다니엘서를 통해서 묵상했습니다만, 이 신앙은 나라를 잃고 유리방황하는 길 위에 다시 놓인 이스라엘의 공통적 신앙고백이었습니다. 하박국이라는 예언자가 있어요. "그리 아니하실지라도"라는 표현을 보면 가장 먼저 떠오르는 인물이죠. 하박국도 "그리 아니하실지라도"라는 믿음을 가지고 있던 사람 중 한 사람이거든요. 하박국의 경우에는 끌려갔던 사람은 아니었고요. 하나님의 공동체가 왜 이렇게 되었는지 슬퍼하던 중에 하나님의 말씀을 맡아 예언했었는데, "그리 아니하실지라도" 신앙의 정수가 담긴 구절을 남겼지요. 하박국 3장 17-19절 말씀입니다.

비록 무화과나무가 무성하지 못하며 포도나무에 열매가 없으며 감람나무에 소출이 없으며 밭에 먹을 것이 없으며 우리에 양이 없으며 외양간에 소가 없을지라도 나는 여호와로 말미암아 즐거워하며 나의 구원의 하나님으로 말미암아 기뻐하리로다 주 여호와는 나의 힘이시라 나의 발을 사슴과 같게 하사 나를 나의 높은 곳으로 다니게 하시리로다 이 노래는 지휘하는 사람을 위하여 내 수금에 맞춘 것이니라(하박국 3:17-19).

포로기 이전의 예언자들은 그랬었죠. 너희가 다시 돌이켜 회개하면 여호와의 구원이 임할 것이라고요. 그 기회마저 지나자 예언자들은 다시 말했습니다. 비록 바벨론에 끌려가 고통당하겠으나 거기서 옛 길을 다시 찾으면 돌아오게 될 것이라고. 다시 고향으로 돌아와 포도원의 열매를, 감람나무의 소산을 얻게 되리라고요. 그런데 하박국은 말합니다. 그렇게 하지 않으시더라도 저는 기쁩니다. 즐겁습니다. 주께서 우리와 함께 하시기 때문입니다. 이 고난의 현장에서도 여호와, 당신만 함께 하신다면 그로 인해 저는 "사슴의 발"처럼 가볍습니다. 현실에 얽매여 소망을 잃고 굴종하는 사는 낮은 삶이 아니라, 산 위 절벽 위를 마치 나는 듯 깡충깡충 높이 다닐 겁니다. 이것이 하박국의 노래였습니다. 저는 여기서 "그리 아니하실지라도" 만큼 중점을 두어야 할 부분이 "나의 발을 사슴과 같게 하사"라는 표현이라고 생각합니다.

사실 하박국은 처음엔 화가 났었습니다. 유다의 예언자로서 남유다가 바벨론에 의해 망하고 민족이 흩어지게 된 상황에 대해 여호와께 불만을 토로했어요. 얼마나 속이 상했던지 성곽 위에 서서 여호와께 질문하면서 답을 달라고 외칩니다. 그런 하박국에게 내린 계시가 이러했습니다. 하박국 2장 3-4절 말씀입니다.

> 이 묵시는 정한 때가 있나니 그 종말이 속히 이르겠고 결코 거짓되지 아니하리라 비록 더딜지라도 기다리라 지체되지 않고 반드시 응하리라 보라 그의 마음은 교만하며 그 속에서 정직하지 못하나 의인은 그의 믿음으로 말미암아 살리라(하박국 2:3-4).

"의인은 그의 믿음으로 말미암아 살리라." 결국은 이 말씀에 "아멘"하게 된 겁니다. 바울이 로마서에서 고백하게 되는 구절이 이것이죠. 바로 이 믿음 때문에 하박국의 발걸음은 사슴과 같이 높이 다닐 수 있었던 겁니다. 반드시 자신의 때가 아니어도, 개인의 생명이 스러져도, 하나님의 정하신 큰 때가 있다는 것을 믿는 것, 그것이 하박국으로 하여금 현실에 타협하고 진흙탕 같은 세속의 위협 앞에 무릎 꿇지 않게 만든 거죠. "그때"가 되면 여호와께서 여호와의 구원을 이루실 것이라는 것을 알고 믿기에 가능한 삶의 자세입니다. 나의 발이 사슴과 같이 날쌔게 높은 곳을 딛는 듯 거닐 수 있는 까닭은, 지금 내 현재 상황이 좋아서가 아니라는 거죠. 자신의 생명이 여기서 스러져도, 나는 믿음으로 말미암아 의롭게 살 수 있다는 겁니다. 결국 여호와의 날, 그날, 종국의 날에는 여호와께서 당신의 의와 도가 가득한 세상을 완성하실 테니까요. 그래서 그 믿음을 가지고 있다면, 내가 지금 여기서 망하거나 죽거나 소산이 없어도 괜찮다는 말입니다. 믿음으로 현재를 살아낼 수 있다는 말입니다. 내 발은 사슴과 같이 담담하게 우리의 일상을 전에 하던 대로 살아갈 수 있다는 겁니다.

요즘 우리 삶의 조건이 이와 같다는 생각이 들어요. 쓸모가 없으면 버려지고, 고분고분하지 않아도 버려지며, 때론 그냥 이유 없이도 버려지는 반反생명적인 세상 한 가운데서, 그 의기양양한 '정복자들'의 위세 앞에서 우리는 자꾸 낮아지고 초라해질 때가 많습니다. 굽히는 것이 살 길이고, 타협하는 것이 생존전략이라고 생각되지요. 그래서 우리도 어느 새 원칙을 어기거나 불의에 슬쩍 눈감으려는 유혹에 사로잡힙니다. 너무나 뻔하니까요. 의롭게 살려하고 정직하게 행동하면 돌아오는 것은 언제나 불이익이죠. 그렇게 사는 건 너무나 바보스럽다고, 세상은 손가락질 합니다.

하지만 네 명의 어린 유대 소년들과 예언자 하박국은 지금-여기를 사는 우리에게 여호와의 메시지를 전달해 주고 있어요. "그리 아니하실지라도"의 신앙으로 버텨라. 뭐 큰 뜻, 큰 저항하겠다고 일부러 앞서 나설 것도 없다. "여호와의 날"에 대한 믿음을 가지고 너는 그냥 신앙 원칙에 어긋나는 일은 하지 않으며 묵묵히, 담담하게 너의 일상을 살아내라. 불의와 권모술수가 판치는 이 악한 세상에서 네 소신과 신앙 양심대로 살면 아마 너의 포도나무에서 열매를 얻지 못할 지도 모른다. 감람나무의 소산을 얻기 어려울 지도 모르지. 하지만 그럼에도 불구하고 여호와의 길을 선택하렴. 의인은 믿음으로 사는 거야. 이 말씀을 붙들 때 우리의 발은 이 진흙탕 속에서도 사슴 같이 높은 곳을 딛고서 날 수 있지 않을까요?

기도

사랑의 하나님, 우리가 사는 이 세상은 여호와의 도로부터 너무나 멉니다. 마치 이방 나라 한복판에서 살아간 어린 유대 소년들이 가졌을 당혹감처럼, 세상의 질서대로 살다보면 멈칫 멈칫 저희가 가진 신앙의 원칙과 충돌하는 상황에 놀라게 됩니다. 아니, 어쩌면 그 놀람조차 무뎌질 만큼 타협한 부분들이 있는지도 모르겠습니다. 그러나 주님, 저희로 하여금 성경을 통해 익혀온 신앙의 원칙을 꼭 붙들게 하여 주시옵소서. 그저 담담히, 그리고 담대히, 신앙의 원칙을 따라 사는 삶의 선택을 하게 하소서. 그리하였을 때에 충분히 예상되는 불이익이나 고난조차 '기쁨'으로 받아들이게 하소서. 당신의 나라가 이 땅에 올 때, 그 완성의 때를 그리며 기다리며 '그럼에도 불구하고' 기쁨의 노래를 부르는 신앙을 허락하여 주시옵소서. 예수님의 이름으로 기도합니다. 아멘.

나에게 당장 "그리 아니하실지라도" 결국에 주님의 때에 이루실 공동체적이고 우주사적인 구원 역사를 믿으며, 오늘 우리에게 주어진 삶을 단순하고 용감하게, "전에 하던 대로" 묵묵히 이어갑시다.

예순세 번째 만남

본향을 향하여, 나그네의 삶

스가랴 9–10장

〈성경으로 보는 사람 사는 이야기〉라는 제목으로 시작한 사랑방 모임이 벌써 마지막까지 왔네요. 태초의 아담 이야기부터 오늘까지 무려 63번의 만남이었어요. 하나님을 만나 소통하며 구원을 얻는 이야기들도 나누고, 때로는 불통하다가 곤경에 처한 이야기도 전하며 두런두런 만남을 이어가다 보니 어느덧 마지막입니다. 마지막이라… "처음"이라는 단어만큼이나 "마지막"이라는 단어는 무게감을 지니고 있습니다. 우리로 하여금 각오 같은 것을 하게 만드니까요. 물론 우리들의 삶은 이 마지막 묵상 이후에도 지속되겠지만, 그래도 고민이 되었어요. 마지막 묵상은 무엇으로 마칠까? 어떤 메시지가 지금까지의 신앙의 여정을 요약하면서도 가장 마지막다운 이야기일까? 구약성경에 있는 마지막 책을 다룬다고 해서 흡족한 '엔딩'은 아닐 테니까요. 기도도 많이 했어요. 그래서 선택한 것이 '시온'에 대한 이야기입니다. '시온'이라는 상징은 유대인들뿐만이 아니라 기독교인들에게도 굉장히 중요하잖아요. 성경은 이 땅에서 인간의 삶이 결국은 본향을 향해 나아가는 나그네의 삶이라고 고백하죠. 그래서 이스라엘 공동체만이 아니라 인간이란 결국 본향으로부터 떠나와서 뿌리 들려 사는 인생이라고요. 하지만 사는 동안 우리가 늘 바라보고 앙망하며 그리워하는 곳은 본향입니다. 이 본향의 상징이 바로 '시온'이에요. 사람 사는 인생의 여정이 늘 본향을 향해 한 걸음씩 더 가까이 걸어가는 삶일진대…, 그래서 그 이야기로 마지막을 마무리 지어볼까 합니다.

시온, 시오니즘?

신앙의 중심으로서의 '시온'은 굉장히 중요하지만, 이를 오늘날의 극우 유대민족주의자들이 가진 '시오니즘'과 동일시하시면 곤란합니다. '시온'이 이스라엘이 돌아가야 할 본향이라는 말은 포로기 이후의 유대 신앙인들이 공통으로 그리는 신앙고백입니다. 그러나 이것이 하나의 '이즘'(ism 주의)이 되어서 아주 배타적인 사상이 된 것이 시오니즘Zionism입니다. 19세기에 와서야 생겨난 사상이지, 성경본문에 '시오니즘'이라는 말은 없어요. 이 둘은 꼭 구별되어야 합니다. 시오니즘이 생겨난 데에는 세계사적인 배경이 있습니다. '민족국가들nation-state'이 막 생겨날 때쯤에 이스라엘도 자기들의 나라를 재건할 꿈을 꾸었어요. 거의 2천 년을 영토 없이 흩어져 지낸 공동체인데, 결국 나라를 세운다면 약속의 땅이었던 시온에 국가를 세우자는 마음을 가지게 됩니다. 이를 위해 정치 운동을 했어요. 오랜 동안 이국땅에서 살아가면서 그 누구보다 열심을 내었던 유대인들은 이미 정계, 재계, 문화계, 학술계에서 영향력이 있는 인물들을 많이 배출했죠. 무엇보다 재력과 정치적 영향력을 가진 사람들이 중심이 되어 나라 회복의 열망을 실천으로 옮기게 됩니다.

그런데 꿈에도 그리던 옛 조국의 땅에 가보니 이미 살고 있는 사람들이 있는 겁니다. 팔레스타인 사람들이죠. 정치적 단위로서의 이스라엘이 역사에서 사라진 것은 기원후 70년이었어요. 물론 로마의 식민 지배를 받고 있었던 상황이라 온전한 독립국이라고 할 수는 없었지만, 그래도 땅과 백성이 어느 정도 결집되어 있었다는 점에서 이스라엘의 정체성을 유지할 수 있었던 마지막 시점이었죠. 그러고 난 뒤에 국가가 세워진 것이 무려 1948년입니다. 그 오랜 기간 동안 팔레스타인은 빈 땅이 아니었어요. 이미 수 천 년 동안 그곳에서 살고 있던 사람들이 있는데, 여기 원래 우리 땅이다, 그러면서 쫓아낼 수는 없는 일이죠. 하지만 극우 민족주의적 유대인들은 '선민사상'과 '약속의 땅' 개념을 성경에서 찾아내어 들먹이며 정치적인 투쟁을 하고 심지어 무력 충돌을 감행했죠. 이후 지금까지도 팔레스타인 지역은 분쟁의 중심이에요. 대부분은 팔레스타인 원주민들을 몰아내고 높이 세워 놓은 분리장벽은 그야말로 '시온'에 대한 종교적 열망이 자칫 잘못하면 얼마나 생명파괴적인 '시오니즘'이라는 이데올

로기로 변질될 수 있는가를 보여줍니다. 우리에게 경계로 삼게 만드는 사상이요 실천이죠. 그런 바탕이 되는 사상이 시오니즘이기 때문에, 오늘 우리가 살펴볼 '본향으로서의 시온'에 대한 묵상과는 구별해야 하겠습니다. 물론 "중심으로서의 시온"에 대해 이야기하겠지만, 이것은 유대교적인 시오니즘을 의미하는 것은 아닙니다.

본향으로서의 시온, 그 상징의 힘

물론 이스라엘 사람들이 이해는 가요. 지난 만남에서 바벨론에 이어 페르시아 시절까지 종속당해온 유다 백성들의 이야기를 했습니다만, 이스라엘은 그 이후에도 계속 속국이거나 조공국의 신세를 벗어나질 못했어요. 바벨론과 페르시아, 마케도니아를 거쳐 로마의 지배하에 있기까지 계속 강국에 시달린 민족입니다. 그러다가 거의 이천 년도 지나서 나라를 세웠으니, 생각해보면 정말 대단한 일이에요. 오랫동안 나라가 없던 공동체였음에도 공동체로서의 공동 기억을 유지하고 있다는 것 말입니다. 이 사람들이 성경이 없었으면 과연 민족으로서의 정체성을 찾을 수 있었을까, 하는 생각이 들어요. "여호와께서 어떻게 행하셨는지 기억하고, 오늘 여호와를 선택하라" 여호수아가 세겜에 모인 회중에게 요청했던 이 외침은 이후 수천 년 동안 이스라엘 후손들의 삶 한 가운데서 울려 퍼졌던 것이죠. 그랬기에 가능했을 거예요. 이 사람들은 계속해서 여호와의 역사를 기억하고, 중요한 사건들을 기념하며 버텼거든요. 그러다보니까 근 2000년을 나라가 없이 살았는데도 공동체로서 집결할 수 있었던 힘을 가지게 되었죠. 그 간절함과 저력은 정말 높이 평가해요. 하지만 시오니즘 사상으로 인해 일어나고 있는 반反생명적인 행동들에 대해서는 저희가 동의할 수 없기 때문에 오늘은 시오니즘의 묵상이 아니고, 신앙의 중심이자 우리의 본향으로서의 시온, 여호와의 율법이 흘러나오는 중심으로서의 시온에 대한 이야기를 나누는 겁니다.

상실감이라는 감정은 언제 생기는 감정일까요? 무언가를 가지고 있다가 빼앗겼을 때입니다. 가져본 적이 없는 사람은 상실감이라는 감정을 느낄 수가 없어요. 그리워하지도, 다시 가지기를 소망하지도 않죠. 그런 점에서 공동체가 망하고 흩어진(디아스포라) 이스라엘 백성들의 입장에서 '시온'은 그야말로 상실감과 회복의 소망을 다시 일깨워주는 공간이요 상징이었을 겁니다. 시온 언덕에는 여호와의 성전과 다윗 왕가의 왕궁이 있었으니까요. 이 공간으로부터 뿌리 들려서 흩어진 사람들이니, '시온'이라는 이름만 들어도 눈물이 나는 그런 상황이었을 겁니다.

구약성경은 페르시아 시절까지의 이야기에서 그칩니다. 이 마지막 시절의 예언자 중 한 사람이 바로 스가랴예요. 오늘은 그의 예언을 중심으로 공부 해보려고 해요. 이스라엘이 한 번도 공동체를 이루지 않았다면, 그 시온 언덕 위에 성을 짓고 예루살렘 성전과 궁전을 짓고 아름다운 도성에서 살지 않았다면, 시온에 대한 상징은 아예 생겨날 이유가 없었을 겁니다. 그렇지만 그 시절을 알고 경험했기 때문에, 돌아갈 수 없는 날이 너무나 길기 때문에, 더욱 큰 상실감은 회복의 날을 그리는 원동력이 되는 거죠. 하지만 설마 그 나날이

2000년 가까이 될 줄은 몰랐을 겁니다.

스가랴의 이야기는 바벨론 멸망 이후를 배경으로 합니다. 바벨론 포로기 50년 동안 이스라엘 사람들의 심정은 어땠을까요? 우리가 비록 돌아가지 못하지만 마음은 늘 시온, 예루살렘을 향한다고 고백하며 그리워했을 거예요. "내 마음은 황금빛 마차를 타고 시온으로 향하네." 이런 노래를 부르며 늘 본향을 향했겠죠. 그렇게 그리워하다가 드디어 기회가 왔어요. 반백년 만에. 그런데, 그게 참. 어부지리로 찾아온 해방이었습니다. 노력해서 갖게 된 것이 아니고 바벨론이 페르시아라는 더 큰 강대국에 의해 망하면서 얻게 된 기회였거든요.

페르시아 왕 고레스는 식민지 정책이 바벨론과는 달랐어요. 제국을 유지하기 위해선 다른 언어와 문화를 가진 사람들을 통치해야 하죠. 쉬운 일이 아닙니다. 그런데 제국들마다 자신들의 방대한 영토에 속한 피지배국들을 통치하는 정치적인 방법이 다르다는 것이 흥미롭습니다. 우리가 그동안 익숙하게 들어온 제국은 앗수르와 바벨론이었죠. 혹시 이들의 통치방식을 기억하시나요? 앗수르 제국의 지배 방식은 이주 정책이었어요. 피정복민들을 본토에서 들어내어 이주민들과 거주지를 뒤바꾸는 거예요. 섞어버리는 거죠. 민족적 정체성이 흐려지도록 혼혈을 유도하는 것도 앗수르의 정책이었어요. 후에 유대인들이 북쪽의 사마리아를 혐오하게 된 이유도 이런 까닭에서였죠. 혼혈이 많아서 민족적 정체성이 흐리다는 것. 이게 다 앗수르의 정책이 빚어낸 결과입니다. 바벨론 제국의 지배 방식은 대체로 포로로 잡아가는 정책이었죠. 쓸 만한 사람들은 다 자국으로 데리고 갔어요. 혹 반란을 도모할 만한 위험한 사람들은 그 자리에서 죽여 버렸구요. 그러고도 남겨진 이들은 그야말로 걱정할 필요 없는 사람들, 봉기할 힘도 능력도 안 되는 사람들이었죠.

페르시아 왕은 앗수르나 바벨론과는 다른 지배정책을 수행합니다. 어떻게 보면 조금은 관용적으로 보일 수도 있는데, 한마디로 "포로 귀환 및 조공 정책"이었어요. 그러니까 다 자기 땅에서 살도록 포로들을 귀환시키되, 조공을 부과하는 거죠. 일정량의 조공을 바치기만 한다면 그들의 땅으로 돌아가 자유롭게 할 일을 하며 살 수 있도록 해 준 거예요. 그래서 이스라엘 공동체도 50년 만에 다시 본향으로 돌아가게 된 거죠. 그런데 한 번 생각해 보세요. 이미 반백년을 바벨론에 정착해 살아왔어요. 그동안 자식들도 낳고 나름대로 자리를 잡은 지라, 가란다고 선뜻 고국으로 돌아가는 것이 쉽지 않았을 겁니다. 그들 중에는 제법 성공한 사람들도 많았어요. 다니엘처럼 주요한 관직에 있는 사람들도 있었구요. 이런 상황에서 과연 쉽게 돌아갈 결심을 할 수 있을까요? 돌아가면 조공을 바쳐야 하고 폐허가 된 터를 다시 일구느라 고생만 할 게 뻔한 걸요.

그럼에도 불구하고 약속의 땅으로 다시 돌아간 사람들이 있었습니다. 그들의 이야기가 에스라, 느헤미야에서 전해져요. 실제로 소수만 돌아갔어요. 그리워하긴 했으나 막상 가라고 하니 터전도 그렇고 상황도 그러니 많은 수가 돌아가지 않은 거죠. 결국 뜻을 가지고 큰 결심으로 돌아간 소수의 사람들이 있었던 건데, 오늘은 그들의 이야기를 하려고 해요. 만약 우리가 반백년 만에 본향으로 돌아왔다면 제일 먼저 무엇부터 하고 싶을까요? 하다못해 열흘만 집을 비우고 돌아와도 일거리가 많은데, 무려 50년 만에 돌아와 보니 완전히 쑥대밭이 된 상황인거죠. 여기저기 풀만 무성하고 어디가 성전인지도 알아보기 어려울 정도였어요. 결국 해야 될 첫 번째 일은 '재건'이었죠. 무엇부터 건설해야 할까요? 사실 이기적인 마음으로 생각하면 자신의 집이 먼저겠지만, 돌아간 사람들은 신앙의 소명을 가지고 본향을 찾은 사람들이었기 때문에 그들을 하나로 모아줄 성전을 제일 먼저 세우기로 결심합니다. 그들이 멀리 있을 때에 본향을 그리며 기도했던 그 중심을 다시 세우는 일을 최우선으로 생각했으니까요. 그동안 예루살렘을 향하여 기도하지 않았다면 버텨내지 못했을 시간들이었는걸요. 또한 아직 돌아오지 못한 사람들, 타국 땅에 그냥 남기로 한 사람들도 부지기수인데, 그 동포들이 바라보며 기도할 "신앙의 중심"을 만들어야겠다고 생각한 것이죠.

물론 성전 재건 작업을 시작하면서 실질적으로 어려움이 많았어요. 노동력도 경제력도 넉넉해야 하는데 돌아온 사람들의 숫자나 살림살이가 그리 풍족한 상황은 아니었으니까요. 다시 집도 짓고 새로운 터전을 일구어야 하는데 돈 들어갈 일이 또 얼마나 많겠어요. 그래서 에스라, 느헤미야를 읽어 보면 소명이 있었으나 좌절하고 다시 힘을 모으기를 반복하는 이야기가 많이 있어요. 충분히 예상이 되는 상황입니다. 그럼에도 불구하고 끝내 건축을 완성하죠. 뿌듯했을 겁니다. 물론 형편상 그럴싸하게 짓지는 못했어요. 하지만 성심을 다해 무너진 성전을 재건했죠. 그런 후에 바라보는 예루살렘, 시온 언덕은 그야말로 더욱 소중한 공간이었을 거예요.

성전은, 시온을 재건해낸 사람들에게도 귀한 공간이지만 미처 돌아오지 못한 사람들에게도 귀했죠. 다시 성전을 건축했대. 거기서 여호와께 첫 예배를 드렸대. 이렇게 소문으로 들어 알게 된 시온의 모습은 상상만으로도 벅찼을 거예요. 요즘처럼 SNS가 있어서 사진을 찍어 보냈더라면 오히려 처음의 건물보다 허접한 모습에 실망을 했을 지도 모르죠. 하지만 옛 성전을 기억하고 그것이 바벨론에 의해 처참히 폐허가 된 모습을 기억하는 이들로서는, 그 성전이 다시 세워졌다는 것만으로 행복한 상상을 했을 겁니다. 옛 솔로몬의 성전만큼 영화롭지는 않았겠지만, 그래도 우리 힘으로 여호와가 함께하시는 동안 시온에 성전이 섰다는 말만 들어도 설렐 것 아니에요? 그래서 시온을 향한 기도가 더욱 간절해지고 본향을 향해 서서 기도하는 감격이 컸을 겁니다.

그러므로 여호와가 이처럼 말하노라 내가 불쌍히 여기므로 예루살렘에 돌아왔은즉 내 집이 그 가운데에 건축되리니 예루살렘 위에 먹줄이 쳐지리라 만군의 여호와의 말이니라. 그가 다시 외쳐 이르기를 만군의 여호와의 말씀에 나의 성읍들이 넘치도록 다시 풍성할 것이라. 여호와가 다시 시온을 위로하며 다시 예루살렘을 택하리라 하라 하니라(스가랴 1:16-17).

"먹줄이 쳐진다"는 말은 건축을 위해 측량을 시작한다는 거죠. 물론 외형적 건축을 의미하지만 이와 함께 더욱 중요한 것은 내면적인 의미, 즉 여호와 공동체의 재건이 담긴 예언입니다. 혹시 영화 〈킹덤 오브 헤븐〉을 보신 적이 있으신가요? 십자군 전쟁을 배경으로 한 영화였는데, '예루살렘'의 종교적 의미를 생각해볼만한 수작입니다. 십자군 전쟁 자체가 그랬잖아요. 유대인의 성전이 있던 예루살렘, 거기에 예수님의 무덤이 있기에 기독교인에게도 성소였죠. 그리고 이슬람 점령 시기 동안 세워진 회교 사원이 예루살렘에 있었구요. 유대교, 기독교, 이슬람교의 성소인 예루살렘이라. 저마다 자기 종교 전통에서 거룩한 공간인 성지를 빼앗기 위해 전 유럽이 전쟁에 전쟁을 거듭했죠. 솔직히 말하면 그 작은 도시 하나 탈환하겠다고 그 많은 목숨을 희생하는 것이 과연 신의 이름으로 정당화 될 수 있을까요? 그 영화의 주인공 '발리안'은 대장장이였어요. 예루살렘에 가야만 죄가 씻긴다는 둥, 작위를 받은 기사들이 성소를 수호해야 천국에 이른다는 둥, 그런 '거짓' 신념들이 난무하던 중세 한중간에, 발리안은 아가를 잃고 자살한 '중죄'를 진 아내를 대신해 속죄하기 위해 예루살렘으로 향하죠. 상권과 정치적 이권을 위해 종교적 신념을 '악용'하는 예루살렘의 귀족들과 성직자들에게 실망하던 발리안은 엉겁결에 예루살렘 방어전을 하게 되었어요. 성 밖에서 진격해오는 이슬람 군대는 수를 헤아릴 수 없이 많은데, 예루살렘 성 안에는 그야말로 오합지졸만 남은 상황입니다. 호기에 찬 기사들이 발리안의 말을 듣지 않고 밖에서 전쟁을 벌이다가 이슬람 군에게 전멸을 당했거든요. 이게 거의 방어가 안 되는 상황이에요. 그런 상황에서 발리안은 전쟁 전 연설을 합니다. 성경 본문은 아니지만 그 연설 내용을 묵상해 볼까 해요. 제가 자막없이 예전에 외국에서 보았던 영화였는데, 의미를 담아서 의역해 보겠습니다.

예루살렘을 방어할 의무가 우리에게 주어졌어요. 우리는 최선을 다해 준비를 마쳤죠. 저들도 마찬가지일 겁니다. 여기 있는 우리들 중에서 어느 누구도 무슬림으로부터 이 도시를 빼앗지 않았어요. 실은 우리를 대적하기 위해서 몰려오고 있는 저 무슬림들도 마찬가지죠. 저들은 그때(예루살렘 1차 탈환 시점-그때 유럽의 십자군은 성지를 탈환하면서 잔인하게 그 안의 모든 무슬림을 다 죽였어요. 여자와 어린아이도 살육했는데, 이교도를 죽이는 것은 살인이 아니고 오히려 천국으로 향하는 지름길이라는 교황의 교지에 힘입어 자행된 살인이었죠.) 태어나지도 않았어요. 우리는 우리가 저지르지 않은 일을 향해 분노하며 공격하는 이들과 싸워야 해요. 그들도 그렇죠. 우리는 그때 그 사람들이 아니에요. 도대체 예루살렘이 뭐죠? 우리 기독교의 성소인 예루살렘은, 로마 제국이 파괴한 유대교 성전 폐허 위에 세워졌어요. 무슬림은 그 위에 회교 사원을 지었고요. 어느 것이 더 성스러운가요? 파괴되고 남은 저 유대교 성전 벽이요? 예수님의 무덤을 기리는 저 교회요? 아니면 회교 사원이요? 아무도 우리 것이 더 성스럽다고 주장할 권리가 없어요. 아니, 실은 모두가 주장할 권리가 있죠. 우리는 이 도시를 방어할 겁니다. 그러나 저 돌들 때문은 아니에요. 여기 이 성벽 안의 사람들(우리가 방어하지 않는다면 죽임을 당할 이들)을 위해서 싸우는 겁니다.

신성모독이라고 생각하시나요? 네. 예루살렘에 있던 고위 성직자도 그렇게 말하며 화를 냈어요. 어떻게 기독교적 성소를 유대교나 이슬람교의 가치와 비교하느냐고요. 하지만 '대장장이' 발리안의 말을 곱씹어 봅니다. 정말, 무엇이 더 성스럽죠? 상징적 건물이나 장소인가요 아니면 사람의 생명인가요? '예루살렘'이 본디 상징했던 것은 무엇인가요? 여호와께서는 어떤 삶의 선택을 '나를 위한 제사'라고 하셨는지요. 사실 성전을 지은 것은 솔로몬이지 여호와께서 명령하신 것이 아니었어요. 그건 인간들의 신앙 표현이었을 뿐이죠. 여호와께서 원하시는 것은 이스라엘을 건지시고 인도하시면서 친히 보여주신 바로 그 사건들, 약자를 일으키고 생명을 살리는 일들이 가득한 공동체를 만드시는 것이었죠. 그런 삶의 질서에 순종하는 삶이 여호와께서 진정으로 기뻐하시는 '제사'였던 거예요.

발리안의 연설은 영문 모르고 싸워야만 했던 예루살렘 안, 군인들의 사기를 확 띄웁니다. 진정 거룩한 것은 성전이나 성벽이 아니라 사람이다. 우리가 보호해주지 않으면 생명을 빼앗길 사람들을 위해 싸우자는 요청이었으니까요. 그리고 이들은 적은 숫자임에도 불구하고 정말로 잘 싸웁니다. 아니, 잘 버텼습니다. 무슬림 군사의 장군은 '살라딘'이었어요. 무슬림의 숫자가 워낙 많았기 때문에 결국은 탈환할 성이지만, 발리안의 치열한 방어전 때문에 자기 병사들이 너무 많이 죽어나가는 것이 가슴 아팠죠. 그래서 결국 조약을 맺자고 발리안을 불러냅니다. 살라딘의 조건은 이랬습니다. 예루살렘만 고이 내어 준다면 사람들 목숨은 살려 주겠대요. 여왕부터 어린 아이까지 모두 다 살려줄 터이니 원하는 기독교 도시로 이동하래요. 발리안 입장에서는 생명을 살리는 것이 목적이었으니 더 이상 싸울 이유가 없었죠. 하여 그 조건 하에 예루살렘을 양도하겠다고 합니다.

그래 놓고서 뒤돌아 성으로 들어가려니 너무 허탈한 거예요. 이렇게 많은 사람들이 죽었는데, 이건 도대체 뭐지 싶었던 거죠. 그래서 발리안은 살라딘에게 물어봅니다. "예루살렘이 대체 뭡니까?" 전 그 부분이 너무나 인상적이었어요. 발리안을 쳐다보던 살라딘이 대답합니다. "아무것도 아니지." 그러더니 너무나 어이없어하는 발리안을 그대로 두고 한 세 발짝 정도 뒤로 돌아 걷다가 다시 몸을 돌려 말합니다. "그리고 전부지."

저는 그때 소름이 끼쳤어요. 그 짧은, 그리고 모순적인 대답 안에 모든 의미가 다 담겨 있었기 때문입니다. 성벽? 저 땅? 성전? 이런 물건은 아무것도 아닌 게 맞죠. 그런 점에서 예루살렘은 아무 것도 아닙니다. 하지만 종교적 상징으로서의 예루살렘은 달라요. 상징은 그 자체로 거룩하지는 않지만, 그걸 볼 때마다 그 상징이 가리키는 거룩한 존재나 질서를 떠올리게 되는 것이거든요. 그래서 '전부'인 겁니다. 사실 그 상징이 있었기 때문에 유대인들 역시 2천년 동안 흩어져 있으면서도 본향으로 돌아가겠다는 마음으로 버틸 수 있었던 거죠.

사실 기독교인들에게 시온이 본향은 아니잖아요. 아, 거기야 유대인들의 본향이지 전 세계 기독교인들은 각자 출생지와 성장 지역이 다른 걸요. 그렇지만 '시온'을 바라본다는 것은 상징적 의미에서 기독교인에게도 적용되는 "본향"의 의미를 지닙니다. 그래서 기독교인들이 종종 자신들을 '영적 이스라엘'이라고 표현하는 것이겠죠. 본향 즉, 하나님의 나라를 향해 나아가는 나그네의 삶이 이 땅에서 기독교인의 삶이니까요. 본향, 본래 고향이 있는 사람들에게 이 땅은 낯선 땅이잖아요. 잠시 거류하는 땅이란 의미이죠. 여기에 뿌리를 박고 한 평생, 대대손손 살 공간이 아니잖아요. 그런 의미에서 기독교인의 삶 전체는 나그네 된 삶인 거죠. 그런 자세로 살기 때문에 자유로울 수 있는 것 같아요. 이 땅에서 영생(후손을 포함하여)을 누리려고 작정을 한 사람들은 더 움켜잡아야 하고 더 많은 영토를 가져야 하고 자신의 '성벽'을 더 높이 쌓아야 하겠지만, 이 땅에 잠시 거류하는 사람들은 삶의 태도가 다르죠. 본토, 본향이 있어요. 여기서는 잠시 머물 뿐이에요. '시온'이라는 상징은 바로 신앙인인 우리가 마지막에 돌아갈 본향을 상징합니다. 때문에 시온을 바라볼 때, 신앙인은 잠시 거류하는 공간과 시간으로서의 이 삶에 대해 가지는 자세가 달라지는 거죠.

"저기(하나님 나라)가 본향이다." "우리는 지금 나그네 된 삶을 살고 있다." 오늘이 마지막이라 그런지 자꾸 복습 모드가 되고 함께 묵상했던 것들이 생각이 납니다. 레위기 25장에서 희년이나 안식년을 공부하면서 본 말씀이 있어요. "너희들은 거류민이다. 동거하는 자로서 나와 함께 이 땅에 있느니라"(레위기 25:23). 기억나시나요? 이 짧은 말씀 안에, 실은 핵심 메시지가 다 담겨 있어요. 너희는 거류민이다.

잠시 '거류'하는 것이니 여기서 너희들의 영속할 왕국을 세우는 삶을 살 필요가 없다. 헛된 일에 애 쓰지 말아라. 그리고 너희는 혼자가 아니다. 나와 함께 '공동체'로서 있는 존재다. 잠시 있지만, 함께 어울려 살면서, 여호와가 주신 규례대로 살아가는 존재. 때문에 너무 욕심내지도, 너무 좌절하지도 않는 공동체적 인격이 사람이라고 이야기해주신 거거든요. '시온'을 보는 그리스도인의 마음은 바로 그래야 하는 거죠. 본향을 향한 마음을 늘 가지고 치열하고 고단한 하루 일상을 마친 뒤에는 저녁마다 황금마차 타고 날아가는 그 애절한 그리움을 가지고 잠자리에 드는. 그리고 하루가 또 밝는다면 다시 힘을 내어 성실하게, 그러나 연연함이 없이 살아가는 거죠. 이런 신앙의 자세를 가질 때, 이 세상에 발을 딛고 살아가지만 안주하지 않을 수 있는 겁니다. 본향에 돌아갔을 때 부끄럽지 않을 모습으로 여호와 앞에 설 자세로 살아가는 나그네 된 삶이 그리스도인의 참된 신앙의 모습이 아닐까 생각해요.

우리가 만들어갈 '하나님의 도성'

이런 소망을 담는다면 오늘의 묵상은 끝이 아닐 겁니다. 어쩌면 다음 만남은 우리가 여호와 안에서 살아가면서 스스로 삶으로 써 내는 "사람 사는 이야기"가 되지 않을까요? 구약의 거의 마지막에 배치된 스가랴서에도 이런 소망이 담겨 있습니다. 스가랴는 '시온'이라는 신성한 공간이 상징하는 것이 무엇인지, 그리고 그 '중심'을 보며 사람들이 품는 삶의 꿈이 어떻게 펼쳐질 것인지를 소망합니다.

스가랴 9장 9-10절, 3장 10절 말씀을 함께 읽어봅니다.

시온의 딸아 크게 기뻐할지어다 예루살렘의 딸아 즐거이 부를지어다 보라 네 왕이 네게 임하시나니 그는 공의로우시며 구원을 베푸시며 겸손하여서 나귀를 타시나니 나귀의 작은 것 곧 나귀 새끼니라 내가 에브라임의 병거와 예루살렘의 말을 끊겠고 전쟁하는 활도 끊으리니 그가 이방 사람에게 화평을 전할 것이요 그의 통치는 바다에서 바다까지 이르고 유브라데 강에서 땅 끝까지 이르리라(스가랴 9:9-10).

만군의 여호와가 말하노라 그 날에 너희가 각각 포도나무와 무화과나무 아래로 서로 초대하리라 하셨느니라(스가랴 3:10).

"네 왕이 네게 임하시나니" 므낫세의 길로만 향하던 악한 왕들이 아닙니다. 여호와의 규례를 아는 선한 왕입니다. "공의롭고 구원을 베푸는" 왕이죠. "겸손하여서 작은 나귀를 타는" 왕이구요. '말'은 전쟁의 상징인 반면, '작은 나귀'는 농사짓는 평화로운 시골 풍경에나 어울릴 작은 동물이죠. 하여 그 왕은 "에브라임의 병거와 예루살렘의 말을 끊는" 일을 할 거랍니다. "전쟁하는 활을 끊고" 결국에는 "이방 사람에게 화평을 전할 것"이라고 해요. "그의 통치"는 전 세계, 땅 끝까지 이르게 될 것이라는 소망이죠. 그런 일이 이루어지는 "그 날"이 오면 사람들은 "무화과나무와 포도나무 아래로 서로 초대한다"고 합니다.

이게 무슨 말인가요? 그동안 공부하면서 포도나무와 무화과나무가 참 자주 나왔지요. 이 표현은 우리나라 문화에 맞게 번역한다면 "벼농사가 풍작을 이루고 밭마다 소산이 많이 나서 서로 나누어 먹으리라"는 말과 같아요. 그들이 가장 많이 재배하는 곡물이 포도나무와 무화과나무였으니까요. 이들의 꿈은 소박하죠. 성실히 땀 흘려 일하고 그 결실로 얻은 귀하고 아름다운 열매를 서로 나누며 살아가는, 그런 소박한 사람이 있는 아름다운 본향! 시온은 유대인들에게 이런 상징이었던 겁니다. 사실 우리도 그래요. 뭐 엄청난 부귀영화를 꿈꾸는 사람들은 생각보다 많지 않을 거예요. 물론 요즘의 소비 자본주의 문화에서는 좀 다른 이야기겠습니다만, 대부분의 평범한 사람들은 생존의 불안을 느끼지 않고 자유를 억압당하지 않으면서 그저 일상에서 포도나무, 무화과나무의 소산을 내고 이웃끼리 나누어 먹는 정도의 '안정된' 삶이면 족하죠. 그러고 보면 참 슬픈 일입니다. 이 일을 이루겠다고 출발한 이스라엘 공동체의 "사람 사는 이야기"의 끝이 결국엔 "이런 삶이 여호와의 날에는 이루어지리라."는 종말론적 소망으로 마치게 되다니요.

2016년 한 해는 유난히 고단하고 속이 시끄러웠습니다. 죽음과 죽임이 일상이 되어버린 세상이라 더더욱 삶을 견디고 지탱하는 것이 어려운 시절이에요. 하루하루 숨 돌릴 틈도 없이 살면서 거둔 수확이 나와 사랑하는 가족들의 생계에도 미치지 못해 안타까운데, 손 하나 까딱하지 않고 천문학적인 숫자의 금전을 불의한 방법으로 거두어들이는 사람들의 소식에 허탈하기까지 하죠. 한 문제라도 더 맞히려고 예상문제집을 풀고 또 풀고, 몸이 아파도 행여 출석점수에 영향을 미칠까 싶어 끙끙거리면서도 학교로 향하는 성실한 학생들, 한 단계 한 단계 전문성을 쌓아가면서 자기 분야에서 성실하게 노력하며 승진을 꿈꾸던 젊은이들이, 세상 밖으로 드러난 교육 농단, 국정 농단의 소식을 들으며 얼마나 허무하겠어요? 하지만 이런 일들은 사마리아와 예루살렘에서도, 아니 그 이전 고대 근동의 도시국가적 삶 가운데서도 늘 있던 일이었어요. 그러니까 그러려니 하라는 것은 성경의 메시지가 아닙니다. 오히려 이들이 실패했음에도 불구하고 결국에는 이루어질 거라고 종말론적으로 붙잡은 이 신앙이 놀랍습니다. 포기하지 않고 붙잡은 저 정신이 놀라워요. 사람은 자기 처지에 따라 생각의 폭이나 깊이가 쪼그라들기 마련이거든요. 그런데 망해버린 자리에서조차 "여호와의 날" "그때"에 대한 비전을 그치지 않는 겁니다. 저는 이 비전이 가진 힘을 믿습니다.

하니, 지금 당장은 소산이 없어도 그 믿음으로 승리하기 원합니다. 미가 6장 8절의 말씀을 꼭 붙잡고요. "사람아, 주께서 선한 것이 무엇임을 네게 보이셨나니, 여호와께서 네게 구하시는 것은 오직 정의를 행하며 인자를 사랑하며 겸손하게 네 하나님과 함께 행하는 것이 아니냐." 그러게요. 잠시 거류하는 이 땅에 뭘 그리 욕심내어 남기고 쌓고 확장할 거리가 있겠습니까? 우리 선조들, 신앙의 선배들이 삶을 통해 앞서 보여준 '선함'과 '정의' '사랑'과 '겸손'을 다 아는데, 그 길을 따라 그저 주어진 시간의 삶을 성실하게 살아내면 되는 것이지요. 좌절하고 포기하고 싶어 마음과 의지가 무너질 때, '시온'을 바라보며(여기서의 '시온'은 예루살렘에 있는 물리적 공간만을 의미하지 않는 거 아시죠?) "그때"가 곧 올 거야. 여호와의 시간 안에 그 완성의 날은 도래할 거야. 그 완성의 모습이 흘러나오는 곳, 저곳을 보며 견뎌내자. 버티자. 선을 선택하자. 정의롭게 살자. 사랑하며 겸손하자. 그렇게 하루하루를 살아내는 것이 사람의 인생인 것 같습니다.

'영성'이 무엇인가요? 저는 '신성神性'과 '인성人性'을 비교하면서 기도하고 고민하다가 그런 생각을 했습니다. 신성은 당연히 여호와의 특성입니다. 그건 우리가 나누어 가질 수 없어요. 흔히들 우리 내면 안에 여호와를 아는 빛이 있다고 합니다. 신비주의적 구도자들이 그리 말하죠. 내 안에 있는 '신성'이라고까지 표현합니다. 하지만 기독교 신학자로서 저는 인간은 신성을 공유할 수 없다고 생각해요. 피조물은 조물주의 특성을 가지지 않습니다. 물론 '아버지와 아들' 비유를 들어 마치 DNA처럼 신적 특성을 가졌을 거야, 이렇게 생각해 볼 여지도 있습니다. 하지만 저는 기독교적 신앙고백의 정수는 "인간과 신 사이에 존재론적인 연결성을 철저하게 끊어낸 것"이라고 생각해요. 이건 개혁주의 신앙 전통에서 더욱 강조했던 부분이죠. 인간이 행위로 구원받을 내적 능력이 없다는 것을 강조하기 위함이었어요. 이런 저런 '종교적 행위'를 상업 목적으로 상품화하여 팔던 중세 말기의 신앙적 타락을 극복하기 위한 강조였지요. 그래서 아우구스티누스적인 '전적 타락'을 계승하여 신학화한 것이었죠. 덕분에 인간은 "이 벌레만도 못한 죄인"이 되어버렸어요. 도무지 인간 의지로는 할 수 있는 것이 없는, 오직 죄 짓는 선택밖에는 하지 못하는 무력하고 무능한 죄인을 만들어버렸죠. 하여 인간이 구원받는 길은 오직 '은혜'뿐이라고 강조하면서 말입니다.

하지만, 이렇게 생각하면 구약의 예언자들이 절절하게 외친 외침은 다 무용지물이 되고 맙니다. 어떻게 '전적으로 타락'한 인간이 선을 선택할 수 있겠어요? 정의를 실천하고 겸손하고 사랑하며 살 수 있겠어요? 주께서 함께 동행하시면 가능해요! 이렇게 답하실 거예요. 네, 저도 그렇게 생각합니다. 임마누엘이 답입니다. 저는 이것이 유대-기독교적 신앙관의 정수라고 생각해요. 인간은 그 안에 '신성'을 가지지 않습니다. 그러나 '신성'을 들이마실 수는 있어요. 우리 존재의 숨구멍을 크게 연다면요. 이게 신비라서, 저는 신비주의적 전통이 말하는 '영적 교감'을 믿습니다.

그래서 '영성'은 신을 믿고 신과 소통하는 인간 고유의 능력이요 특성이에요. 신 없이도 좋은 '인성'을 만드는 것은 가능합니다. 그러나 신 없이 '영성'은 불가능합니다. 저는 영성을 "인성과 신성이 사람 안에서 만나 투쟁하는 가운데 만들어낸 날숨"이라고 정의하고 싶어요. 온전한 인간이셨던 예수께서는 겟세마네 동산에서 그러셨죠. "이 잔을 내게서 거두어 주소서." 그건 인간적인 특성을 고스란히 반영합니다. 세상에, 어느 누가 다가오는 십자가를 아무 거리낌 없이, 두려움 없이 받아들일 수 있겠어요? 하지만 '아버지 하나님'을 온 존재로 '들이마신', 그러니까 생애동안 늘 '임마누엘' 여호와와 동행하기를 그치지 않으셨던 그분은 자신 안에서 인성과 신성의 대면, 치열한 투쟁을 치르셨을 겁니다. 땀이 피가 될 지경으로까지. 그

'사이'에서 날숨으로 토해낸 고백이 영성 가득한 그 말씀이셨다고 봅니다. "제 뜻대로 마옵시고, 아버지의 뜻대로 하옵소서."

예수께서는 '여호와의 아바타'가 아니었어요. 아무 갈등 없이 그저 여호와께서 시키시니 갈등 없이 주저 없이 십자가를 지신 것이 아니었다는 말입니다. 기독교는 '선택'의 종교입니다. 여호와께서는 늘 사람으로 하여금 선택하라고 요청하십니다. 나 여호와가 보여준 선한 길, 정의와 공의의 길, 사랑과 겸손의 길을 선택하라고요. 그리고 그럴 수 있는 힘 또한 부여하십니다. 스스로 우리 안으로 '육화'하여 들어오시면서 까지 말이죠. 사람에게 그 삶이 가능함을 탄생부터 죽음, 부활까지의 본으로 보이신 분, 바로 예수님의 이야기를 '부록'으로 나누면서 길고 길었던 "사람 사는 이야기"를 마칠까 합니다. 구약에서 그렇게나 그렸던 왕, 예수님께서 오신 이후의 삶을 살아가고 있는 우리들은 적어도 구약 시절의 이스라엘 사람들보다는 훨씬 더 나은 조건에 놓여 있는 거죠. 앞서 본을 보이신 예수를 그리스도로 고백하며 따르면 되니까요. 어쩌면 구약의 이스라엘 사람들보다 지금 우리의 삶의 선택이 훨씬 더 확실하고, 더 은혜롭고, 더 쉽겠다는 고백을 합니다. 임마누엘 주와 동행하며, 날숨으로 삶 가운데서 내뱉는 영성으로, 나를, 이웃을, 세계를 살리는 사람이 되었으면 합니다. 이렇게 꿋꿋이 살고, 본향에 가서는 착하고 충성된 종이라고 칭찬받는 우리가 되었으면 좋겠습니다.

기도

사랑의 하나님, 감사를 드립니다. 저희 부족한 사람들, 진정 사람이 무엇이길래 저희를 이렇게 사랑하시고, 내 백성아 내 딸아 내 아들아 하고 불러주셨는지. 새삼 주님의 이 놀라운 사랑이 참으로 벅차고 감격스럽습니다. 비록 자주 넘어져 원망하고 때로는 갈 바를 몰라 갈팡질팡하지만, 임마누엘 힘 입어 다시 일어나게 하소서. 왕되신 주께서 직접 이 땅에 몸을 입고 오셔서 보이신 그 길을 한 걸음 한 걸음 흔들림 없이 나아가게 하소서. 저희들의 소산으로 이웃과 서로 나누며 살아가는 그런 풍성하고 아름다운 삶을 이 땅에서도 그리고 그곳에서도 이루는 신앙의 인생이 되게 하여 주시옵소서. 예수님의 이름으로 기도합니다. 아멘

우리는 이 땅에서 나그네일 뿐입니다. 이 땅에서 조금 더 움켜쥐려는 욕망을 버리고, 주와 동행하며 거류민으로서 이웃을 건설하며 살아갑시다. 본향에 당도하는 그날까지.

복음을 노래한 사람들, 마리아·사가랴·시므온

누가복음 1-2장

크리스마스가 다가오면 우리는 모두 기뻐합니다. 비단 기독교인만이 아니에요. 징글벨~ 징글벨~ 노래 소리도 즐겁고 발걸음도 경쾌합니다. 도대체 왜 다들 이렇게 즐거워하는 거죠? 더구나 기독교인이 아닌 사람들까지 말입니다. 한 해가 다 끝나가니까. 연말의 축제 분위기로. 형형색색의 크리스마스 트리나 선물, 이런 이미지 때문에. 신앙과 결부하지 않고서도 거리에서 크리스마스를 즐기는 사람들의 대답은 대략 이러할 겁니다. 하지만 하나의 '문화 현상'으로 소비되는 '성탄'을 우려하며 바라보다가 문득, 적어도 기독교인들만이라도 이 날이 왜 기쁜 날인지를 진지하게 다시 물어야겠다는 생각을 했어요. 그리고 이 이야기를 '구약성경 묵상'의 맨 마지막에 부록으로 더하는 이유는 금세 눈치 채셨을 겁니다. 아, 일종의 '다리' 같은 역할을 하겠구나. 언제가 될지 약속할 수는 없지만, 〈신약성경으로 보는 사람 사는 이야기〉가 이어져야 하니까요, 하하.

기쁘다, 구주 오셨네~

처음부터, 하나씩 질문을 던져 봅니다. 우리는 왜 성탄절을 기뻐하나요? 답은 예수께서 태어나신 날이기 때문이죠. 물론 역사적으로 보면 12월 25일에 태어나신 것은 아닙니다. 이런 저런 가설들이 있습니다만, 오늘은 그 이야기를 하려는 것이 아니니 그 문제에 대해서는 긴 논의를 아끼겠습니다. 중요한 것은 그날을 성스럽게 구별하여 '예수 탄생'의 의미를 되새기는 일이니까요. 그러면 질문을 이어가 보겠습니다. 예수님이 우리를 위해 이 땅에 오신 게 왜 기쁠까요? 수많은 사람들이 이 땅에 '왔는데' 말이죠. 아기 예수의 오심은 다른 사람들의 탄생과 그 의미가 다르니까요. 우리를 구원하러 오신 분이기에 그 생명 탄생을 기뻐하는 것 아닙니까! 여기까지는 대부분의 기독교인들이 대답할 수 있는 '쉬운' 질문입니다. 그런데 다음 질문은 이것입니다. "우리를 구원하러 오셨다는 게 도대체 무슨 말씀일까요?" "예수님께서는 어떻게 우리를 구원하셨을까요?" "십자가에 달려서 돌아가시는 사건 자체가 어떤 방식으로 구원의 효력을 가져오나요?" 만약 이런 질문을 받는다면 어떻게 대답하실 런지요.

물론 '전통적'으로 우리가 배워왔던 답은 있습니다. 우리 모두를 위해 언제나 '효력'을 발휘할 속죄 제물이 되셨다는, 교리화된 정답

(정통주의의 답이라는 의미에서)이죠. 그런데 말입니다. 도무지 '인신 공양'이라는 것이 얼마나 끔찍하고 잔인한 것인지, 그리고 그런 방식으로 신에게 죄 속함을 간구할 수 있다고 여겼던 시절이 얼마나 옛날이었는지를 안다면, 많은 신앙인들이 당황하실 겁니다. 그동안 우리 〈성경 사랑방〉을 통해서도 살펴보았지만, 국가의 큰 위기 상황에서 신께 간구하는 가장 절실한 제물로 '왕의 아들'을 바친 사례들이 있었죠. 이에 대해 여호와께서는 진노하셨습니다. 삶의 회개 없이, 손에 피를 가득 묻힌 불의한 모습으로 양과 염소를 희생 제물로 드리는 모습을 "역겹다"고 표현하신 분이 여호와이십니다. 그런 분께서 '자신의 아들'을 희생 제물로 삼아 인류의 죄를 구속하셨다고요? 어머나, 이제까지 '은혜스럽게' 성경 묵상을 해온 사람이 마지막에 왜 이러세요? 만약 이런 당혹감이나 분노가 생기신다면, 잠시 그 마음을 괄호에 넣으시고 구원의 의미에 대해서 다시 한 번 진지하게 묵상해 보았으면 합니다. 예수께서 우리를 구원하셨다는 것은 정말 어떤 의미인가? 안심하셔도 되는 것은, 저는 예수의 구세주되심을 믿는 사람이에요. 그러니 다 읽으시고 다른 의견을 가지시더라도, 일단은 한 번 제 묵상의 '변'을 들어주셨으면 하고 초청해 봅니다.

성경에서 예수님의 일생을 담은 서신은 넷이죠. 마태복음, 마가복음, 누가복음, 요한복음 이 넷을 4복음서라고 하는데, 모두 공통적으로 "복음"이라는 단어가 들어갑니다. 복음福音이 무슨 뜻이죠? 한자 뜻을 풀이하면 "기쁜 소리"입니다. 영어로는 GOOD NEWS, 기쁜 소식을 말합니다. 헬라어로는 "유앙겔리온"이라고 하는데 고대 로

마에서 이 단어가 쓰이던 정황이 있었습니다. 황제가 등극을 하거나 황제가 자손을 보았을 때, 혹은 황제 생일 혹은 큰 전쟁에서 승리했을 때 빵빠레와 함께 전해지는 소식을 의미합니다. 그런 게 "기쁜 소식"입니다. 그런 소식이 울려퍼지면 백성들은 모두 거리로 뛰어나와 만세를 부르는 거죠. 실제로 즐거워서 환호성을 냈을 수도 있고 동원이 되었을 수도 있겠습니다만, 어쨌든 "복음"이라는 단어는 이럴 때 사용했어요.

그런데 예수를 따르는 신앙인들이 군주제의 용어를 가져다가 예수님의 탄생을 알리는 표현에서 공통적으로 이 단어를 사용한 거죠. 예수님께서 탄생한 것을 일종의 왕의 탄생, 왕의 등극으로 공표하고자 하는 의도가 드러나는 부분입니다. 새로운 왕의 탄생이 맞지요. 그분이 오심으로써 새로운 통치 질서가 이 땅에 시작되게 되었다는 '기쁜' 소식이니까요. 그런데 이 왕의 통치 질서가 어떠하길래 이를 "기쁜 소식"이라고 칭했을까요? 그분은 어떤 소식을 가져 왔길래 많은 사람들이 기뻐하며 경배하는 걸까요? 이 부분을 좀 살펴보려고 합니다. 묵상할 본문이 너무 많지만 오늘은 예수님이 처음 태어나셨을 때 함께 기뻐했던 증인들의 모습을 통해서 구원의 의미를 묵상하려고 해요. 오늘의 주인공은 마리아, 사가랴, 시므온입니다.

사실 성탄 내러티브에서 이 세 사람은 그동안 덜 집중되었던 인물들입니다. 물론 예수의 어머니 마리아야 탄생 이야기에 빠지지 않고 등장합니다만, 주로 '성녀' 이미지만 강조되었지 마리아가 불렀던 찬송의 내용은 크게 강조되지 않았어요. 이 세 사람의 공통점은 아기 예수가 탄생하셨을 때 가까이에서 지켜봤던 중요한 인물들이라는 점입니다. 그리고 셋의 공통점은 또 하나 더 있는데요. 바로, 노래를 불렀다는 것입니다. 그냥 적당히 "아, 기쁘다. 구주 오셨다." 정도가 아니라 막 기뻐 찬송을 했던 인물들입니다. 가수도 아니고. 보통 사람들의 입에서 찬송이 흘러 나왔다면 도대체 얼마나 기쁜 소식이었길래 그랬나, 궁금해집니다.

마리아의 노래가 그린 하나님 나라

우선 예수님의 어머니 마리아부터 살펴보겠습니다. '마리아'에 대해 시대적인 배경까지 고려하면서 살펴보면 사실 우리가 예상하는 것보다 큰 반전들이 있습니다. "예수님의 어머니"라고 하니까 보통 우리는 중년 부인을 연상하게 됩니다. 하지만 정혼만 하고 아직 결혼을 하지 않은 처녀였다면 당시 문화권에서 볼 때 마리아는 매우 어린 소녀였을 겁니다. 열다섯 살 정도, 혹은 그보다 더 어릴 수도 있습니다. 그러니까 10대 소녀로서 '얼토당토' 않은 회임을 계시로 통보받은 것이죠. 결혼하기 전인데 하나님께서 나를 통해서 아기를 주신다는 겁니다. 정혼자 요셉의 아이도 아닙니다. 당시 율법으로는 결혼도 하기 전에 아기를 낳으면 돌 맞아서 죽을 일입니다. 도대체 이게 어찌 기뻐서 노래까지 할 일일까요? 일단 마리아의 노래를 들어보겠습니다. 누가복음 1장 46-55절이에요.

마리아가 이르되 내 영혼이 주를 찬양하며 내 마음이 하나님 내 구주를 기뻐하였음은 그의 여종의 비천함을 돌보셨음이라 보라 이제 후로는 만세에 나를 복이 있다 일컬으리로다 능하신 이가 큰일을 내게 행하셨으니 그 이름이 거룩하시며 긍휼하심이 두려워하는 자에게 대대로 이르는도다 그의 팔로 힘을 보이사 마음의 생각이 교만한 자들을 흩으셨고 권세 있는 자를 그 위에서 내리치셨으며 비천한 자를 높이셨고 주리는 자를 좋은 것으로 배불리셨으며 부자는 빈손으로 보내셨도다 그 종 이스라엘을 도우사 긍휼히 여기시고 기억하시되 우리 조상에게 말씀하신 것과 같이 아브라함과 그 자손에게 영원히 하시리로다 하니라(누가복음 1:46-55).

이게 마리아의 노래였습니다. 아니, 지금 처녀가 임신을 해서 아기를 낳게 된 상황에서 이 무슨 뜬금없는 노래일까요? 그 아기가 '예수'다. 구원자다 메시야다 그런 말만 듣고서 어찌 이런 내용들이 노래 안에서 고백될 수 있는 거죠? 사실 '마리아'라는 이름은 히브리어로는 미리암이란 뜻입니다. '미리암' 기억나시죠? 모세의 누이 이름도 미리암이었죠. 원뜻은 "높여진 자"라는 의미입니다. 예수님 당시에 쓰시던 아람어로는 '마리암' 그리고 라틴어로는 '마리아'입니다. 미리암, 마리암, 마리아는 어원이 같고 같은 의미를 가지고 있어요. 그러니까 '마리아'는 높여진 사람이라는 의미가 있다는 말입니다. 스스로 높아진 사람이 아니라, 여호와에 의해 '높여진' 사람입니다. 예수님 어머니이니까 높여진 게 당연하다 생각할 수 있겠지만, 사실 마리아의 노래를 들어 보면 어떤 의미에서 높여졌다는 것인지,

그리고 어떤 의미에서 그것이 정말 기뻤다는 것인지가 다 담겨 있습니다.

일단 마리아 찬가의 내용에 주목해 봅니다. "마음의 생각이 교만한 자들을 흩으신다." "권세 있는 자들은 내리치신다." "비천한 자들은 높이신다." "주리는 자를 좋은 것으로 배불리신다." "부자는 빈손으로 보내신다." 이게 마리아 찬가의 주요한 내용입니다. 마리아는 지금 이런 일들이 예수로 인해서 앞으로 일어날 것이기에 기쁘다고 합니다. 아마 지식인이고 부자이며 권력자가 듣는다면 화가 날만한 일입니다. 이게 기쁜 소식이라고? 왕의 탄생이나 승전소식으로 기뻐하는 것이 '당연'하던 시절에, 전혀 다른 기쁨을 이야기하고 있으니 듣는 이들 모두 놀랄만한 내용은 맞죠.

일단 다른 의문점들을 다 차치하고라도, 이 노래가 전하는 "기쁜 소식"에만 초점을 맞추어 보겠습니다. 이런 "복음"이 전해졌을 때 일차적으로 누가 기뻐할까요? 지금 현재 배고프고 지금 현재 비천하고 지금 눌려있는 사람들, 사람 취급 받지 못하고 내일의 먹거리가 불확실하여 삶이 고단한 사람들, 이들에게는 정말 기쁜 소식입니다. 높아지고, 배불리 먹게 될 것이라 하니 이보다 기쁜 소식이 어디 있겠습니까?

이것이 어찌 가능한가요? 그동안 최선을 다해 살아왔는데도 어림없던 이런 일이 어떻게 가능하다는 건지. 마리아는 "주님께서 팔을 펼치셨기" 때문이라고 고백합니다. 노래 처음에 "주님께서 강한 팔을 펼치시사"라며 시작하잖아요? 주께서 그 손을 펼쳐 하시는 일들이 이러합니다. 마음의 생각이 교만한 자는 어떤 사람들이었을까요?

당시에 종교적으로 엘리트라고 생각하던 서기관과 율법학자들은 평소 그리 생각했을 겁니다. "우리만이 성경을 해석할 지적 능력을 가지고 있어. 그리고 우리만이 율법을 다 지키면서 의롭게 사는 사람들이지." 이렇게 생각하면서 스스로 의인이라고 여기던 사람들을 저는 "마음이 교만한 자"라고 생각합니다. 또 예수님 당시에는 로마제국의 식민 지배를 받고 있는 상태였거든요. 이러한 시절에 지방 정치인들, 로마 정치인들 역시 "마음이 교만한 자들"에 속했을 겁니다. "우리가 통치권자이니 너희들은 우리가 하라는 대로 해야 한다."고 생각했을 테니까요. 2016년에 있던 일이죠. 교육부의 한 고위관료가 국민을 "개 · 돼지"라고 표현해서 공분을 산 적이 있습니다. 이런 마음이 대표적으로 "교만한 마음"입니다. 자신들의 제국 영토를 넓히겠다고 백성들을 마구 차출해서 군사로 삼고, 과중한 세금을 부과하고. 보통 이런 사람들은 자기 권력을 중앙으로 집중해서 아주 강하게 만들기 위해 끼리끼리 뭉칩니다. 자기들만의 연계를 만들려고 합니다. 바로 이런 사람들을 흩으신다는 겁니다. 여호와께서 팔을 뻗치시면요.

두 번째는 자기 혼자 높이 올라가는 사람들을 끌어 내리시고 비천한 자들을 높이신다는 것입니다. 마리아의 이름이 "높여진 자"라는 것은 의미심장합니다. 개인이 훌륭한 일을 해서 높여진 자가 아닙니다. 이들은 비천한 사람들입니다. 아니, 교만한 사람들에 의해서 비천하다고 취급받은 사람들입니다. 그런데 여호와께서 바로 이 비천한 여종을 돌아 보셨다고, 마리아는 노래합니다. 제 처지가 지금 너무 비천합니다. 그런데 여호와께서 강한 팔을 펼치시니까 저같이 비천한 사람을 높이 들어주시는군요. 그런 기쁨의 노래인 거죠. 아니, 높이 들리기는 무엇이 높이 들렸다는 거죠? 처녀가 임신을 했는데요. 당장 들키면 돌 맞을 상황인데요. 그러나 마리아는 계시의 내용을 들었기 때문에 이렇게 노래할 수 있었던 겁니다. 도대체 어떤 내용이었을까요? 기적적으로 살리고 보호해주겠다는 천사의 약속이라도 받은 것일까요? 천사가 전해준 계시의 내용은 이러했습니다.

> 천사가 이르되 마리아여 무서워하지 말라 네가 하나님께 은혜를 입었느니라. 보라 네가 잉태하여 아들을 낳으리니 그 이름을 예수라 하라. 그가 큰 자가 되고 지극히 높으신 아들이라 일컬어질 것이요. 주 하나님께서 그 조상 다윗의 왕위를 그에게 주시리니 영원히 야곱의 집을 왕으로 다스리실 것이며 그 나라가 무궁하리라(누가복음 1:30-33).

같은 계시의 내용이 마태복음에는 이렇게 기록되어 있습니다. 여기서는 요셉이 꿈에서 계시를 받는 것으로 그려지죠.

> 다윗의 자손 요셉아 네 아내 마리아 데려오기를 무서워하지 말라 그에게 잉태된 자는 성령으로 된 것이라. 아들을 낳으리니 이름을 예수라 하라. 이는 그가 자기 백성을 그들의 죄에서 구원할 자이심이라 하니라. 이

모든 일이 된 것은 주께서 선지자로 하신 말씀을 이루려 하심이니 이르시되 "보라 처녀가 잉태하여 아들을 낳을 것이요 그의 이름은 임마누엘이라 하리라."하셨으니 이를 번역한즉 하나님이 우리와 함께 계시다 함이라(마태복음 1:20-23).

물론 마태복음 저자는 훨씬 더 가부장적이고 유대 공동체의 전통을 강하게 가진 사람들을 위해서 복음서를 저술했다고 해요. 그래서 같은 계시의 내용을 '여자'인 마리아가 아닌 '남자' 그것도 다윗 왕의 후손인 요셉이 받는 것으로 그리고 있죠. 그리고 이사야서 인용을 통해 신학적, 신앙적 해석을 더한 거예요. 이 계시를 믿은 요셉은 의심치 않고 마리아를 아내로 맞아 아들을 낳기까지 동침하지 않았다고 기록되어 있습니다. 그러니까, DNA로 말하자면 예수님은 성령과 마리아 이 둘 사이의 '아들'인 셈인가요? 그런데 만약 마태의 기록대로 그게 사실이라면 참 이상하지 않나요? 적어도 혈연으로 볼 때 예수님은 요셉 가문과는 아무런 '피'의 연결고리가 없어요. 오히려 마리아 가문이라면 모를까. 마태가 주도면밀하지 못했던 걸까요? 첫 장을 그 길고 긴 다윗 가문의 계보로 시작했는데, 그 후손이 바로 예수의 아버지 요셉이라고 한 건데, 그런데 정작 예수는 '동정녀 탄생'인 거예요.

이런, 참. 저는 청소년기에 이런 질문이 들자 너무 당황했어요. 바보 아니야? 도대체 어째서 예수께서 '다윗의 후손'인 거지? 이 궁금증은 누가복음을 읽으면서 어느 정도 해결되었습니다. 거기에는 '동정녀 탄생'에 대한 이야기는 있어도, '다윗의 후손'이라는 말은 강조되어 있지 않았거든요. 더구나 계시조차 마리아가 받습니다. 아, 혈연으로서의 다윗의 후손이라는 말은 크게 중요한 것이 아니겠구나. 오히려 상징적 의미, 영적 의미에서 이것을 해석하는 것이 옳겠구나. 적어도 다윗은 이스라엘 사람들이 '그리워하는' 이상적인 왕이니까요. 비록 초반에 실수는 했지만(하긴, 마지막에도), 그래도 통치 기간 동안에 여호와의 규례대로 이스라엘을 다스렸다고 평가받는 왕이니까요. 그 통치 질서, 지금 이 땅에 없으나 "그때"가 되면 도래한다던 여호와의 질서가 내 아이 "예수"(구원이라는 뜻)를 통해 온다는 것이구나. 아, 그렇군요. 가난한 사람들, 비천한 사람을 높이는 그 질서, 제가 배운 그 여호와의 질서, 그 나라를 이루실 통치자가 나를 통해서 오시는군요. 이렇게 기쁜 일이 어디 있습니까? 마리아의 노래는 이런 고백인 겁니다. 마리아는 신실한 유대인 처녀였으니까요. "그날에" "여호와의 날에" 하며 예언자들이 외쳤던 그날을 어찌 그리지 않았겠어요? 기다리고, 기다리고, 또 기다렸겠죠. 그러다 받은 계시인데, 얼마나 기쁜 소식이겠어요?

당시에 유대의 민중들은 모두가 공감할 수 있는 부분이었어요. 대안적인 질서, 그 질서대로 당신의 나라를 좀 만들어 주세요. 그 나라를 만들 메시야를 어서 보내주세요. 이게 당시에 고조되어 있었던 '메시아 대망 사상'이었습니다. 경건한 유대인이라면 "메시아가 왔다"는 말이 무슨 말인지 다 아는 것입니다. 비록 어린 소녀였지만 아주 신앙심이 깊고 올곧은 소녀였다면 마리아도 역시 이게 무슨 의미인지 단박에 알아차릴 수 있었을 겁니다. 오죽했으면 하나님께서 그 많은 여인들 중에서 마리아를 선택하셨겠습니까? 준비 되어있는 여인, 메시아를 그렇게 기다리면서 하나님이 이뤄내실 그 나라의 질서가 이 땅에 도래하는 걸 보고 싶었던 열망을 보셨겠지요.

사실 어떻게 보면 높은 사람들하고 부자들은 억울할 수 있어요. 내가 부자인 게 그렇게 나쁜 일이라고? 왜 나를 빈손으로 돌려보내고 왜 굳이 애써서 높이 올라간 자리에서 끌어내리지? 이게 기쁜 소식이야? 그런 나라가 좋은 나라야? 루저들, 잉여들, 찌질이들, 너희한테나 기쁜 소식이겠지. 하지만 나 같은 승리자에게는 아니야! 이렇게 생각 할 수도 있겠죠. 하지만 '유대인'이라면, 자기들의 조상을 '아브라함'이라고 고백하는 사람이라면 사실 이 질서의 도래에 기뻐해야 합니다. 어째서냐구요? 노래의 맨 마지막을 보세요. "이스라엘을 도우사 긍휼히 여기시고 기억하시되 우리 조상에게 말씀하신 것과 같이 아브라함과 그 자손에게 영원히 하시리로다." 제가 '수미상관'을 좋아합니다만, 마리아의 노래조차 가장 마지막에 공동체의 처음이었던 아브라함으로 돌아가네요. 여기서 "우리를 긍휼히 여기신다"는 것은 혈연의 이스라엘만 생각하면 곤란합니다. 사회적 약자를 대표했던 '히브리인'을 의미합니다. 1권에서 하비루, 에베르의 어원을 살피면서 공부했었죠. 도시 국가의 틈새를 떠돌며 살았던 사람들, 시민권이 없어 한 도시에 영구 거주하지 못했던 사람들, 하여 법적 보호도 받지 못했던 사람들, 먹고 살기 위해서 가장 위험한 노동을 가장 싼 값으로(혹은 임금도 없이) 해내야 했던 사람들, 그들의 이름이 '히브리'였다고요. 힘 있는 사람들에게 부당한 대접을 받던 그 사람들을 불쌍히 여기시던 하나님, 그래서 높여주시는 하나님, 그 하나님이 아브라함에게 분명히 약속 하셨잖아요. "너를 축복하는 자에게는 내가 복을 내리고 너를 저주하는 사람들에게는 내가 저주 하겠다"고 말입니다.

> 너를 축복하는 자에게는 내가 복을 내리고 너를 저주하는 자에게는 내가 저주하리니 땅의 모든 족속이 너로 말미암아 복을 얻을 것이라 하신지라(창세기 12:3).

그렇다면 여기서 빈손으로 돌아간 부자는 그냥 높은 사람, 부자가 아닙니다. 자기의 직위와 자기의 부를 가지고 하나님이 사랑하시는 하나님의 백성들을 억압한 사람들을 의미합니다. 이 사람들을 하나님이 저주하시겠다는 겁니다. 그러나 긍휼을 베푼 부자와 긍휼을 베푼 높은 사람이라면 그 사람들이 하나님 나라의 통치 질서에 포함되는 게 당연합니다. 예수님도 그리 말씀하셨습니다. "낙타가 바늘귀로 들어가는 것이 부자가 하나님의 나라에 들어가는 것보다 쉬우니라"(누가복음 18:25). 예수께서 이 말씀을 하셨을 때였죠. 그렇게 구원 얻기가 어려우면 도대체 누가 구원을 받을 수 있는가 하면서 제자들이 수군수군 했었거든요. 그때 예수님께서 대답하셨습니다. "사람으로는 할 수 없으나 하나님으로서는 다 하실 수 있느니라"(마태복음 19:26).

그러니까 인간 본성으로는 어렵다는 말입니다. 인간이란 자로고 이기적인 동물이니까요. 하지만 하나님께로 나오는 것이라면 가능하다. 하나님께서는 무엇이든지 능히 하실 수 있는 분이다. 이렇게 말씀하시는 겁니다. 이는 하나님께서 마술적 힘을 발휘해서 부자와 권력자를 '아바타'처럼 좌지우지 하신다는 말이 아닙니다. 하나님의 통치 질서가 무엇인지 아는 부자, 아는 권력가는 여호와의 규례대로 살아갈 결단을 하게 된다는 말이죠. 때문에 부를 가지고 있고 권력을 가지고 있어도, 메시아가 오시고 그로 인해 하나님의 통치 질서가 이 땅에 도래한다는 소식은, 그들에게도 역시 기쁜 소식이라는 것입니다. 하나님의 통치 질서가 그들에게 임한다면 기쁘게 자기 소유도 나누고 자기 권위도 나눌 수 있다는 것입니다. 그렇기 때문에 어렵지만 부자도 권력가도 참여할 수 있는 나라가 하나님 나라인 것입니다.

이런 메시지가 마리아 찬가에 나와 있는 겁니다. 그것을 놓고 본다면 그동안 '구원'을 개인적이고 영적으로만 해석해 온 것이 온전한 구원관이 아니라는 걸 알 수 있지요. 당신, 구원을 받으신 것을 확신하십니까? 어디 한적한 곳에 앉아 있거나 거리를 지날 때면 여지없이 다가와 묻는 분들이 있죠. 그분들이 묻는 '구원'은 죽어서 하나님 품에서 영생하는 것입니다. 그것'만'을 구원이라고 생각해 왔잖아요. 물론 그 차원이 있는 것은 맞습니다. 저희가 죽은 이후의 영원한 상태에 대한 믿음이 분명히 있죠. 우리 영혼은 하나님께도 돌아가 평안히 쉴 것이라는 믿음은 저도 가지고 있습니다. 하지만 첫 성탄에 마리아가 노래로 부른 '구원'은 그게 아니었어요. 여기서의 구원은 개인이 죽어서 영생을 얻는 것과는 관련이 없습니다. 오히려 "이 땅에 임하는 하나님의 통치 질서로서의 구원"이라는 개념이 강조되어 있어요.

사가랴의 노래가 선포한 구원의 현재적 도래

제가 임의로 말씀드리는 것이 아닙니다. 성경 본문을 읽으시면 누구나 깨달아 알아질 명명백백한 메시지에요. 그걸 조금 더 알아볼 수 있는 게 소위 사가랴가 예언한 찬송입니다. 사가랴는 세례요한의 아버지입니다. 제사장이었죠. 가문으로 치면 예수님보다 훨씬 더 종교적으로 우러러 볼만한 가문이었습니다. 그리고 보면 세례요한은 참으로 훌륭한 사람이에요. 육 개월이나 먼저 태어났고 가문 면에서도 목수 집안인 예수의 집안과는 비교할 수가 없었는데, 더구나 신앙적으로도 많이 준비된 사람인데, 스스로 높아질 생각을 하지 않았으니까요. 오죽했으면 사람들마저 "당신이 메시아인가요?" 하고 묻는 마당인데, 그럼에도 "나는 그저 준비하는 자다, 예비하는 자다, 내 뒤에 오시는 분이 메시아다."라고 말하기가 어디 쉽나요?

사람이면 누구나 욕심을 낼 수 있잖습니까? 사람들이 세례 요한에게 '당신이 메시아입니까?'라고 물어봤을 때 얼마나 마음의 갈등이 있었겠어요. 은근슬쩍 "나다." 그래도 될 일이요, 실제로 "나인가?" 착각할 만한 카리스마와 인기를 얻은 그였죠. 그런데도 딱 자기가 '맡은' 사명까지만 감당한다는 것은 쉽지 않은 일입니다. 그래서 예수께서도 그리 평가하셨을 겁니다. "여자가 낳은 자 중에 세례 요한보다 큰 이가 일어남이 없도다"(마태복음 11:11). 저렇게 큰 자가 나올 수 없다는 말은 자기의 한계를 아는 것, 여기서 내가 멈춰야 된다는 것을 아는 것을 의미한다고 봐요. 사가랴는 바로 이렇게 '큰 사람' 세례 요한의 아버지입니다. 자기 아이에 대한 예언을 후반부에서 하지만 오늘은 예수님의 탄생을 축하하는 내용이니까 그 부분에 대한 이야기만 초점을 맞추겠습니다. 누가복음 1장 68-75절이에요.

> 찬송하리로다 주 이스라엘의 하나님이여 그 백성을 돌보사 속량하시며 우리를 위하여 구원의 뿔을 그 종 다윗의 집에 일으키셨으니 이것은 주께서 예로부터 거룩한 선지자의 입으로 말씀하신 바와 같이 우리 원수에게서와 우리를 미워하는 모든 자의 손에서 구원하시는 일이라 우리 조상을 긍휼히 여기시며 그 거룩한 언약을 기억하셨으니 곧 우리 조상 아브라함에게 하신 맹세라 우리가 원수의 손에서 건지심을 받고 종신토록 주의 앞에서 성결과 의로 두려움이 없이 섬기게 하리라 하셨도다(누가복음 1:68-75).

이 노래는 마리아 찬가를 압축해 놓은 거 같습니다. 마리아의 노래가 보다 세세하고 구체적으로 표현되어 있지만, 결국 같은 고백을 하는 것을 알 수 있습니다. 특히 "우리를 원수에게서와 우리를 미워하는 모든 자의 손에서 구원하신다"는 표현에 주목할 필요가 있어요. 여기서의 '구원'은 철저하게 땅의 구원입니다. 현세적 삶의 문제입니다. 우리가 죽어서 하나님 품에서 누리는 구원이 아닙니다. 우리의 원수, 우리를 미워하는 사람들이 누구겠어요 종교적으로는 여호와 신앙을 가지지 못하도록 핍박하는 사람들, 정치적으로는 이 땅에서 평안하고 화목하게 사는 것을 방해하는 사람들이겠죠. 당시에 보통 일반 유대인 민중들은 세금을 삼중으로 내야만 했습니다. 제사장들이 성전세를 걷죠, 또한 로마의 식민지였기 때문에 로마에도 세금을 내야 됩니다. 그게 다가 아닙니다. 유대의 지방 정부에서 또 세금을 걷었습니다. 그러니까 웬만큼 벌어서 세금을 내고 나면 끝입니다. 이런 상황에서도 부자라면 그 부는 정당한 방법으로 축적된 부가 아닌 경우가 많았습니다. 로마에 빌붙고 권력가들에게 아부하며 부정하게 축적하는 사람들이 실세를 누리고 있었습니다. 대다수의 민중들은 삼중고의 세금을 내고 나면 자기 먹을 것이 남지 않을 정도로 힘든데, 수고함 없이 자고 나면 천문학적인 돈을 벌어들이는 이들이 있다면 그야말로 '원수'죠.

더구나 이것이 정말 악순환이었어요. 생활고로 인해 어쩔 수 없이 안식일에도 쉴 수가 없는 처지의 민중들은 안식일에도 일을 해야지만 세금도 내고 밥을 먹을 수 있는 거예요. 그런데 일을 하고 나면 안식일법을 어겼기 때문에 죄인이 됩니다. 그러면 일 안해도 되는 제사장들은 안식일에 일한다고 이들을 죄인 취급을 하며 비난합니다. 유대 율법에 따라 죄를 지었으니 속죄제를 치러야만 한다는데, 속죄제를 하려면 양은 어렵더라도 비둘기라도 한 마리 사서 가야되잖아요. 그것도 다 돈인 겁니다. "흠 없고 순전한 제물"이라 함은 바치는 이의 신앙심을 의미하는 것일 텐데, 이게 하나의 '굳어진 율법 조항'이 되고 난 뒤에는 그 규정이 까다롭기가 그지없습니다. 내가 정성스럽게 준비해온 양은 이런 저런 결격사유로 퇴짜를 놓습니다. 결국 속죄제를 지내려면 제사장들이 상인들과 결탁하여 성전에서 비싼 값에 파는 '인증된' 제물들을 사야 합니다. 그래서 예수님께서 성전에 가셔서 다 뒤집으신 거 아닙니까. "너희가 하나님의 기도하는 집을 강도의 소굴로 만들었구나"(마태복음 21:13). 보통 화가 나셨던 게 아니지요. 그러니까 일반 유대인들의 삶을 착취하고 억압하는 모든 사람들, 상인들과 결탁한 제사장들을 포함해서 이 "원수들", "우리를 미워하는 사람들"로부터 메시야는 우리를 구원해 주실 분이라는 고백입니다.

그러니 이 얼마나 기쁜 소식이겠어요? 하나님의 통치 질서를 알고 있던 사람들, 그 날을 고대하며 기다리던 사람들은 "드디어 그분이 오시는구나." 싶어서 그 기쁨을 주체할 수 없었던 겁니다. 마리아도 사가랴도 뛸 만큼 간절했던 소식이었죠. 그렇다면 마지막 시므온의 노래는 어떤 메시지를 담고 있을까요? 구원자 예수가 오직 이스라엘 사람들만 위한 메시아라면 사실 이것은 민족 영웅의 탄생을 노래한 것이지, 전 인류가 함께 기뻐할 일은 아닙니다. 실제로 그렇게 오해하는 민족주의적 유대인들도 많았어요. 다윗의 후손으로서 왕이 되어 통치하는 메시아라면 '당연히' 이스라엘 백성인 자기들만을 위해서 존재한다고 생각한 것이죠. 사사 시대에 분연히 일어나 공동체를 구원했던 인물들처럼 자기들의 정치적 구원, 종교적 구원, 사회적 구원을 이룰 존재로 본 겁니다.

시므온의 노래, 이 구원은 만민을 위한…

하지만 그건 오해였지요. 예수님이 '선민' 이스라엘만을 위해 오신 분이라면 우리가 지금 전세계적으로 '징글벨~' 노래를 부를 이유가 전혀 없습니다. 보편적 메시아됨, 바로 그 차원을 노래한 세 번째 사람이 바로 시므온이에요. 시므온은 경건한 유대인입니다. 잠시 독립 시기를 누렸던 마카비 시절도 가고, 시므온은 필시 제국 로마의 무력 침탈로 인해 예루살렘의 망가진 모습을 다 보면서 나이를 먹었을 겁니다. 사는 게 사는 게 아니었겠죠. 젊은 목숨들이 어이없게 스러지는 것을 숱하게 보았을 텐데, 얼마나 가슴의 통한이 맺혔겠습니까? 하여 죽지 못해 살던 스가랴는 필시 하나님께 원망하는 기도를 드렸을지도 몰라요. "차라리 절 데려가시지. 저 꽃 같은 젊은 생명들, 아까워서 어쩝니까? 도대체 무슨 소망을 가지고 살라고 이 질긴 목숨을 이렇게나 오래 이 땅에 두십니까?" 그렇게 무릎 꿇고 기도할 때마다 여호와께서 주시는 한 가지 위로가 있었다고 해요. 시므온에게 하나님이 계시하셨다는 겁니다. "그가 주의 그리스도를 보기 전에는 죽지 아니하리라 하는 성령의 지시를 받았더니"(누가복음 2:26). 죽기 전에 반드시 네 눈으로 그를 볼 거다. 메시야 말이다. 내 통치 질서를 회복할 그 아이를 네가 볼 거다. 그 말씀 하나로 버틴 인생이었던 겁니다.

오늘일까, 내일일까 간절히 기다렸기 때문일까요? 성전에 정결식을 하러 온 아기 예수를 보자마자 시므온은 한 눈에 알아보았습니다. 그리고 자기 품에 안고서 기쁨의 노래를 부릅니다. 누가복음 2장 29-32절입니다.

> 주재여 이제는 말씀하신 대로 종을 평안히 놓아 주시는도다 내 눈이 주의 구원을 보았사오니 이는 만민 앞에 예비하신 것이요 이방을 비추는 빛이요 주의 백성 이스라엘의 영광이니이다 하니(누가복음 2:29-32).

사가랴의 노래보다도 짧은데, 여기에 무슨 보편 복음이 있냐고요? 이 노래엔 "만민"과 "이방을 비추는 빛"이라는 핵심 단어가 나옵니다. "주의 구원"은 오직 이스라엘만을 비추는 빛이 아닙니다. 만민을 위해 예비된 구원입니다. 이 구원은 한 정치적 나라로서의 이스라엘을 다시 세우는 문제가 아닙니다. 하나님의 백성, 하나님께서 구원하시고자 하는 그의 백성은 이스라엘보다 더 크다는 말이죠. 모든 만민이 하나님의 통치 질서대로 살게 될 것이라는 비전입니다. 물론 이는 이스라엘 백성한테는 영광스런 일입니다. 그동안 실패하고 넘어지면서도 지켜온 율법 정신이 바로 그 비전이었으니까요. 전쟁의 한 가운데서 "칼을 쳐서 농기구를 만드는" 꿈, 높고 부유한 사람들이 낮은 자들을 착취하는 것이 당연이던 시절에 "비천한 자를 높이시고" "가난한 자를 배불리 먹이시는" 여호와의 나라를 꿈꾸던 그 신앙! 바로 이 "여호와의 통치 질서"가 예수를 통해 시작되고 온 나라에 빛날 것이니까요.

이것을 확인한 시므온은 비로소 여호와께 고백합니다. 아, 이제 드디어 주님께서 저를 평안히 놓아 주시는군요. 이제는 죽어도 여한이 없습니다. 그동안 숱한 불면의 밤을 지내면서 피토하듯 여호와에게 물었을 겁니다. 도대체 "그날" "여호와의 날"은 언제 옵니까? 네, 믿어요. 그날이 올 것을 믿습니다. 그렇지만 빨리 왔으면 좋겠어요. 잃어버리는 생명들이 너무나 많습니다. 아, 주님! 말도 안 되는 상황을 제발 그쳐주세요. 이렇게 기도하며 선조로부터 받았던 약속, 여호와의 통치 질서를 간절히 기다렸던 시므온입니다. 여호와의 공동체적 질서와는 너무나 멀리 와 있는 이 땅의 폭력과 불의를 더 이상 견딜 수 없었던 시므온입니다. 도대체 이 꼴을 언제까지 견디라고 하십니까? 그렇게 오랫동안 간절히 기도했는데, 드디어 본 겁니다. 아기 메시아를! 하여 이제 죽어도 여한이 없습니다. 나 이제 죽어도 됩니다. 정말 감사합니다. 그러면서 부르는 노래입니다. "내 눈이 주의 구원을 보았사오니 이는 만민 앞에 예비하신 것이고 이방을 비추는 빛"이라고요.

이제 이 아기는 "여호와의 통치 질서"가 도래했음을 선포하며 인류가 서로 사랑하고 평화롭게 섬기며 사는, 전혀 다른 새 질서를 가져올 겁니다. 마리아가, 사가랴가, 그리고 시므온이 믿었던 이 믿음은 예수의 삶과 죽음, 그리고 부활을 통해 드러났죠. 바로 이 메시아 예수는 자신의 공생애를 시작하면서 이사야서의 본문을 읽었습니다.

주의 성령이 내게 임하셨으니 이는 가난한 자에게 복음을 전하게 하시려고 내게 기름을 부으시고 나를 보내사 포로된 자에게 자유를, 눈 먼 자에게 다시 보게함을 전파하며 눌린 자를 자유롭게 하고 주의 은혜의 해를 전파하게 하려 하심이라(누가복음 4:18-19).

어쩌면, 그 어머니에 그 아들입니다. 어린 소녀 마리아가 기쁨에 차서 노래했던 그 "통치 질서"가 아들에 의해 선포됩니다. "주의 성령이 내게 임하셨다"는 것은 오랜 선조들로부터 고백되었던 "임마누엘"의 신앙입니다. 통치권의 근거죠. 유대 신앙 전통에서 인간은 존재론적 위대함이나 혈통으로 통치하지 않습니다. 오직 "임마누엘" 주와 동행함으로 선하고 의로운 통치가 가능한 겁니다. 그렇게 인도하시는 "성령"이 성인이 된 예수에게 임하셨습니다. 임무는 "가난한 자에게 복음을 전하는" 것입니다. "포로된 자를 자유케 하고" "눈 먼 자를 다시 보게 하고" "눌린 자를 자유롭게 하는" 주권, 즉 "기름부음"을 받았습니다. 가난한 목수의 아들이요, 스펙 면에서 당대 내놓으라 하는 율법학자들이나 서기관과 비교할 수 없이 초라할지 모르나, 그 누구보다 이스라엘 신앙 전통이 오랫동안 고백하고 간직해온 율법정신의 핵심을 꿰뚫어본 지도자입니다. "주의 은혜의 해" 이것은 희년입니다. 구약 시대 '희년'이 선포되면 어떤 일들이 벌어져야 했나요? 돈을 갚지 못해서 노예가 된 동포들을 다시 가족에게 돌려보내라 하셨습니다. 빚진 돈들도 다 탕감해 주라고 하셨죠. 땅도 마찬가지입니다. 본래의 주인에게로 돌려주어야 합니다.

디지털 기기에 익숙한 요즘 청소년들의 게임 용어로 말하자면 "리셋"입니다. "금수저" "은수저" "흙수저"라는 말이 있지요. 부모나 조부모 세대로부터 축적되어 내려오는 부나 권력의 위계가 출발선이 된 현실을 한탄하는 젊은이들이 자주 쓰는 표현입니다. 출발선이 다르니 기회조차 주어지지 않는 경우가 허다하다는 겁니다. 그러니 마치 게임처럼, 혹은 용량이 꽉 찬 USB처럼 다시 "리셋"을 해버렸으면 좋겠다고요. 그래서 처음으로 돌아가 다시 공평하게, 공정하게, 새롭게 시작했으면 좋겠다고요. 물론 "희년"이 요즘 청소년들이 말하는 완전한 "리셋"은 아닙니다. 빚진 것을 탕감해 주는 것이니 내 것마저 다 내어놓는 것은 아니니까요. 하지만 예수가 시작한 "하나님 나라"의 통치 원리는 희년을 계승하되 훨씬 더 철저했습니다. 삭개오를 기억하시나요? 그는 예수로부터 처음으로 "오늘, 이 집에 구원이 이르렀다"(누가복음 19:9)는 칭찬을 받았던 인물입니다. 저는 예수님의 저 선포를 읽을 때마다 두 가지 의문점이 들었습니다. 아니 어떻게 구원이 "오늘" 이르지? 삭개오가 죽어서 천당에 가는 티켓을 오늘 획득했다는 뜻일까? 두 번째 질문은 "집"이 구원받았다는 것이었어요. 삭개오 개인이 아니라 "이 집에 구원이 이르렀다."고? 아니 어떻게 집이 구원을 받아? 그러나 예수께서 저 말씀을 선포한 것이 삭개오의 특별한 결심 뒤라는 것을 깨달으면서, 저는 예수께서 말씀하신 구원의 의미를 비로소 이해했습니다.

삭개오는 세리장이었습니다. 삼중겹으로 세금을 걷던 시절이었다고 했지요? 그 일을 맡아 하는 세리들, 그 중에서도 수장인 사람입니다. 권력형 비리라는 말이 있지요. 시절이 악할 때에는 자리 하나씩 차지한 사람들의 행악함이 극에 달하는 법입니다. 정한 양대로 세금을 걷지 않았을 것이 뻔합니다. 실제로 그러했다는 증거가 있어요. 삭개오가 그랬거든요. "주님, 제가 속여서 빼앗은 것은 네 배를 쳐서 갚겠습니다. 그리고 제 소유도 절반은 가난한 자들에게 주겠어요"(누가복음 9:8). 정확히 "희년"의 질서가 삭개오의 집안에서 시작된 것입니다. 여기서 "집"은 헬라어로 "오이코스"라고 합니다. 가산제 시스템인 그 시절 일종의 독립 경제단위가 "오이코스"입니다. 한창 생산성을 가지는 젊은 "주인"(삭개오의 집안에서는 그가 주인이죠.)을 중심으로 그의 확대가족은 물론 종의 가족들, 품꾼들, 그밖에 일하는 사람들로 이루어진 큰 단위의 생활 공동체입니다. 독자적인 생존이 가능한 단위입니다. 그런데 이런 "오이코스" 안에서 일종의 생활 원칙이 바뀐 거예요. 주인이 더 이상 착취하지 않겠다고 해요. 부당한 이익을 취하지 않을 거래요. 그랬던 것이 있으면 그 역시 소급해서 갚겠다고 해요. 무엇보다 자기 소유의 반을 가난한 자들과 나누어 쓰겠대요. "소유 나눔"의 선포입니다.

언젠가 말씀드린 적이 있어요. 하나님께서 원하시는 공동체의 질서는 "소유 나눔"과 "권위 나눔"이 자발적으로 이루어지는 것이라고요. 여호와께서 "크고 강한 손을 펼치셔서" 일부러 끌어내려지지 않아도, "자발적"으로 이 질서에 기쁘게 동참하는 것이라고. 삭개오는 예수의 복음을 듣고 자발적으로 이 질서대로 살기로 한 것이죠. 그에게 기쁜 해(희년)의 질서가 시작된 것이죠. 이로 인해 이 집안의 모든 사람이 구원을 얻었다는 겁니다.

그렇다면, "구원"은 무엇인가요? 삭개오는 기쁨에 춤을 추고, 그 집안사람들도 함께 기뻐했을 그 "구원"은요? 예수께서 십자가에 죽기까지 멈추지 않으셨던 메시지의 핵심은 "희년의 도래"라고 생각해요. 이러한 삶이 구원이라는 말은 당시 제사장들에게는 큰 위협이 되었을 겁니다. 오직 속죄제의를 통해서만 구원을 얻을 수 있다고, 죄 씻음이 가능하다고 가르치며, 그 종교적 행위를 통해 잇속을 챙기던 사람들인데… 굳이 속죄제의 드릴 필요 없다. 삶 가운데서 "희년"의 정신을 실천하며 살아라. 그럼 그 곳이 "이미" 하나님 나라다. 네 안에, 네 삶 가운데 그의 나라가 임하는 거다. 이렇게 말씀하시는 예수가 얼마나 두려웠겠어요? 더구나 카리스마 넘치는 언변으로 온 유다 민중이 그의 말씀에 열광하고 있는데. 자칫 잘못하면 예루살렘 중심의 성전 시스템이 설 자리가 없어질 텐데.

"내 집은 기도하는 집이 되리라 하였거늘 너희는 강도의 소굴을 만들었도다"(누가복음 19:46). 상업화된 착취 본부가 되어 있는 성전을 향하여 예수께서 하신 이 날선 비판은, 삭개오를 향해 기쁘게 구원을 선포하셨던 같은 19장에 배치되어 있습니다. 정말 대조적이죠. "사람 사는 이야기"라는 제목으로 구약의 메시지들을 쭉 묵상하면서 제가 맨 마지막에 요약적으로 기억하자고 했던 미가의 본문을 혹시 아시나요? 6장 8절이었죠. 자주 반복하여 이젠 외우시겠어요. "사람아, 주께서 선한 것이 무엇임을 네게 보이셨나니, 여호와께서 네게 구하시는 것은 오직 정의를 행하며 인자를 사랑하며 겸손하게 네 하나님과 함께 행하는 것이 아니냐." 여호와께서 원하시는 것은 비싼 값을 치르고 제물을 태워 드리는 속죄제의가 아니라는 말씀입니다. 예수께서는 늘 "네 믿음이 너를 구원하였다."는 말씀을 하셨습니다. 믿어라. 사랑이 많으신 여호와께서는 진심으로 돌이키고 회개하는 사람은 누구나 용서하신다. 그 "헤세드"를 믿어라. 그러면 구원에 이른다. 무엇이 구원받는 삶인지는 예언자들이 이미 누누이 말해왔다. 또한 주께서 아브라함 이래로 늘 보여 오셨다. 가난한 자들이 배불리 먹을 수 있고, 갇히고 포로된 자들이 자유함을 누릴 수 있도록, 권력에 돈에 거짓 욕망에 눈 먼 자들이 다시 여호와의 규례를 보고 알고 깨달을 수 있도록 만드는 삶, 그게 "구원"이다. 예수께서는 그렇게 말씀하셨고, 그런 삶을 보이시며 사셨습니다. 그러다가 그게 두려웠던 제사장들의 모략으로 정치적 죽음을 당하셨죠.

어려서부터 저는 "예수께서는 우리를 위한 속죄 제물이 되기 위해 이 땅에 오셨다."라는 말을 많이 들었습니다. 그리고 그 말 때문에 너무나 큰 죄책감으로 살아갔지요. 누군가의 생명이 '제물'이 되기 위해 온 것이라면, 어찌 그것을 기뻐할 수 있겠어요. 그 대가가 저와 모든 인류의 구원이라고 해도, 저는 그 사실이 전혀 기쁘지 않았습니다. 오히려 성탄절이 되면 너무 우울했죠. 죽으러 온 아기를 보며 우리가 "기쁘다 구주 오셨네." 이렇게 노래를 해야 하나? 다른 아기가 아니라 "하나님이 육신을 입으신" 그러니까 예외적인 단 하나의 아들이라서 괜찮다고 한다면, 그래도 저는 또 궁금했습니다. 전지전능하신 여호와께서 뭐하러 이런 고대 이방제의에서나 행하는 '인신 제물'을 통해 우리의 죄를 속하셔야 한다는 말이지? 뭐든 못하시는 것이 없으신 분이신데, 그냥 속해 주시면 안 되나? 우리가 믿을 때마다, 죄의 용서를 구할 때마다 그냥 용서해 주시면 될 텐데?

그러다 깨달았습니다. 실은 이미 그러고 계셨다는 것을요. 우리가 미처 깨닫지 못했을 뿐. 여호와, 우리 존재의 근원이시오 기반이시오 돌아갈 "본향"이신 그분은, 우리 인간의 유한함을 아시기에 늘 그리 사랑을 베푸셨다는 것을요. 임마누엘 동행하시면서 우리에게 선과 의를 선택할 힘을 부여하셨고, 그럼에도 불구하고 실패했을 때조차 진심으로 뉘우치면 죄 용서를 하셨다고요. 어머나, 이 여자 이단이구나. 지금까지 세 권이나 하는 긴긴 성경묵상을 끝내면서 이렇게 우리를 배신하는구나. 만약 이렇게 생각하신다면, 감히 제안하고 싶습니다. 예수께서 단 번에, 그리고 모두를 위한 희생제물이 되셨다는 기독교 초기 공동체의 그 놀라운 선언을, 21세기 우리의 언어로 다시 '번역'할 생각이 없으신가요? 그 신앙고백이 '가'했던 까닭은, 최초의 그리스도인들이 압도적으로 유대인이었기 때문입니다. 그들은 '속죄제의'라는 율법적 굴레로부터 자유로울 수 없었어요. 한 제도가 반백년만 지속되어도 사람들은 그로부터 놓여나기 힘듭니다. 그런데 예루살렘 중심의 제의 종교가 얼마나 오랫동안 유대인들 신앙의 핵심적 실천으로 지속되었었나요? 이를 고려하신다면, 예수의 십자가를 해석함에 있어 유대 민중에게 그들의 "문화적 언어"

로 다가갔던 것임을 이해하실 수 있을 겁니다. "속죄제의 필요 없어. 그거 여호와께서 시키신 것도 아니야. 예언자들의 입을 통해서도 다 말씀하셨잖아. 그러니까, 앞으로는 믿음으로 회개하고 성령을 받아서 임마누엘, 주와 동행하면서 살면 돼. 그게 구원 상태야." 이렇게 이야기한다고 금세 자유함을 얻을 수 있을까요? 예수께서는 만민이 구원의 삶을 사는 방법을 알려주시고 그대로 살아내시다가 그 대가로 희생을 당하셨습니다. 바로 그 희생에 대한 "문화적 언어"가 "희생제물이 되신 하나님의 아들"이라는 표현이었다고, 저는 그렇게 고백합니다.

그래야, 제가 어린 시절부터 무릎 꿇고 고백했던 "사랑의 하나님"이 온전히 받아들여지기 때문입니다. 네가 신앙고백 편히 하자고 그 오랜 정통 신앙을 네 마음대로 바꾸려 하느냐? 설마요. 저 역시 얼마나 주저했을까요? 얼마나 두려워서 배우고 또 배우며, 기도하고 또 기도했을까요? 그 "정통" 해석 안에서 나고 자란 사람인데. 저는 죽음 이후의 구원도 믿습니다. 다만 "천당"의 모습이 어떠할지는 별로 관심이 없어요. 그저 제 생명의 근원이신 하나님께로 돌아가 평안히 안식한다는 것만으로도 충분합니다. 그것이 어떤 상태인지는 가보면 알겠죠. 별로 궁금하지 않아요. 이 땅에서 "거류민"으로서의 삶의 숙제를 다 마친 후에, 엄마 품으로 뛰어가는 아이처럼 그렇게 "돌아갈 텐데" 이미 그 믿음만으로 충분합니다.

하지만, 저는 사는 동안의 "구원 상태"에 대해서도 확신을 가집니다. 그리고 예수께서 몸소 죽기까지 보여주셨던 그 "구원"은 오히려 이 땅에서의 삶의 선택에 대한 것이었다고 고백합니다. “아버지, 제 뜻대로 마옵시고 아버지의 뜻대로 하옵소서.” 개인의 이기심을 극복하면서, 인간에게 가장 근본적인 생존 욕망까지 내려놓고서, 여호와께서 선하다고 하신 그 길을 선택하는 용기, 그것이 어찌 ‘인간성’만으로 되겠습니까? 내 안에 “그리스도의 영”이 있어야 가능한 선택이라고 봅니다. 그런 의미에서 예수께서는 “참 인간이요 참 하나님”이셨다고 생각해요. 그의 삶의 선택 안에 인성과 신성의 치열한 대면이 있었고, 그 안에서 영성으로 토해낸 결과가 십자가였으니까요.

그가 그렇게 첫 아들이 되셨고, 우리에게도 따를 수 있는 가능성을 제시하셨습니다. 그래서 저는 그의 탄생이, 그의 삶이, 그리고 그의 죽음과 부활이 “기쁜 소식”입니다. “부록”으로 남긴 짧은 글에서 저의 신앙고백을 다할 수는 없겠지요. 언제라고 약속드리지는 못해도, 조만간 “신약으로 보는 임마누엘의 삶”이라는 제목으로 예수님께서 친히 보여주셨던 구원의 삶을 풀어볼 수 있었으면 좋겠습니다. 그동안 긴 여정에 함께 해주셔서 감사해요. 임마누엘, 주께서 늘 함께 하시기를!

기도

그 높은 곳에서 몸을 입으시고 가장 낮은 이 땅에 오신 주님. 이 성탄에 다시 오신 그 구원사역의 큰 의미를 다시 한 번 되새깁니다. 저희들이 죽어서 누리는 영생도 굉장히 중요한 구원의 차원이지만, 첫 성탄에 당신의 탄생에 감격하며 곁을 지켰던 세 사람의 노래가 전하는 이 땅의 구원의 기쁜 소식을 기억하게 하소서. 이 땅에 이뤄지는 하나님 나라의 통치 질서에 참여하며 권위를 나누고 소유를 나누는 수평적 질서를 이루는 삶을 살도록 힘을 주시고 동행하여 주시옵소서. 비천한 자를 높이는 성탄이 되기를 원하오니 저희들의 시선을 낮게 더 낮은 곳으로 돌려주시옵소서. 예수님의 이름으로 기도합니다. 아멘.

예수님께서 삶과 죽음으로 본은 보이신 하나님 나라의 통치 질서는 나눔과 화해와 사랑입니다.

역사, 그 빈들에 서서

1판 1쇄 인쇄 2017년 2월 1일
1판 1쇄 펴냄 2017년 2월 7일

지은이 백소영
펴낸이 한종호
디자인 임현주
인　쇄 제이케이프린팅

펴낸곳 꽃자리
출판등록 2012년 12월 13일
주소 의왕시 전주남이 4길 17, 102동 804호(오전동 동문굿모닝힐아파트)
전자우편 amabi@daum.net
블로그 http://fzari.com

ISBN 979-11-86910-12-2 03230
값 16,000원